IB 및 국가 교육과정 실천을 위한

개념 기반 문해력 수업

Lois A. Lanning · Tiffanee Brown 공저 | 김규대 · 김희정 · 박진아 · 박화정 · 최정애 공역
손민호 · 임유나 감수

CONCEPT-BASED LITERACY LESSONS: DESIGNING LEARNING TO IGNITE UNDERSTANDING AND TRANSFER, GRADES 4-10

학지사

CORWIN
A SAGE Company

Concept-Based Literacy Lessons:
Designing Learning to Ignite Understanding and Transfer, Grades 4-10
by Lois A. Lanning and Tiffanee Brown

역자 서문

함께 길을 걷고 있는 한국의 교육자 여러분께

새해의 맑은 아침입니다. 한 해의 출발선에 서서 우리는 다시 '생각하는 교실'의 중요성을 떠올립니다. 개념 기반 교육의 여정 속에서 교실은 지식을 전달하는 장소를 넘어 아이들이 질문을 싹 틔우고 배움의 의미를 발견하는 공간이 됩니다. 그럼에도 여전히 많은 한국 교육자가 '개념 기반 교육과정을 어떻게 생명력 넘치는 수업으로 구현할 수 있을까?'라는 고민을 하고 있습니다. 특히 국어 · 영어 · 중국어 · 일본어 등 언어 교과의 단원 설계가 어떻게 효과적인 수업으로 실현될 수 있는지에 대한 의문을 완전히 해소하지 못했습니다. 또한 2022 개정 교육과정의 적용과 IB 초 · 중등교육 및 디플로마 프로그램의 확산에 따라, 언어 교과를 넘어 다양한 교과에서 문해력을 학습의 도구로 활용하거나 문해력 신장을 목표로 하는 수업 설계가 필요하다는 현장의 목소리가 지속적으로 제기되고 있습니다. 이에 역자들은 『개념 기반 문해력 수업(Concept-Based Literacy Lessons)』의 우리말 번역서를 펼치며 단원 설계가 살아 있는 수업으로 이어지는 지점을 함께 모색하고자 합니다.

오늘날 문해력의 의미는 더 이상 단순히 문자를 읽고 쓰는 데 머물지 않습니다. 현대 사회에서 문해력은 다양한 매체에서 수용한 정보를 이해하고 의미를 구성하며 이를 바탕으로 소통하고 판단하는 능력을 폭넓게 포괄합니다. 래닝(Lanning, 2013)은

『언어 교과 개념 기반 교육과정 설계하기』를 통해 언어 교과(English language arts) 교육과정의 전통적 구조와 수업이 마이크로칩의 등장 이후 확장된 문해력 기대치를 따라잡지 못한다고 한계를 지적하였습니다. 근래에는 AI의 발전으로 다양한 매체 속 정보를 해석하고 비판적으로 사고하는 확장된 문해력이 더욱 요구되고 있으며, 개념 기반 문해력 수업은 이를 증진할 중요한 대안이 됩니다. 문해력은 세상을 읽고 해석하며 표현하는 총체적 역량이기에 언어 교과뿐만 아닌 전 교과의 핵심적 역량이라고도 할 수 있습니다. 개념 기반 문해력 수업은 변화된 시대적 요구에 대한 하나의 응답입니다. 개념 기반 문해력 수업에서 학생은 텍스트를 이해하는 데에 그치지 않고, 실제적 맥락 속에서 언어를 사용하며 개념적 사고를 기르고 배운 것을 새로운 상황과 텍스트로 전이하는 힘을 키워 나갑니다.

그러나 확장된 문해력에 대한 공감대가 확산되고 있음에도 이를 실제 수업으로 구현하는 일은 여전히 쉽지 않은 과제로 남아 있습니다. 우리 역자들은 개념 기반 교육과정과 수업 공인 트레이너로서 교육청과 학교 연수 현장에서 "이제 적절한 개념, 일반화와 안내 질문을 다 마련했어요. 그런데 수업은 어떻게 해야 하나요?"라는 질문을 반복해 들어 왔습니다. 더구나 수업은 언제나 살아 있는 실제이기에 아무리 단원을 정교하게 설계한들 교실에서 학생과 만나는 순간 교사는 새로운 도전 과제를 직면하게 됩니다.

이 책은 개념 기반 문해력 수업에서 교사와 학생이 어떻게 가르치고 배우는지를 생생히 보여 줍니다. 우리는 종종 개념 기반 문해력 수업을 위한 특별한 기법이 있을 것으로 가정합니다. 그러나 이 책이 제시하는 다수의 활동은 사고 구술, 자세히 읽기, 갤러리 워크, 토의 · 토론, 글쓰기처럼 이미 우리 교실에서 매일 이루어지는 익숙한 수업 방식입니다. 차이는 활동 그 자체가 아니라, 그 활동이 지향하는 목적에 있습니다. 특히 티파니 브라운(Tiffanee Brown)은 현직 교사로서 수업 장면과 수업 설계의 예시를 풍부하게 제시하며 이러한 익숙한 활동이 개념적 사고와 전이 가능한 이해로 확장되는 과정을 섬세하게 드러냅니다. 이 책은 수업 설계 사례나 전략을 나열한 안내서 수준을 넘어 개념 기반 문해력 수업이 교실에서 어떻게 실현될 수 있는지에 대한 깊은 통찰을 담고 있습니다.

아울러 개념 기반 교육과정과 수업(Concept-Based Curriculum and Instruction: CBCI)은 이미 완결된 이론이 아니라, 후대 연구자와 실천가에 의해 계속해서 진화해 가는 살아 있는 프레임워크입니다. 지금 이 책을 읽고 연구하며 실천하고 계신 교육자 여러분 역시 그러한 진화의 중요한 일부입니다.

새해의 시작에 이 책을 한국의 교육자 여러분께 전할 수 있어 기쁩니다. 이 책이 여러분에게 또 하나의 질문이 되고, 또 하나의 용기가 되길 바랍니다. 밤새워 설계한 교육과정 단원이 아이들의 언어와 사고 속에서 생명력 있게 살아 움직이기를 바랍니다. 개념 기반 교육의 길을 함께 걷고 있는 동료 교육자로서 여러분의 연구와 실천의 여정을 진심으로 응원합니다.

우리 역자들이 IB 교육의 여정을 시작할 수 있도록 학문적 방향을 제시하고 이끌어 주신 인하대학교 손민호 교수님과 대구교육대학교 임유나 교수님께 깊이 감사드립니다. 더불어 개념 기반 교육의 지평을 확장할 수 있도록 지속적으로 통찰과 영감을 나누어 주신 한국개념기반교육협회(KCBEA) 신은정 회장님과 초등성장연구소 김병일 박사님께 진심으로 감사의 마음을 전합니다. 네이버 카페 〈아공 연구소〉와 아공 개념탐구 학습공동체를 통해 함께 교사 전문성을 키우고 서로의 페다고지를 나눌 수 있음에 늘 감사합니다. 끝으로, 이 책의 발간을 위해 깊은 신뢰와 지원을 보내 주신 학지사 김진환 대표님과 편집 과정에서 세심한 노고를 아끼지 않으신 이희주 사원님을 비롯한 관계자 여러분께 깊은 감사의 말씀을 전합니다.

2026년 1월
역자 대표 김규대

추천사

개념 기반 탐구는 IB에서뿐만 아니라 2022 개정 교육과정에서 중요한 전략으로 활용되고 있는 교수 · 학습 모델입니다. 개념 기반 교육과정과 수업(Concept-Based Curriculum and Instruction) 이전에도 개념을 교수 전략으로 사용하는 논의의 흐름이 있었습니다. 이전의 개념 수업은 단일 개념의 정의와 사례 분석에 중점을 두는 반면, 개념 기반 수업은 개념과 개념이 연결되는 위계 관계뿐만 아니라 일반화와 원리의 단계까지 수업 단계를 체계화함으로써 깊이 있는 학습을 촉진하고 있습니다.

이 책이 문해력 수업에서 개념 기반 탐구를 어떻게 활용할 수 있는지 매우 친절한 안내자 역할을 할 것이라 기대합니다. AI 시대에 번역은 어렵지 않습니다. 그러나 우리말로 누구나 쉽게 읽을 만한 수월한 완역은 쉽지 않습니다. 현장에서 치열하게 고민해 온 교사들의 노고 덕분에 개념 기반 탐구에 관하여 유익한 안내서가 출간되어 더할 나위 없이 기쁘게 생각합니다.

인하대학교 교육학과 교수 및 IB 연구센터장 손민호

지능정보사회에서 문해력은 이해한 내용을 연결하고 새로운 맥락으로 전이할 수 있는 사고의 힘으로 확장되고 있습니다. 이 책은 문해력을 개념 기반 사고 능력으로 새롭게 바라보며, 인공지능이 쉽게 대체할 수 없는 인간의 이해와 판단, 의미 구성의 힘을 교실 수업의 중심에 둡니다. 개념 기반 문해력 수업을 실제 교실에서 구현할 수 있도록 제시한 수업 설계 방안은, IB의 철학과 2022 개정 교육과정의 방향을 교실 수업의 언어로 풀어내어 깊이 있는 수업을 고민하는 모든 교사에게 신뢰할 수 있는 길잡이가 될 것입니다.

대구교육대학교 교육학과 및 교육대학원 국제교육(IB) 전공 교수 임유나
『개념기반 교육과정과 수업』 대표 역자

제가 CBCI(Concept-Based Curriculum and Instruction) 트레이너 과정을 밟을 때 교재로 보았던 『개념 기반 문해력 수업』은 래닝 박사의 수제자인 티파니 브라운이 엮은 책으로, 그 명료함과 깊이에서 청출어람의 면모를 보여 줍니다. 이 책은 읽기와 쓰기를 단순한 '기능 훈련'이 아닌 사고와 이해의 과정으로 재정의하며, 개념 기반 교육의 핵심인 이해-일반화-전이를 문해력 수업에 자연스럽게 통합합니다. 또한 교실에서 바로 적용할 수 있는 실제적인 수업 설계 사례를 통해, 개념 기반 문해력 수업을 어떻게 구현할 수 있는지를 구체적으로 제시합니다. 학생들이 텍스트를 통해 의미를 구성하고, 깊이 사고하며, 배움을 새로운 상황으로 확장하도록 돕고자 하는 모든 교육자에게 이 책을 추천합니다.

한국개념기반교육협회 회장 신은정
국립공주대학교 IBEC 프로그램 디렉터
IBEN 네트워크 교육자
『개념 기반 수학』 및 『개념 기반 외국어 교수와 학습』 역자

이 책은 개념 기반 문해력 수업을 설계하고 실천하는 교사들을 위한 실질적인 안내서입니다. 학생들이 기술적 읽기 능력에서 나아가 비판적 사고와 창의적 해석이 가능한 학습자로 성장하는 과정을 함께 경험할 수 있도록 구성되어 있습니다. 특히 '알고는 있지만 어떻게 실행해야 할지 몰랐던' 많은 교사의 고민을 실질적으로 풀어 주는 점이 이 책의 가장 큰 강점입니다. 이론적 배경과 실제 활용 가능한 도구들이 자연스럽게 어우러져 있어, 개념 기반 교육과정의 설계부터 교실 실천까지 바로 시작할 수 있습니다. 교실 속 변화를 추구하는 실천가 교사라면, 그리고 개념 기반 수업을 지향하는 모든 교육자라면 이 책과 함께하기를 권합니다.

교육과정 및 교육방법 박사 김병일
『초등 개념기반 탐구학습 설계와 실천 이야기』 대표 저자
초등성장연구소 대표

저자 서문

전문성 개발 워크숍에 참석하거나 새로운 문해력(Literacy) 자료[1)]를 검토하면서 얻은 아이디어에 흥분한 채 교실로 돌아와서 "이제 어떻게 이걸 해야 하는가?"라고 말해 본 경험이 있는가?

우리 두 저자 모두 이런 답답한 경험을 했다. 그래서 개념 기반 교육과정(Concept-Based Curriculum), 더 구체적으로는 2013년 출간된 래닝(Lanning)의 책 『언어 교과 개념 기반 교육과정 설계하기』[2)]를 교육과정 단원에서 교실 수업으로 옮기기 위해 노력했다. 개념 기반 교육과정에 열정을 가진 교사들은 수업 계획 지원에 도움이 되는 자료를 요청해 왔다. 잘 설계된 개념 기반 교육과정이 개념적 교수(teaching)로 이어지지 않는 경우가 너무 많다. 오래된 습관은 쉽게 고쳐지지 않으며 변화를 위해서는 시간, 인내, 생각 그리고 이해가 필요하다.

이 책은 코윈(Corwin)의 '개념 기반 교육과정 및 수업(Concept-Based Curriculum and Instruction)' 시리즈에 또 하나의 출판물을 추가한다. 이 책은 교수 설명서의 대본을 따르는 능력보다 교사의 지성과 전문성에 호소하는 책이다. 이 책은 4~10학

---

1) 교과명으로서 문해력(Literacy) 교과는 우리나라 교육과정의 국어과에 해당한다. 이 책의 공저자인 티파니 브라운(Tiffanee Brown, 2024)은 미국 교육과정의 'English Language Arts'라는 교과명이 세계 공통으로 쓰이지 않기에 'Literacy'를 이 책이 다루는 교과명으로 정했다고 설명한다. - 역자 주

2) 이 책의 영문 제목은 『Designing a Concept-Based Curriculum for English Language Arts』이다. - 역자 주

년을 가르치는 문해력 교사를 위한 실용적 안내서로 학생의 개념적 이해(conceptual understanding)의 전이(transfer)를 체계적으로 지원하는 수업 설계를 돕는다. 이 책은 모델 수업을 공유하는 책이자 독자가 배운 내용을 일상적 실행으로 전이하도록 돕는 교육 도구이기도 하다.

에릭슨(Erickson)이 처음 연구한 개념 기반 교육과정 및 수업(Concept-Based Curriculum and Instruction: CBCI)에 관한 신조는 여전히 견고하다. 그러나 지난 22년 동안 초기에 가졌던 생각은 조정되었으며 래닝의 공헌으로 확장되었고, 새로운 인지 연구와 개념 기반 여정에 동참한 전 세계 수백 명의 교사의 피드백을 바탕으로 계속 개선되었다.

왜 이 책인가? 많은 문해력 자료가 깊이 있는 학습(deep learning)과 전이가 교수의 최종 목표라고 언급하지만 시중에 나와 있는 많은 문해력 자료는 교사가 학생에게 개념적 이해를 전이하도록 체계적으로 지원하는 수업 설계 방법을 실질적으로 보여 주지 않는다. 개념 기반 교육과정 및 수업은 교사가 명확하고 중요하며 전이 가능한 개념적 이해(일반화)를 교수의 구체적 목표로 삼고 학생이 스스로 이러한 이해를 구조화하도록 안내한다는 점에서 다른 접근법과 차별성을 갖는다. 일반화(generalizations)는 기능(skills)에 관련성을 부여하고 배운 것을 유지하고 소유하도록 지원한다.

제1장에서는 문해력 교실에서 학생의 학습을 극대화하기 위한 토대로서 강력한 개념 기반 교육과정의 사례를 제시하는 것으로 시작한다. 전체 교육과정 단원 설계 과정에 대해 자세히 알아보기 위해 2013년 출간된 래닝의 책 『언어 교과 개념 기반 교육과정 설계하기』에서 일부 핵심 사항을 참조한다. 이 장은 문해력 단원 모델을 포함하여 개념 기반 국어 교육과정 단원의 구성 요소에 관한 간단한 상기 및 복습을 제공한다. 최종적으로 제1장은 개념 기반 교실의 문해력 교수-학습에 초점을 맞춰 책의 나머지 부분을 구성한다.

제2장에서는 개념 기반 문해 수업 계획을 작성하는 실제 단계별 과정을 교사에게 안내한다. 질문이 포함된 순서도는 여러분의 생각을 안내하고 양질의 개념 기반 문해력 수업을 지속적으로 작성하는 데 도움을 준다. 동료 두 명 사이의 시나리오를 따

라 흐름도를 실행하면 수업 계획을 완성할 수 있다.

제3장은 겹겹이 구성되어 있다. 먼저, 탐구와 개념 기반 수업이 어떻게 자연스럽게 조화를 이루는지, 그리고 문해력 교실에서 탐구와 명시적 기능 교수가 어떻게 함께 작동하는지에 대한 논의가 있다. 다음으로 4~10학년을 위한 네 가지 문해력 수업 계획 모델이 있다. 왜 네 가지일까? 네 가지 스트랜드(strands)는 균형 있고 종합적인 문해력 교수와 학습(Lanning, 2013)을 나타내며, 각 모델 수업은 어떻게 하나의 스트랜드가 하나의 일반화를 목표로 삼으며 다른 스트랜드를 통합하는지를 보여 준다. 책 후반부의 자료 부분에 포함된 개념 기반 교육과정 교수 단원에는 각 수업 계획의 출처를 제시하고 있다.

또한 이 장에서는 각 모델 수업 전체에 대한 적절한 질문이 있는 '별도' 상자를 삽입하여 교사의 사고와 공동의 대화를 유도한다. 일부 '별도' 상자에는 수업 변화가 학생에게 미치게 될 영향이 설명되어 있으며, 이러한 설명은 학생들이 문해 학습을 기능을 넘어 개념적 이해로 나아갈 때 무엇을 찾아야 하는가를 파악하는 데 도움이 된다.

마지막으로, 수업 종료 후 성찰과 학년별 일반화의 진행 상황을 보여 주는 표로 이 장을 마무리한다. 일반화의 진행을 보여 주는 목적은 학생들의 학습 경험을 계획할 때 '전체' 또는 더 큰 그림을 염두에 두는 것이 중요함을 설명하는 것이다. 향후 일반화에 점진적이고 체계적으로 많은 마이크로 개념(microconcepts)을 포함하면 학생이 일련의 학교 교육 전반에서 한 과목에 대한 개념적 깊이와 전문성을 개발하도록 보장할 수 있다.

현재 여러분의 문해력 교수는 어떤 모습인가? 제4장에는 개념 기반 수업 계획에 유용한 도구가 될 수 있는 친숙한 문해력 사례가 많이 포함되어 있다. 개념적 이해를 가르치기 위해 현재의 모든 교수법을 버릴 필요도 없고 그렇게 해야 한다고 생각할 필요도 없다! 많이 알려져 있고 효과가 높은 접근법은 학생들이 지식과 기능을 넘어 개념적 이해에 이르는 학습 목표에 도달하도록 돕는 수단으로 활용될 때 더욱 강력해진다. 이 장은 개념 기반 문해력 교실의 여러 수업 장면을 포함하여 학생의 개념적 사고(mind)를 의도적으로 함양하고 이해의 전이를 지원하기 위해 고안된 학습 경험을 보여 준다. 다양한 수업 장면은 우리가 어떻게 시너지를 내는 사고를 유도하고 탐구 과정을 지원하며 학생이 구체적 기능이나 예(example)에서 읽기, 쓰기, 말하기 및 듣기 과정에 대한 더 깊은 개념적 이해로 나아가도록 돕는지를 보여 준다. 이 수업 장면이 개념 기반 문해력 교실을 생생히 그려 내며 천 마디 이상의 가치를 보여 주기를 바란다!

우리의 독자인 전 세계의 교사는 개념 기반에 대해 처음 배웠을 때와 마찬가지로 여러 질문을 하는 경향이 있다. 제5장에서는 이러한 주요 질문과 함께 독자가 궁금해할 것으로 예상되는 몇 가지 질문을 다룬다. "개념 기반은 다양한 학습자의 요구를 어떻게 충족시킬 수 있는가?" "성취기준(standards)의 기능을 익히는 것으로 충분하지 않은가?" 등과 같은 질문이 여기에 해당한다. 문해력 교수를 보다 개념적이고 흥미롭게 재설계할 수 있는 방법에 관해 대화를 확장하면 학생이 더 깊이 있고 영속적으로 이해하며 학습하도록 이끌 수 있다. 개념 기반 교육과정 및 수업은 계속해서 발전하고 있고, 교수와 학습의 구성 요소로서 점점 더 중요해지며, 모든 학생이 평생 문해력에 관해 기쁨과 자율권(empowerment)을 경험할 수 있도록 한다.

차례

제1부
이론과 모델 수업

제5장 자주 묻는 질문 · 159

제2부

자료

자료 A 모델 CBCI 교육과정 단원 · 177

제1부 이론과 모델 수업

제 1 장

토대로서의 교육과정

- 일관된 교육과정을 통한 학습 극대화
- 개념 기반 교육과정이란 무엇인가
- 개념 기반 교육과정과 전통적 교육과정 설계의 차이점
- 왜 개념 기반 교육과정 및 수업인가
- 개념 기반 교육과정 수업 단원 어떻게 설계하는가
- 교실 환경

요약

생각의 확장

[그림 1-1] **전통적 교육과정과 개념 기반 교육과정의 초점**

좋은 책에 완전히 몰입했을 때, 글쓰기의 흐름에 빠져 있을 때 또는 이야기를 나누는 데 청중이 모든 단어를 귀담아듣는다고 느낄 때, 어떤 기분이 드는지 생각해 보라. 우리는 학생이 문해력 학습을 진심으로 받아들여서 능력 있고 자신감 있는 독자, 작가, 발표자, 사상가 및 토론 참여자가 되는 것이 어떤 느낌인지 알기를 원한다. 로이스(Lois)와 티파니(Tiffanee), 우리 두 저자 모두 문해력 수업의 설계가 학생을 만족스러운 성공의 길로 안내하는 방법으로 생각한다. 사고를 자극하며 탐구를 촉진하고 학생의 참여를 유도하며 궁극적으로 깊이 있고 전이 가능한 문해력 학습의 결과를 가져오는 양질의 개념적 수업이 필요하다. 이 책은 그 방법을 설명한다.

이 장은 이 책의 주요 목적인 개념 기반 문해력 수업 계획의 구체적인 내용을 다루기 전에 개념 기반 교육과정에 대한 배경지식을 제공한다. 개념 기반 교육과정 및 수업(Concept-Based Curriculum and Instruction: CBCI)에 익숙한 독자에게는 CBCI가 무엇이며, 왜 그리고 어떻게 하는 것인지에 관한 복습이 될 것이다. 만약 CBCI를 처음 접한다면 교육과정 단원 설계에 관한 더 깊이 있는 정보가 이 목적을 위해 작성된 다른 자료에 제공되어 있다는 것을 안내하며, 그런 정보는 이 책이 왜 다음 단계로서 논리적인지 이해하는 데 도움이 될 것이다. 개념 기반에 대한 몇 가지 기본 사항을 공유하기에 앞서 시스템 전반에 걸친 교육과정(system-wide curriculum)의 중요성에 관한 간단한 논의부터 시작하겠다.

일관된 교육과정을 통한 학습 극대화

학습 단원(units of study)으로 구성된 교육구 전체(distric-wide)의 개념 기반 교육과정은 수업 계획에 선행하는 중요한 첫 단계이다. 『언어 교과 개념 기반 교육과정 설계하기』(Lanning, 2013)는 교수-학습 개선을 위한 종합 계획으로서의 교육과정이 정당함을 입증한다. 이 책은 또한 우리의 소중한 친구이자 멘토인 H. 린 에릭슨(H. Lynn Erickson) 박사가 개발한 개념 기반 교육과정 및 수업(CBCI) 연구를 확장하여 과정 중심 학문(국어, 세계 언어, 미술, 음악)에 개념 기반의 구성 요소를 분석하고 추가한 책이다. 래닝(2013)의 책은 수업 계획에 대해 생각하기 전에 교육과정 설계가 선행되어야 하는 이유를 설명하고 있으며, 이 중 몇 가지 핵심 사항을 살펴보자.

우선 '교육과정'이라는 용어가 종종 다르게 해석되기 때문에 그 정의를 명확히 할 필요가 있다. 일부 교육자는 주(state) 또는 국가 교육과정을 '교육과정'이라고 부른다. 다른 교육자는 "우리는 필수 평가에 대한 기대치를 교육과정으로 사용한다."라고 말한다. 때로 교육자는 다양한 회사 및 출판사의 교과서와 프로그램을 '교육과정'으로 간주하기도 한다. 마케팅 회사와 인터넷은 매일 다양한 약속을 담은 빠르고 쉽고 바로 사용할 수 있는 '교육과정(curricula)'에 대한 광고로 넘쳐 난다. '교육과정'에 대한 이러한 모든 다른 언급은 혼란을 일으킨다!

개념 기반 교육과정은 한 학년에 걸쳐 약 4~8개의 교수 단원(instructional units)으로 구성된 시스템 전반에 걸쳐 나타나는 일련의 학습으로, 교사가 가르치는 과목의 수업(lessons)을 설계하는 데 사용된다. 모든 학군의 질 높은 교육과정은 학년별, 과목별 학생의 학습 목표를 명확히 제시한다. 이러한 교육과정은 학습 경험 설계를 위한 제안, 각 단원의 실행 일정, 개별화를 위한 아이디어, 학생의 성장을 평가하는 데 도움이 되는 평가 및 교수(instruction) 지원에 활용할 수 있는 자료를 제공한다. 교사에게 자신의 업무를 파악하고 처리하게 하는, 포괄적이고 실행 가능하며 적절한 교육과정이 없다면 교사의 업무는 더 큰 스트레스가 되며 어렵고 불분명해진다. 재량껏 할 수밖에 없으므로 열심히 일하는 교사들이 교과서, 인터넷, 소프트웨어 프로그램 또는 기타 사전 제작된(prepackaged) 수업에 의존하며, 이러한 자료가 학생이 성취기준에 도달하는 데 도움을 주는지 판단하려고 노력하는 것은 놀랍지 않은 일이다. 교사의 일일 수업 계획에 큰 차이가 있으면 학생은 같은 시스템 내에서도 교실, 학년, 학교마다 불균형한 경험을 하게 된다. 학생이 한 학년에서 다음 학년으로 이동함에 따라 이러한 격차는 더욱 문제가 된다. 이런 시나리오에서는 교사와 학생이 상당한 노력을 기울였음에도 불구하고 질 높고 일관성 있는 교육과정의 부족으로 인해 표준화 시험(standardized tests)에서 예상보다 낮은 성적을 받게 된다.

학생은 분명히 규정된 교육과정에서 혜택을 받는다. 연구에 따르면, 모든 연령에서 학생은 그들의 경험이 자신의 다른 경험과 연결되어 구축될 때 더 잘 학습할 가능성이 높다(Bransford, Brown, & Cocking, 1999). 즉, 학습 경험이 단절되면 성장을 실현하는 것이 쉽지 않다. 일관성 있는 수업은 학생이 더 큰 전체를 볼 수 있도록 도와주며, 이는 동기 부여와 참여를 촉진한다.

'종합(master)' 교육과정은 파급 효과를 일으킨다. 교육과정에 부합하는 평가 및 교수는 적절한 자료, 학생 참여, 전문성 개발의 필요에 관한 결정에 더 좋은 영향을 미친다. 시스템 전반에 걸친 교육과정을 통해 강력한 일관성을 만든다는 것을 모든 교사가 한날한시에 똑같은 진도로 가르치는 획일화된 수업을 한다는 의미로 해석해서는 안 된다. 전체 로드맵을 따르면서도 교육과정 단원에는 유연성이 있어야 한다. 지나치게 규정된 교육과정은 모든 교사가 서로의 복제품이 되도록 강요한다. 우리는 그렇게 되는 것을 원하지 않는다. 반대로, 교육과정이 너무 느슨하거나 기대치가 모호하면 초점의 지속성과 일관성이 흐려진다.

개념 기반 교육과정이란 무엇인가

상호 보완적인 두 가지 구조는 개념 기반 교육과정 및 수업(CBCI)의 핵심적인 구성 요소를 그림으로 보여 준다. [그림 1-2]에서 지식의 구조(structure of knowledge)는 내용 중심 학문(content-heavy disciplines)이 어떻게 구조화되어 있는지 보여 준다. 과정의 구조(structure of process)는 과정 중심 학문(process-heavy disciplines)이 어떻게 구조화되어 있는지 보여 준다. 구조의 각 구성 요소에 대한 정의는 양옆에 나와 있다. 그림은 아래에서 위로 읽는다.

모든 과목은 학문적 내용과 과정으로 구성되지만 다양한 학문에서 한 구조가 다른 구조보다 더 많이 반영된다. 예를 들어, 사회, 과학, 경제는 학습해야 할 주제 지식이 많아서 주로 내용(지식의 구조)으로 구성된다. 국어, 세계 언어, 미술, 음악과 같은 과목은 주로 과정, 전략, 기능(과정의 구조)으로 구성되어 있으며, 이러한 각 과목의 주(state) 또는 국가 성취기준을 읽으면 그 차이를 확인할 수 있다.[1] 과정 중심 학문의 성취기준은 가르칠 내용을 강조하는 것이 아니라 의미 구성하기, 반응하기, 보거나 읽거나 들은 것을 비평하기, 문서(인쇄물 또는 비인쇄물) 또는 음악이나 미술 작품을 생산하기 등 학생이 무엇을 할 수 있어야 하는가를 명확하게 설명한다.

개념 기반 교육과정 및 수업에서 기대하는 바는 학생이 사실과 기능을 배울 뿐만 아니라 학습을 한 단계 더 발전시켜 전이되는 일반화(개념적 이해)를 구성할 수 있는 것이다. 교육과정 수업 단원에서 5~9개의 일반화를 살펴보면, 여러분은 일반화 중 일부가 학습 중인 내용에 대한 핵심 개념의 이해를 나타내는 것을 발견할 수 있다(지식의 구조). 예를 들어, '가족, 친구 그리고 공동체가 한 사람의 문화적 정체성을 형성하는 데 도움을 준다.'와 같은 일반화는 단원의 소재(topic)나 제목(title) 또는 단원에서 사용된 텍스트에서 도출된 핵심적 이해일 수 있다. 이 단원의 다른 일반화들은 과

---

1) 미국의 국가공통핵심기준(Common Core State Standards)에서 언어 교과(English Language Arts)의 성취기준은 다음과 같이 대부분 동사로 시작된다[예: 문학 읽기 7학년 성취기준 R.L.7.3. Analyze how particular elements of a story or drama interact(e.g. how setting shapes the characters or plot)]. - 역자 주

지식의 구조
Erickson, ©1995

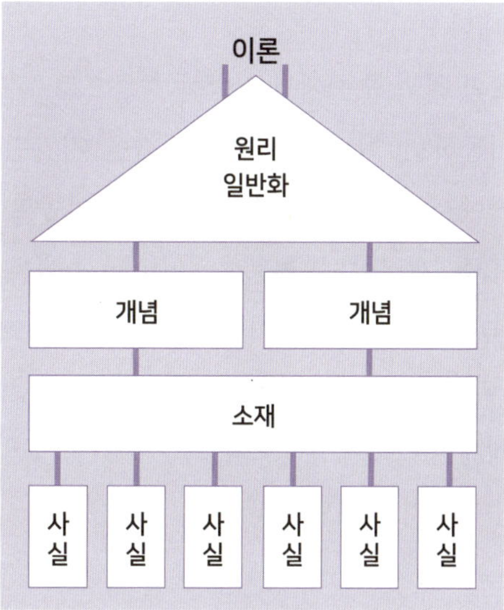

이론(theory)은 현상이나 실제를 설명하기 위해 사용되는 가정 또는 일련의 개념적 아이디어이다.

원리(principle)는 학문의 기초적 진리로 여겨지는 일반화이며 수식어(qualifier)를 사용하지 않는다.

일반화(generalization)는 두 개 이상의 개념 간의 관계에 대한 설명이다. 이 문장은 수식어가 필요할 수 있다. 일반화는 시간, 문화, 상황에 상관없이 전이된다. 사실(facts)은 일반화를 뒷받침한다.

개념(concepts)은 소재에서 도출된 지적 구성체이다. 개념은 한두 단어 혹은 짧은 구이다. 개념은 시대를 초월하며 보편적이고 정도는 다양하지만 추상적이며, 전이된다.

소재(topics)는 사실을 묶는 틀이며 시간, 장소 또는 상황에 구애된다. 소재는 전이되지 않는다.

사실(facts)은 원리와 일반화를 뒷받침한다. 사실은 시간과 장소에 묶여 있으며 전이되지 않는다.

과정의 구조
Lanning, ©2012

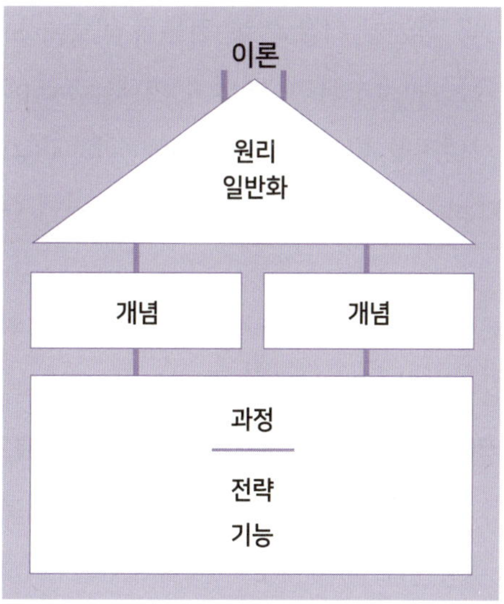

이론은 현상이나 실제를 설명하기 위해 사용되는 가정 또는 일련의 개념적 아이디어이다.

원리는 학문의 기초적 진리로 여겨지는 일반화이며 수식어를 사용하지 않는다.

일반화는 두 개 이상의 개념 간의 관계에 대한 설명이다. 이 문장은 수식어가 필요할 수 있다. 일반화는 시간, 문화, 상황에 상관없이 전이되며 증거(evidence)에 의해 뒷받침된다.

개념은 소재에서 도출된 지적 구성체이다. 개념은 한두 단어 혹은 짧은 구이다. 개념은 시대를 초월하며 보편적이고 정도는 다양하지만 추상적이며, 전이된다.

과정(process)은 결과를 만들어 내고 단계를 거치는 작업이다.

전략(strategies)은 학습자가 의도한 결과를 지원하고 이를 달성하기 위해 적용하고 모니터링하는 체계적 계획이다.

기능(skills)은 더 복잡한 전략의 작동을 '가능하도록 해 주는' 작은 작업이나 행동이다.

[그림 1-2] **지식의 구조와 과정의 구조**

정에 대한 본질적 이해를 나타낼 수 있다(과정의 구조). 예를 들면, '독자는 배경지식과 글의 증거를 사용하여 사람과 인물에 대한 추론을 한다.'와 같다. 과목에 따라, 단원 일반화는 과정 또는 지식 어느 한쪽이 대다수이다.

> 학문의 본질을 지키기 위해, 문해력 교육과정 단원에서 발견되는 일반화는 전부는 아니더라도 대부분 과정, 전략, 또는 기능에 대한 중요한 이해를 나타낼 것이다.

그 구조의 하위 수준에서 일반화 수준으로 교수-학습을 이동하면, 학생의 사고와 학습을 저차원(사실과 기능)에서 고차원(개념적 이해)으로 이동할 수 있다. 학습은 개념적 수준(conceptual level)에서 전이(transfer)된다. 깊이 있는 이해와 전이는 개념 기반 교육과정 및 수업(CBCI)의 목표이며, 교육과정과 그로부터 작성된 수업(lessons)은 학생의 지성과 개념적 사고를 의도적이고 체계적으로 개발하도록 고안되었다. 우리는 흥미로운 수업 전략이 이러한 결과를 당연히 가져올 것으로 생각하지 않는다.

개념 기반 교육과정과 전통적 교육과정 설계의 차이점

개념 기반 교육과정은 주로 소재, 사실 및 기능에 기반을 둔 전통적 교육과정 설계와 구별된다. 개념 기반 교육과정은 학문의 필수적인 '개념적 이해(conceptual understandings)'의 '전이'에 초점을 두고 '시너지를 내는 사고(synergistic thinking)'를 촉진하기 때문에 그 이상의 의미를 지닌다. 다음은 이 세 가지 중요한 용어에 대한 정의이다.

이 용어들은 개념 기반 교육과정을 다른 설계와 구별하는 속성 중 일부에 불과하다. "개념 기반 교육과정은 교육과정, 수업 및 평가의 기준을 높인다"(Erickson, 2008, p. 28). 즉, 교과의 핵심 개념(아이디어)과 일반화가 학습의 '동인(drivers)'이 될 때, 우리는 다양하고 새로운 상황에 전이되는 더 깊이 있는 이해로 학생을 이끈다. 기초적 기능과 중요한 내용 지식(사실)은 여전히 개념 기반 교육과정의 중대한 구성 요소이지만, 개념적 이해의 포함은 학생의 사고를 강화하고 더 깊은 수준의 정신적 과정을 요구함으로써 학습 내용을 오래 기억할 수 있도록 돕는다.

전이(Transfer)는 학생이 배운 내용을 새로운 상황에 적용할 수 있음을 의미한다. 학습이 단순히 암기된 것이 아니라 이해로 이루어졌을 때, 초기 경험과는 다소 다른 혹은 많이 다른 새로운 상황에 연결하고 적용할 수 있다. 퍼킨스와 살로몬(Perkins & Salomon, 1998)은 '원거리 전이'와 '근거리 전이'를 구분한다. 근거리 전이 역시 사전 이해가 필요하지만, 새로운 상황이 원래의 학습과 더 비슷한 상황에 적용되는 것을 나타낸다(전이에 대한 자세한 내용은 Lanning, 2009 참조).

개념적 이해(Conceptual Understandings)는 일반화의 또 다른 용어이다. 개념은 공통된 속성을 공유하는 일련의 예를 구성하는 정신적 구성체(아이디어)이다. 개념은 시대를 초월하고 보편적이며 다양한 정도로 추상적이다(Erickson, 2008). 일반화는 강력한 동사(a strong verb)를 사용하며, 두 개 이상의 개념 간의 관계를 진술한 문장으로 정의된다. 개념적 이해는 문화, 시간 그리고 상황과 관계없이 전이된다. 예를 들면, '미스터리의 배경은 줄거리를 뒷받침하고 긴장감의 맥락을 제공한다.'와 같다.

시너지를 내는 사고(Synergistic Thinking)에 관하여 에릭슨(2008)은 이를 뇌의 저차원적 사고 영역과 고차원적 사고 영역이 상호작용할 때 나타나는 에너지라고 정의한다. 개념 기반 교육과정 및 수업은 저차원적 사고(사실과 기능)와 고차원적 사고(개념과 일반화) 사이에 '시너지'를 일으켜 지능을 개발하고 학습 동기를 높이기 위해서 의도적으로 계획되었다.

주의할 점 단순히 교사에게 전이 가능한 이해(transferable understandings) 목록을 제공한다고 해서 그것이 곧바로 양질의 개념 기반 교육과정으로 연결되는 것은 아니다. 인생이 그렇게 단순하면 얼마나 좋을까! 각 교육과정의 구성 요소는 학생이 알고(know), 이해하고(understand), 할 수 있을 것(do)을 명확히 나타내는 통합된 '전체(whole)'에 기여한다. 개념 기반 수업의 단원을 작성하는 과정에는 여러 층(layers)이 있다. 이것이 팀으로 작성하는 것이 더 합리적인 이유이다. 단독 작성자는 다른 사람의 통찰력과 기여를 반영하지 못하기 때문에 최종 결과물에 이러한 한계가 드러나곤 한다. 핵심은 잘 설계된 교육과정은 학생의 수행 결과에 직접적인 영향을 미친다는 것이다.

〈표 1-1〉은 개념 기반 교육과정 단원의 구성 요소를 간단히 살펴볼 수 있도록 돕고, 개념 기반 교육과정과 전통적 교육과정 단원의 몇 가지 특성을 요약한다. 제2부에 나오는 〈자료 A〉에 있는 다섯 가지 개념 기반 교육과정의 모델 단원을 더 잘 이해하려면 이 표를 참조하는 것이 좋다.

〈표 1-1〉 **전통적 문해력 교육과정 단원과 개념 기반 문해력 교육과정 단원의 구성 요소**

개념 기반 교육과정 단원 구성 요소	전통적 교육과정 단원	각 구성 요소에 대한 정의가 포함된 개념 기반 교육과정 단원
1. 단원 개요	일반적으로 학생이 단원 전체에서 무엇을 할 것인지를 알려 주는 간단한 설명이다.	단원 개요는 다른 모든 구성 요소가 완성된 후에 작성된다. 개요는 교사가 공통 언어(common language)를 사용하여 학생과 함께 단원을 시작하는 방법이다. 단원 개요에서는 종종 개념적 질문(conceptual questions)을 사용하여 학생의 흥미를 유발하고 시너지를 내는 사고를 활성화한다.
2. 단원명	단원이 무엇에 관한 것인지 이름을 정한다. 때로는 제목이 내용 없이 단순한 기능의 묶음일 수도 있다(예: 문법).	단원명은 단원이 무엇에 관한 것인지를 표현한다. 학생의 관심을 끌면서도 가르칠 내용이 명확해야 한다. 주제 혹은 귀납적이고 흥미로운 질문의 형태로 작성할 수 있다(예: 누가 그랬을까?, 미스터리가 우리를 계속 추측하게 만드는 방법 탐구하기!, 글쓰기 멘토로서의 저자).
3. 개념적 렌즈	개념적 렌즈가 없다.	앞서 정의한 대로, 개념적 렌즈는 수업 단원에 개념적 초점을 제공하고 시너지를 내는 사고를 불러일으키는 광범위한(또는 매크로) 개념이다.
4. 스트랜드 그물	스트랜드 그물이 없다.	개념 기반 문해력 (과정) 단원의 단원 스트랜드 그물은 미리 정의되어 있다. 이해하기, 반응하기, 비평하기 및 생산하기이다. 이것은 과정 학습의 중요한 여러 차원을 나타내며 단원 전체가 포괄적이고 균형 잡힌 문해 학습을 구현하도록 돕는다(스트랜드에 대한 자세한 내용은 곧 추가될 것이다).
5. 단원 그물	단원 그물이 없다.	단원 그물은 필수적인 사전 작성 도구이다. 단원명은 중앙에 적혀 있고, 단원 그물의 스트랜드는 바퀴에 있는 바큇살처럼 뻗어 있다. 각 스트랜드 아래에서 교육과정 작성자는 해당 단원에 포함될 수 있는 중요한 개념과 내용을 브레인스토밍한다.

6. 일반화	일반화는 보통 드러나지 않는다. 단원에 대한 하나의 '빅 아이디어(big idea)' 혹은 본질적 질문(essential question)이 있을 수 있다.	일반화는 학생이 교육과정 단원이 끝날 때까지 이해해야 하는 내용을 나타낸다. 한 단원에는 5~9개의 일반화가 있을 수 있다. 일반적으로 하나의 일반화가 개념적 렌즈에 연결되고, 나머지 일반화는 각 스트랜드 그물에서 파생되어 과정의 모든 필수적인 차원이 다루어지도록 한다. 일반화는 매우 구체적인 개념 기반 준거(criteria)에 따라 작성된다. 일반화는 학생이 교수 단원 학습의 결과로 이해해야 하는 중요한 개념적 아이디어를 나타내므로 학습 기대를 기존의 두 가지 차원(지식 및 기능)을 넘어 세 번째(개념적) 차원으로 이동시킨다. 일반화는 과정, 전략, 기능, 또는 연구 중인 내용에 대한 개념적 이해의 진술일 것이다. 문해력 교육과정의 학문적 특성으로 인해 대부분의 일반화는 과정에 관한 것이 될 것이다. 개념 기반 교사는 절대 학생에게 일반화를 '말해 주지' 않는다. 대신 학생의 학습 경험을 설계하고 안내 질문을 사용하여 학생이 스스로 일반화를 구성하도록 돕는다.
7. 안내 질문	질문은 사실 기반적(fact-based)이며 읽고 있는 책이나 연구 중인 문제에 대해 직접적으로 묻는 경향이 있다.	개념 기반 단원에는 세 가지 유형의 질문이 있다. 사실적 질문은 시간, 장소 또는 상황에 국한되어 있으며 학습의 토대를 마련한다. 개념적 질문은 여러 예를 가로질러 전이되고 학생의 사고를 개념적 수준으로 끌어올린다. 논쟁적 질문은 서로 반대되는 관점을 장려하여 학습의 흥미를 유지한다. 단원에서 각각의 일반화에 대해 사실적 및 개념적 질문을 3~5개 작성할 수 있다. 전체 단원에는 시간에 따라 1~3개의 논쟁적 질문이 포함될 수 있다. 교사는 안내 질문을 사용하여 학생으로부터 일반화를 끌어낸다.
8. 중요한 내용	단원에는 학생이 학습해야 하는 중요한 내용(지식)이 포함되어 있다.	중요한 내용(지식)은 교육과정 학습 단원 내에서 학생이 알아야 할 내용을 명시한다. 이는 학습해야 할 사실적 내용 지식을 나타내는 목록이다.

9. 핵심 기능	단원에는 학생이 할 수 있음을 입증해야 하는 기능이 포함되어 있다. 이러한 기능은 주 또는 국가 성취기준에서 그대로 가져온 것이다.	핵심 기능에는 학생이 단원이 끝날 때 시연하거나 수행할 수 있어야 하는 내용이 나열되어 있다. 이러한 기능은 주 또는 국가 성취기준에서 그대로 가져온 것이다.
10. 학습 경험	단원에 포함된 대부분의 학습 경험은 학생에게 읽고, 설명하고, 토론하고, 쓰도록 요구한다. 성취기준이 학습 경험을 주도하는 경우가 많다. 학습 경험은 흥미로울 수 있지만 목표 일반화와 연결되어 있지 않다.	교육 단원의 이 부분에서는 다양한 학습 경험이 제안된다(이 용어는 과제, 활동 또는 할당된 학생 과제라고 할 수 있음). 개념 기반의 학습 경험은 학생이 최종 평가 과제에서 기대치에 대비할 수 있도록 '분할 구성'되며, 단원 학습 목표(알고, 이해하고, 할 수 있음)와 연계되어 있다. 학습 경험(목표 단원 일반화와 직접 연결된), 평가 아이디어, 개별화 전략 및 단원 자료가 포함된 타임라인이 포함되어 있어 교사가 수업을 설계할 때 종합적이고 명확한 교육과정 단원 지침을 제공한다. 교육과정 단원에서 이 부분은 지나치게 규정적이어서는 안 되며 개념 기반 교수-학습에 대한 통찰력을 제공해야 한다. 학습 경험은 문해력 학습과 개념적 이해를 촉진할 수 있는 고도의 과제를 반영해야 한다.
11. 최종 평가 과제 및 채점 가이드 또는 루브릭	최종 평가는 사실적 지식과 기능 숙련도에 중점을 둔다. 예를 들어, 단편 소설 교육과정 단원의 최종 평가는 단편 소설을 쓰는 것일 수 있다. 때때로 일반적 채점 도구가 포함되지만 이해에 관한 평가는 포함되지 않는 경우도 있다.	'무엇을, 왜, 어떻게' 공식(Erickson, 2008)을 사용하여 학생이 지식, 기능 숙련도 및 이해(교육과정 단원의 목표 일반화 실현)를 입증할 수 있는 최종 평가 과제를 설계한다. '무엇' 및 '왜'는 교사를 위해 작성되고 '어떻게'는 학생을 위해 작성된다. 채점 가이드는 교사가 학생의 과제 및 수행의 질을 평가하는 데 사용할 수 있는 공통 기준을 제공한다. 채점 도구는 학생이 무엇을 알고, 이해하고, 할 수 있는지(기능)를 파악한다.

왜 개념 기반 교육과정 및 수업인가

개념 기반 교육과정 및 수업(CBCI) 교실에서 일어나는 변화를 볼 때면 우리는 신이 난다! 다음은 왜 개념 기반인가라는 질문에 대한 몇 가지 답변이다.

왜냐하면 개념 기반은,

- 들어오는 정보를 분류, 조직 및 패턴화하고 지식과 기능을 개념적 수준까지 전이하기 위해 뇌의 구조(뇌 스키마)를 개발한다.
- 학생에게 사실과 기능을 중요한 개념, 일반화 및 원리와 연관하여 더 깊은 지적 수준에서 처리하도록 요구한다.
- 두 가지 수준, 즉 사실 및 기능과 개념적 수준에서 지성을 활용하고 발전시킨다.
- 사실적 또는 기능적 수준과 개념적 수준의 지식의 이해 사이의 인지적 상호작용인 '시너지를 내는 사고(synergistic thinking)'를 지원한다.
- 개인의 지성을 자극하여 학습 동기를 높인다.
- 학생이 자신의 깊이 있는 학습을 근거를 들어 설명하고 뒷받침함으로써 언어 유창성을 향상시킨다.

개념 기반 교육과정 및 수업의 원칙은 교수-학습 연구를 통해 뒷받침되며, 이는 개념 기반 교육과정 및 수업이 중요한 또 다른 이유이다. 호주 멜버른대학교의 교육학 교수이자 멜버른 교육연구소의 소장인 존 해티(John Hattie)는 2009년에 많은 교육자의 눈을 뜨게 한 연구자이다. 그의 저서 『Visible Learning: A Synthesis of Over 800 Meta-analyses Relating to Achievement』에서 해티는 학생의 학습에 미치는 영향력(효과 크기)에 따라 순위를 매긴 목록을 제시했다. 이 논문이 발표된 이후, 해티는 연구가 계속 발전함에 따라 그의 메타분석 데이터베이스에 새로운 요인을 추가해 왔다. 그의 데이터는 학생의 성적을 신장하기 위한 모든 노력이 같은 결과를 가져오는 것은 아니며, 사실 널리 퍼져 있는 어떤 관행은 그 영향력이 매우 낮아서 시간 낭비라는 것을 보여 준다. 2017년 1월 18일, 호주의 근거 기반 교육 학회(The Australian Society for Evidence Based Teaching)의 전자 신문에서 숀 킬리안(Shaun Killian)은 해티의 효과 크기 목록(Hattie's Effect Size list)을 업데이트했다(evidencebasedteaching.org.au 참조). 이 기사는 학생의 학습에 매우 강력하고 중요한 영향을 미치기 때문에 다른 요인들과 구별되는 여섯 가지 '슈퍼 요인(super factors)'을 강조하고 있다. 이 여섯 가지 요인은 사실 너무나 강력해서 해티의 전체 목록에 포함할 경우 다른 모든 요인의 등급이 왜곡될 수 있다. '슈퍼 요인' 목록의 5번은 이러한 학습 영향력의 원천이 되는 교육과정이며 그 교육과정 요인이 **개념적 변화 프로그램**(Conceptual Change Programs)이다.

개념 기반 교육과정 및 수업에서는 학생의 개념적 이해가 우연에 맡겨지지 않는다. 학생이 실제로 실현해야 할 일반화를 의도적으로 명시함으로써 교사는 지식과 기능을 넘어서는 명확한 학습 목표를 갖게 된다. 다음으로, 학생이 이러한 구체적인 개념적 이해를 입증하고 표현하도록 요구하는 학습 경험과 평가를 설계함으로써 오해가 사라지고 해결된다. 그 효과는 상당하다!

2016년, 더글러스 피셔(Douglass Fisher)와 낸시 프레이(Nancy Frey)는 존 해티의 연구를 문해력 교육 관행에 구체적으로 적용하기 위해 해티와 합류했다. 우리(로이스와 티파니)는 아이들이 평생 독자와 작가가 되도록 가르치는 것에 우리의 공통된 열정이 있기 때문에 피셔와 프레이의 작업을 좋아한다! 다음 장에서는 피셔, 프레이 그리고 해티가 『Visible Learning for Literacy』(2016)에서 주장한 몇 가지 접근법을 개념 기반 교육과정 및 수업의 원칙과 통합하는 방법을 살펴볼 것이다.

개념 기반 교육과정 수업 단원 어떻게 설계하는가

이 질문에 대한 포괄적 해답은 사실 다른 개념 기반 자료에 있다. 코윈(Corwin)의 개념 기반 시리즈는 양질의 개념 기반 교육과정 단원을 작성하는 데 필요한 세부 사항을 제공한다. 이 책들을 숙지하여 설계 과정과 교육과정 작성의 각 단계에 대한 근거를 더 깊이 이해하길 바란다. 이 책에서는 일부 교육과정 단원의 용어를 정의하지만 모든 정보를 반복하지는 않는다. 제2장에서는 개념 기반 문해력 수업을 설계하는 심층적 여정을 시작한다.

교실 환경

하지만 계속 진행하기 전에 개념 기반 문해력 학습을 위한 무대를 마련하는 강력한 문해력 교실(literacy classroom)의 몇 가지 특성에 대해 생각해 보겠다. 우리는 공동의 경험을 통해 교육과정을 가르치는 교실 환경이 학생의 문해력 학습을 실질적으로 활용할 수 있다는 것을 알고 있다. 다음은 모든 문해력 교실을 위한 필수 요소 중 개인적으로 추천하는 네 가지이다.

- **양질의 실제적 문해력 자료와 과제를 활용하라.** 학생은 자연 언어의 풍부함을 보여주는 다양한 글을 읽을 때, 풍부한 어휘, 다양한 맥락에 걸친 아이디어 및 독특한 표현 방식에 노출된다. 학생은 언어의 기교를 인식하게 된다. 대부분의 문해력 교사는 진정성 있고 다양한 텍스트, 자료 및 과제가 언어 학습 과정에 도움이 된다는 데 쉽게 동의한다.
- **직접적 또는 명시적 교수를 하면서 안내된 연습과 탐구를 함께 하라.** 과정을 명시적으로 가르쳐야 할 때가 있다. 『Four Powerful Comprehension Strategies for Struggling Readers』(Lanning, 2009) 및 『Reading Reasons: Motivational Mini Lessons for Middle and High School』(Gallagher, 2003)을 참조하라. 개념 기반 교실의 중요한 목표 중 하나는 학생에게 더 많은 탐구 기회를 제공하는 것이다. 우리는 학생이 다양한 상황과 예에서 개념을 검토(examine)하고 분석하여 표현된 아이디어를 종합하고 이해를 구성할 수 있기를 바란다. 학생의 이해 구성(일

반화)을 지원하려면 명시적(explicit) 교수 접근 방식과 탐구(inquiry) 교수 접근 방식을 적절히 혼합해야 한다.

- **문해력이 풍부한 환경을 조성하라.** 언어가 어떻게 작동하는지 배운다는 것은 언어를 자주 접하고 사용한다는 것을 의미한다. 책으로 가득 찬 교실, 학생들이 작성한 글로 가득 전시된 벽, 소그룹 토론과 공동 작업을 장려하는 책상이나 의자 배치 및 위험을 감수하는 것을 가치 있게 여기는 문화 등은 문해력을 장려하고 동기를 부여하는 공동체를 만드는 방법 중 일부이다.
- **학생에게 선택권을 제공하라.** 학생이 읽을 글, 제작물, 학습 목표 그리고 글쓰기 주제를 선택할 기회를 가질 때, 학생은 학교 과제에 대한 주인의식이 높아지고 과제를 수행하려는 내적 동기가 높아진다. 이는 학생에게 무제한의 선택권을 주는 것이 아니라, 학생이 학습자로서 권한을 부여받고 영감을 받을 수 있는 결정에 참여할 방법을 모색하는 것이다.

교실은 문해력 교육의 무대가 된다. 그리고 교실 환경은 이야기의 설정과 마찬가지로 "분위기를 조성하고, 인물의 행동 방식에 영향을 주며, 대화에 영향을 줄 수 있다. 사건을 예고하고, 감정적 반응을 불러일으키며, 인물이 사는 사회를 반영하고, 때로는 이야기의 일부가 되기도 한다."(https://thewritingplace.wordpress.com/2010/04/13/story-elements-importance-of-the-setting/)

요약

이제 개념 기반 수업 설계에 대해 알아볼 준비가 되었다. 제2장에서는 개념 기반 수업의 달인이 되기 위한 여정을 시작하는 데 도움이 되는 단계별 설명과 근거를 제공한다. 수업 계획에 있어서 신중함과 풍부한 지식이 어떻게 학생의 지성과 개념적 사고력 발달에 도움이 되는지 보여 줄 것이다.

생각의 확장

1. 시스템(학교 또는 교육구) 내 교사들에게 공통된 수업 단원이 없는 경우, 어떤 결과가 발생하는가?

2. 학생이 해마다 학습한 내용을 잘 기억하지 못하는 이유는 무엇이라고 생각하는가? 학생이 학습한 내용을 새로운 상황에 적용하는 데 어려움을 겪는 이유는 무엇이라고 생각하는가?

3. 질문 1과 2에 표현된 우려를 개념 기반 교육과정 및 교수의 설계가 어떻게 해결할 수 있다고 생각하는가?

4. 자신을 개념 기반 교사라고 생각하는가? 왜 그런가 또는 왜 그렇지 않은가?

제 2 장

개념 기반 문해력 수업 설계하기

- 개념 기반 문해력 수업
- 개념 기반 문해력 수업 계획의 단계
- 수업 계획 과정 안내 자료
- 생각하기를 안내하는 흐름도
- 최종 산출물

요약

? 생각의 확장

[그림 2-1] **개념적 이해와 전이를 위한 학습 설계하기**

개념 기반 교육 단원을 교실에서 실행으로 옮길 때 비로소 타이어가 도로 위를 굴러가듯 계획이 실현된다. 이는 우리의 최선의 의도가 무너질 수 있는 위험이 가장 큰 곳이기도 하다! 익숙한 방식으로 돌아가는 것은 자연스러운 일이다.

우리 두 저자는 교사로서 일요일마다 다음 주 수업을 계획하는 데 많은 시간을 보냈다. 개념 기반 교육과정 및 수업(CBCI) 단원을 작성하는 단계는 언뜻 어려워 보일 수 있지만, 연습과 협업을 통해 더 쉬워질 수 있을 것이다. 목표는 수업 전달에 앞서 수업의 개념적 측면을 생각하고 계획하는 데 도움이 되도록 하는 것이다. 많은 요소가 수업의 성공에 영향을 미치지만, 부적절하거나 무작위적인 계획이 개념 기반 수업을 흔드는 가장 큰 이유이다. 여러 사람이 함께 일할 때 수업 계획은 더 효율적이다. 우리는 교사의 고립이 발전의 적이라는 것을 알고 있으므로(Erickson & Lanning, 2014) 협업을 적극적으로 권장한다.

개념 기반 문해력 수업

수업 계획은 완벽하지 않다. 하지만 수업의 핵심 요소를 작성하는 것은 사고를 명확히 하고, 향후 계획을 위한 참고 자료가 되며, 협업을 위한 문서를 만들고, 양질의 수업을 위한 교사의 헌신을 반영한다. 개념 기반 수업 계획은 학생의 개념적 이해에 대한 의도적인 경로를 도표화한다. 수업을 통해 더 많은 것을 생각할수록 계획의 실행이 원활하게 진행되고 학습 목표를 달성할 가능성이 커진다.

개념 기반 수업의 구성 요소 간에는 일관성이 있어야 한다.

① 사실적 내용과 기능(factual content and skills)은 학생이 일반화를 실현하는 데 필요한 기초 지식의 예를 제공하거나 구축한다.
② 안내 질문(guiding questions)은 일반화를 구성하는 데 필요한 낮은 수준의 사고에서 높은 수준의 사고로 학생의 사고를 연결하는 데 적절하게 사용된다.
③ 학습 경험(학생 과제, learning experiences student work)은 학습 중인 지식, 과정 및 일반화에 대한 학생의 학습을 지원하도록 설계된다.
④ 평가(assessment)는 수업의 학습 목표(지식, 기능 및 이해)와 연계되어 있다.

개념 기반 수업을 계획할 때는 고려해야 할 사항이 많다. 수업 계획 양식은 구성 요소를 구조화하고, 개념 기반 교육과정 및 수업 단원의 온전함을 유지하며, 계획을 더 쉽게 관리할 수 있도록 도와준다. 다시 말하지만, 동료와 함께 수업을 설계하는 것은 그 과정의 속도를 높일 수 있다고 입증된 방법이다.

다음 단계를 사용하여 개념 기반 문해력 수업의 초안을 작성해 보자. 각 단계에 수반되는 내용을 숙지하면 [그림 2-6]의 모델 수업을 더 잘 이해할 수 있다.

개념 기반 문해력 수업 계획의 단계

1단계: 수업이 시작되는 개념 기반 문해력 교육과정 단원 검토하기

수업이 진행되는 교육과정 단원을 되돌아보고 전체적으로 살펴보면 수업이 달성하고자 하는 목표를 전체적으로 파악하는 데 도움이 된다. 학교나 교육구에 개념 기반 문해력 교육과정이 없는 경우는 어떻게 해야 할까? 교육과정 단원 없이 개념 기반 여정을 시작하는 것은 효과적 수업 계획을 세우는 데 이상적이지 않지만, 교육과정이 작성될 때까지 이 책은 학생의 개념적 사고를 더욱 활성화하고 발전시키는 데 도움이 될 것이다.

참고 개념 기반 수업 계획안([그림 2-2] 참조)의 구성 요소와 모델 개념 기반 교육과정 단원(〈자료 A〉에 있음)의 구성 요소를 비교하면 두 구성 요소가 어떻게 일치하는지 알 수 있다.

개념 기반 수업 계획서

단원명 ________________ 수업자 ________________

교과 ________________ 학년 ________________

수업 번호 ________________ 수업 시간 ________________

수업 도입(수업 시작 시 학생에게 전달할 것):

학습 목표: 학생이 이해할 것(일반화), 알 것(지식), 할 수 있을 것(기능)

일반화(학생은 ……을/를 이해할 것이다)
참조: 일반화는 하나 또는 일련의 수업에 적용할 수 있다.
1.

- 안내 질문
- 1a.
- 1b.
- 등등

스트랜드 | 중요한 내용(지식) | 핵심 기능(할 수 있을 것)

이해하기:
반응하기:
비평하기:
생산하기:

학습 경험	개별화

교구재/자료:
평가:
마무리:
교사 유의사항:

[그림 2-2] **개념 기반 수업 계획 양식**

2단계: 수업 학습 목표 식별 및 삽입하기

수업 학습 목표는 작성된 개념 기반 교육과정 단원에서 직접 복사하여 붙여넣은 것이다. 개념 기반 교육과정 단원을 이용할 수 없는 경우, 먼저 학생이 깨닫고 수업이 끝날 때 전이(transfer)할 수 있기를 바라는 중요한 이해(일반화)를 파악함으로써 전통적인 수업을 좀 더 개념적 수업으로 바꿀 수 있다. 『언어 교과 개념 기반 교육과정 설계하기』(Lanning, 2013)에서는 양질의 일반화를 만드는 과정을 안내한다.

세 가지 유형의 수업 학습 목표

A. 일반화(Generalizations)는 두 개 이상의 개념 간의 관계를 진술한 것이다. 일반화는 개념의 이해를 보여 주기 위해서 학습의 결과로서 학생이 구성하기를 바라는 사고의 요약이다. 적절한 안내 질문과 함께 학습 경험을 설계하면 학생의 사고를 일반화로 이끌 수 있다.

"단원의 일반화는 어떻게 결정되는가?"라고 질문할 수 있다. 〈자료 A-2〉의 모델 교육 단원 '논증의 기술(The Art of Argumentation)'에서 단원 그물을 보았는가? 이 단원을 작성하는 과정에서 교사는 단원 그물을 중심으로 스트랜드별로 개념을 브레인스토밍했고, 이러한 개념은 일반화를 만드는 데 사용되었다. 각 교육과정 단원에는 개념적 렌즈와 관련된 일반화(전체 단원에 대한 광범위한 개념적 초점을 제공)와 각 스트랜드 그물(strand web)에 해당하는 하나 또는 두 개의 일반화가 포함되어 있다. 문해력과 같은 과정 교과(a process discipline)에서는 여러 스트랜드 간의 상호작용으로 인해 하나의 일반화가 두 개 이상의 스트랜드를 나타낼 수 있다. 제1장의 정의와 예를 되돌아보면 일반화는 강력한 동사를 사용하여 두 개 이상의 개념 간의 관계를 진술하여 작성해야 한다는 것을 알 수 있다. [그림 2-3]은 교육과정 단원 그물을 만들 때 브레인스토밍한 두 개 이상의 개념이 일반화를 만드는 데 어떻게 사용되는지 보여 준다.

일반화

교육과정 작성자는 단원 그물에서 개념을 선택하여 단원의 일반화를 작성한다.

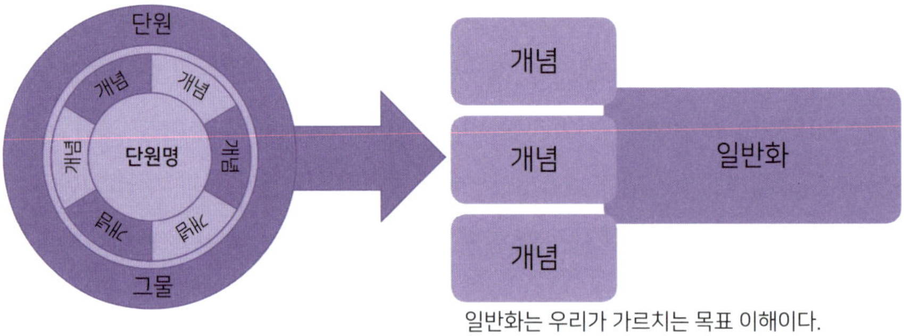

학생은 '개념 기반 교육'을 거쳐 일반화를 실현한다.

[그림 2-3] **일반화 시각화**

- **참고: 안내 질문(guiding questions)**은 교사가 목표 일반화를 향해 학생의 사고를 유도하는 데 도움이 되도록 수업 계획에 포함되어 있다. 안내 질문은 세 가지 유형으로 제공된다.
  - 사실적 질문(factual questions)은 학생이 목표 일반화를 구성하는 데 필요한 기초 지식을 구축하는 데 도움이 된다. 특정한 요점에 대한 사고에 초점을 맞추며 질문에 대한 대답은 일반화의 근거를 제공한다.
  - 개념적 질문(conceptual questions)은 학생의 사고를 더 높은 수준으로 끌어올리고 특정한 예와 개념적 아이디어를 연결하는 데 도움이 된다. 이러한 질문은 개념적 관계에 대해 질문하여 연결을 만들고, 좀 더 정교한 수준의 인지처리 및 사고를 요구한다. 개념적 질문은 여러 예와 상황에 걸쳐 전이될 수 있다.
  - 논쟁적 질문(debatable questions)은 모든 수업에 포함되지는 않지만, 단원 전반에 걸쳐 충분히 사용되어 학생의 참여를 유도하고 정답이나 오답이 없는 문제에 대해 입장을 취할 수 있도록 한다. 대답은 반드시 논리적으로 뒷받침

되어야 한다. 논쟁적 질문은 다양한 출처와 관점을 분석하고 종합해야 한다.

B. **중요한 내용**(Critical Content)에는 학생이 수업이 끝날 때까지 알아야 할 사실적 지식이 나열된다(이 구성 요소는 〈자료 A-2〉의 '논증의 기술' 단원을 참조하라). 핵심 내용을 작성할 때 '학생은 ……을 알게 될 것이다.'라는 줄기(stem)를 사용하는 것이 도움이 된다. 그렇지 않으면 일반화 또는 기능 작성으로 돌아갈 수 있다.

C. **핵심 기능**(Key Skills)은 학생이 수행(시연)할 수 있어야 하는 것을 의미하며, 특정 수업과 관련된 주 또는 국가의 성취기준에서 직접 가져온 것이다(〈자료 A-2〉 참조).

문해력 스트랜드별 중요한 내용 및 핵심 기능 학습 목표 조직하기

스트랜드는 문해력 학습의 네 가지 필수 목표인 이해하기, 반응하기, 비평하기 그리고 생산하기를 나타낸다(Lanning, 2013). 학생은 복잡한 과정을 진정으로 이해하고 숙달하기 위해 각 스트랜드에 대한 교육과 연습이 필요하다.

개념 기반 교육과정 및 수업에서 네 가지 문해력 스트랜드가 수행하는 두 가지 중요한 역할이 있는데, 먼저 각 영역에 대해 정의해 보자.

- **스트랜드 1**: 이해하기(understanding)는 학생이 학습 중인 내용 자료에 대한 의미를 구성하는 데 도움이 되는 지식, 기능 또는 개념을 나타낸다.
- **스트랜드 2**: 반응하기(responding)는 학생이 학습에 대한 의미 있는 반응이나 성찰을 생성하는 데 필요한 지식, 기능 또는 개념을 설명한다. 반응하기는 학생이 듣고, 보고, 읽은 내용에 관해 판단하기 전에 잠시 멈추고, 생각하고, 듣고, 다른 관점을 고려하고, 그룹의 대화에 긍정적으로 기여하는 방법을 배워야 한다.
- **스트랜드 3**: 비평하기(critiquing)는 입장을 취하고, 정보에 입각해서 평가하며, 관련 증거를 통해 비평을 뒷받침하는 데 필요한 지식, 기능 또는 개념을 나타낸다. 비평은 더 나은 정보의 소비자가 되기 위해 듣고, 보고, 읽은 내용을 평가·분석·판단하는 것이다.
- **스트랜드 4**: 생산하기(producing)는 인쇄물(서면 텍스트) 또는 비인쇄물(nonprint;

예: 발표, 시각 자료 등)을 제작하는 데 필요한 지식, 기능 또는 개념을 나타낸다.

개념 기반 문해력 교육과정 '단원'에서 스트랜드의 목적

스트랜드를 고려하는 첫 번째 방법은 개념 기반 문해력 단원을 작성할 때 스트랜드가 어떤 역할을 하는지 살펴보는 것이다. 스트랜드는 개념 기반 교육과정 및 수업 단원이 포괄적 내용을 반영할 수 있도록 구조를 제공한다.

스트랜드는 균형 잡힌 문해력 교육과 학습을 위해 교육과정 단원에서 두 개의 다른 부분으로 사용된다. 〈자료 A-2〉의 단원 그물을 다시 한번 살펴보면, 먼저 각 문해력 스트랜드에 따라 단원과 관련된 아이디어(개념)를 도출하는 방법을 확인할 수 있다. 그런 다음, 이러한 개념은 강력한 단원 일반화를 스트랜드별로 작성하는 데 도움을 준다.

〈자료 A-2〉의 단원 일반화를 살펴볼 때, 각각의 일반화가 네 개의 과정 스트랜드(process strands) 중 한 개나 그 이상에 관한 중요한 이해를 어떻게 반영하고 있는지 알 수 있는가? 때때로 과정 기반 교육과정 단원(a process-based curriculum unit)에는 학습 중인 개념에 대한 중요한 개념적 이해를 나타내는 **지식의 구조**(structure of knowledge)의 일반화가 하나 또는 두 개 포함될 수 있다(예: 텍스트 모음에 걸쳐 있는 주제 진술 또는 주제에 대한 필수적 이해). 그러나 몇 개 이상의 단원 일반화로 인해 학습의 초점이 텍스트에 대한 '빅 아이디어(big ideas)'로 옮겨 가지 않도록 주의하라. 물론 우리는 학생이 문학의 지속적인 메시지를 기억하기를 원하지만, 문해력을 가르치는 것은 학생이 언어가 어떻게 작동하는지에 대한 본질적 이해를 구축하는 것에 더 중점을 둔다. 즉, 문해력과 같은 과정 기반 교육과정 단원의 대부분에서는 해당 단원 내의 과정, 전략 또는 기능에 대해 학생이 깨닫기를 바라는 중요한 개념적 이해가 일반화에 반영되어야 한다. 즉, **과정의 구조**(structure of process)의 일반화이다.

일반화가 어떤 구조에서 나온 것인지 확실하지 않은 경우, 학생을 목표 이해로 안내하는 데 필요한 지침을 생각해 보라. 예를 들어, '미스터리 및 서스펜스(suspense) 이야기는 독특한 텍스트 구조 내에서 일반적인 문학적 장치를 활용한다.'라는 일반화는 처음에는 지식의 구조 일반화로 생각할 수 있다. 그러나 학생이 이러한 이해에 도달하기 위해 필요한 교육에 대해 생각해 보라. 학생은 두 장르에서 사용되는 문학적 장치에 대해 배워야 하며, 각 장르가 일반적으로 어떻게 구조화되어 있는지 밝혀내야 한다. 예를 들어, 미스터리는 독자에게 퍼즐이나 문제를 미리 제시하고 나머지 이야기는 이를 해결하는 방법을 고민하는 방식으로 구성되는 반면, 서스펜스 이야기는 시간이 지남에 따라 긴장감을 조성하는 방식으로 구성된다. 이러한 개념적 이해의 이면에 있는 교수-학습은 문해력 개념에 초점을 맞추며 일반화를 위한 입증은 텍스트의 내용(지식)에서 나오는 것이 아니라 텍스트가 어떻게 만들어졌는지 분석하고 비평하는 과정에서 나오기 때문에 과정의 구조의 일반화를 나타낸다.

둘째, 모델 교육과정 단원 내에서 학생이 단원이 끝날 때까지 배우게 될 중요한 내용(지식) 및 핵심 기능을 구성하기 위해서 네 개의 스트랜드가 어떻게 사용되는지 확인할 수 있다. 각 스트랜드별로 학생이 무엇을 알고 무엇을 할 수 있기를 기대하는지를 명확히 하지 않으면 포괄적이고 균형 잡힌 문해력 교수-학습을 쉽게 놓칠 수 있다.

개념 기반 문해력 수업 계획서에서 스트랜드의 목적

스트랜드를 고려하는 두 번째 방법은 개념 기반 문해력 수업 계획서를 작성할 때 각 스트랜드가 수행하는 역할이다. 독립적이고 능숙한 독자, 작가, 발표자 및 생각하는 사람을 키우려면 각 네 개의 스트랜드를 다루는 학습 경험을 설계해야 한다. 일반적으로 수업 계획서에서는 교육과정 단원에서 특정 스트랜드를 강조하는 하나의 일반화가 학생의 개념적 이해를 위한 학습 목표로 인식된다. 같은 수업 계획에서 학생이 수업이 끝날 때까지 무엇을 알고(중요한 내용), 무엇을 할 수 있게 될지(핵심 기능)에 관한 학습 목표는 교육과정 단원의 각 네 개의 스트랜드 부문에서 바로 옮겨 적는다. 학생이 목표 일반화를 발견하고 이해하는 과정에서 문해력 학습의 필수 요소 중 어느 하나도 소홀히 하지 않게 하려면 지식 및 기능 학습 목표가 네 스트랜드에 모두 포함되는 방식을 모델 수업 계획에서 미리 확인할 수 있다.

3단계: 수업 시작 준비하기

글쓰기에서와 마찬가지로, 좋은 후크(hook)는 수업을 소개하고, 학생의 관심을 사로잡고 또한 학습의 바퀴를 움직이게 한다. 학생의 흥미를 유발할 수 있는 흥미로운 질문이나 짧은 시나리오 낭독은 수업 시작을 위한 몇 가지 옵션일 뿐이다. 개념 수업의 계획은 일반적으로 여러 수업 또는 여러 날에 걸쳐 진행된다. 학생이 더 많은 것을 듣고 싶어 하는 수업의 시작은 유용한 수업 관리의 도구일 뿐만 아니라 시작부터 개념적 사고를 유발할 수 있다.

4단계: 수업 학습 경험 설계하기 및 개별화 방법 제안하기

이제 학습 목표와 수업의 개념적 초점을 명확하게 이해했으므로 다음 단계는 학생이 이러한 목표를 달성하는 데 도움이 되는 학습 경험을 설계하는 것이다. 학습 경험은 논리적으로 순서가 정해져 있고 수업 전반에 걸쳐 점진적으로 더 까다로워지므로 학생은 개별 수업의 학습 목표를 달성할 뿐만 아니라 최종 단원 평가에서도 성공할 수 있다. 개념 기반 수업의 대부분은 안내형 또는 구조화된 탐구를 사용하는 귀납적 교수법을 사용하며, 학생에게 할당된 학습 경험은 질문, 조사, 숙고, 고민, 비판적 분석, 대화, 패턴 찾기 및 학습 중인 내용과 기능의 종합을 요구한다. 수업이 확대(zoom in)되고 더 명시적인(explicit) 순간이 전혀 없다는 것은 아니지만, 대다수의 경우 학생은 일반화를 향한 사고의 길을 안내하는 교사의 안내 질문과 함께 탐구 과제를 통해 개념적 이해를 쌓아 간다.

학습 경험을 설계할 때 더 큰 도전이 필요한 학생과 더 많은 지원이 필요한 학생을 염두에 두어야 한다. 개념 기반 접근법의 많은 장점 중 하나는 자연스럽게 개별화(differentiation)를 지원한다는 것이다. 개념 기반은 학문의 본질적 아이디어(개념)를 중심으로 구성되기 때문이다. 즉, 목표 일반화는 모든 학생에게 똑같이 유지되지만 일반화로 이끄는 자료와 과제는 학생의 필요에 따라 조정할 수 있다는 것을 의미한다. 모든 학생은 생각하고 이해할 수 있다. 교육이 올바른 스캐폴딩(scaffolds)을 제공한다면 목표 일반화를 쉽게 만들 필요가 없다. 학습 부진 학생과 우수 학생을 위한 개념 기반 수업의 개별화에 대한 더 많은 생각은 제5장의 '자주 묻는 질문'에서 확인할 수 있다.

5단계: 평가

학생의 지식, 이해 및 기능 학습 목표를 어떻게 평가할지 생각해 보라. 교사로서 우리는 모두 학생의 지식과 기능에 대한 평가를 설계하는 데 많은 경험이 있다. 가끔은 쪽지 시험(pop quiz), 객관식 시험 그리고 빈칸 채우기 유형의 학생 학습 점검도 괜찮지만 이것이 유일한 평가 유형인 경우는 문제가 있다. 일반화를 평가하려면 다른 유형의 평가가 필요하다. 개념 기반에서 사용하는 한 가지 요령은 개념적 이해에 대한 평가를 만들 때 목표 일반화에 사용되는 개념 언어를 선택하도록 하는 것이다. 학생이 목표 일반화를 구성하고 궁극적으로 이를 표현하고 옹호할 때 그들이 올바른 방향으로 생각하도록 유도하고자 한다.

이 책의 다양한 단원 및 수업 계획 사례에서 학생이 수업을 마치고 나갈 때 출구권(exit slip)에서 핵심 개념 간의 관계를 간단히 서술하도록 요청받는 경우가 있다는 것을 알 수 있다. 이는 학생의 이해도를 명확하게 측정하는 고도의 인지적 활동으로, 간단하고 효과적인 출구권은 학생에게 "나는 ……을/를 이해한다." 또는 학생이 공동 작업을 하는 경우, "우리는 ……을/를 이해한다."라는 문장을 완성하도록 요청하는 것이다.

이해도 평가는 더 집중적이고 포괄적으로 이루어질 수도 있다. 예를 들어, 학생에게 목표 기능, 내용 지식 및 개념적 이해를 통합하여 숙련도를 입증해야 하는 수행과제를 완료하도록 요청할 수 있다.

참고 사항 개념 기반 교육과정 및 수업(CBCI) 단원의 기말 평가를 위한 채점 도구(예: 루브릭 또는 모델 단원에 표시된 기타 유형)는 학생이 무엇을 알고(know), 이해하고(understand), 할 수 있는지(do) 세 가지 차원을 모두 파악해야 한다.

6단계: 수업 마무리

> 다양한 평가는 다음 장의 각 모델 단원 및 수업 사례에서 확인할 수 있다.

수업의 마무리 시간은 교수자와 학생이 결과물뿐만 아니라 과정에 대한 성찰을 포함하여 수업을 종합적으로 요약할 수 있는 좋은 시간이다. 학생이 독자, 작가, 발표자, 청취자 또는 시청자로서 자신이 한 일을 왜 했는지 설명할 수 있는가? 교사는 종종 학생이 결과물을 공유하고 설명할 수 있는 시간을 마련하지만, 학생에게 과정을 설명하도록 요구하지는 않는다. 학습한 내용을 새로운 상황으로 전이하는 능력에는 자기 인식과 두 가지 모두에 대한 이해가 필요하다. 우리는 학생이 단순히 기능이나 전략을 암기하는 것에 몰두하는 것을 원하지 않는다. 잠시 시간을 내어 자신만의 독특한 교육 도구 상자에 대해 생각해 보라. 최근에 수업을 마무리하는 데 어떤 전략이 효과적이었는지 발견했는가?

약간의 조정을 통해 그 전략들은 학습을 개념적 이해로 이끄는 도구로도 사용될 가능성이 있다. 가장 중요한 것은 이해를 우연에 맡기고 싶지 않다는 것이다.

마지막으로, 수업의 마무리는 앞으로의 학습을 위한 길을 제시해야 한다. 학생에게 수업이 앞으로의 학습으로 어떻게 이어지는지를 알 수 있도록 도와주면 수업 간의 관련과 연결이 강화된다.

수업 계획 과정 안내 자료

[그림 2-4]는 우리가 추구하는 3차원의 개념 기반 문해력 교수(instruction)를 보여준다. 이 그림을 바람개비라고 생각해 보라. 두 번째 고리의 문해력 모드가 회전한다. 바깥쪽 부분도 회전하는데, 이는 중간 부분과 바깥쪽 부분의 모든 측면이 서로 연관되어 있기 때문이다. 개념 기반 문해력의 구성 요소(그림의 가장 바깥쪽 부분에 표시됨)는 모든 문해력 모드(읽기, 쓰기, 말하기, 듣기 그리고 보기)에 걸쳐 관련되어 있음을 알 수 있다. 종합적으로, 이러한 구성 요소는 개념적 이해와 전이를 보장하기 위

해서 각 문해력 모드에서 수업에 필요한 요소이다. 과정, 전략 및 기능 교육도 빼놓을 수 없다. 실제로 전략과 기능은 문해력을 이해하는 토대를 제공하고, 사고와 학습을 낮은 수준에서 높은 수준으로 이동시키는 촉매제 역할을 하며, 목표 일반화에 대한 근거를 제공한다.

개념 기반 수업 계획을 작성하려면 전문적인 사고의 전환이 필요하다. 개념 기반 교육과정 및 수업(CBCI)의 교사는 “내가 가르친 결과로서, 학생이 이해하고 새로운 상황에 독립적으로 적용할 수 있기를 바라는 중요한 개념의 이해(일반화)는 무엇인가?”라고 끊임없이 질문한다. 의도적으로 목표 일반화(수준을 점검하기 위해서 개념 기반 기준을 사용)를 작성하면 학습 유지와 전이에 차이를 만들어 내는 필수적이고 개

개념 기반 문해력

기능을 넘어서서 개념 이해와 전이로 이동하기

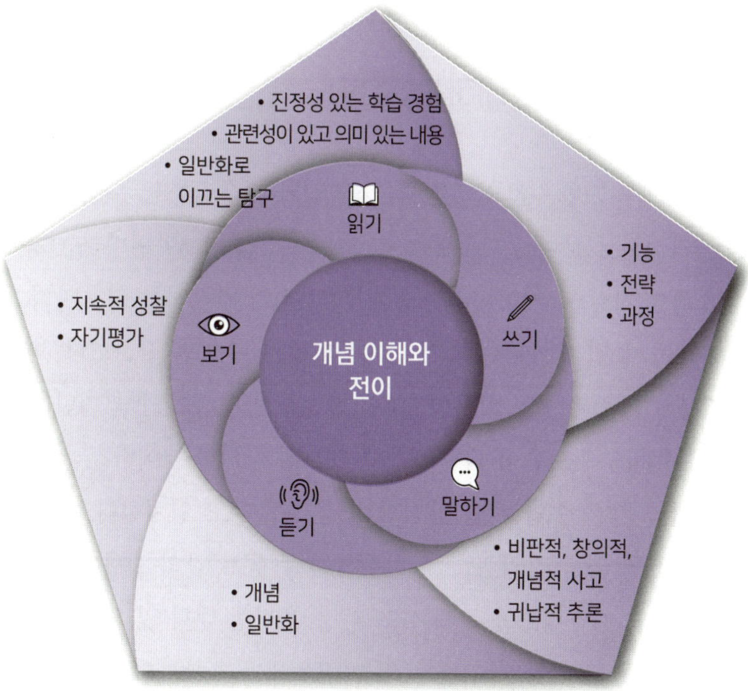

[그림 2-4] **3차원의 개념 기반 문해력**

념적인 세 번째 차원을 수업에 부여할 수 있다. 개념 기반 수업은 대본을 따르거나 "어떻게 해야 하는지 알려 달라!"라고 묻는 교사에게는 효과적이지 않다.

생각하는 학생을 기르기 위해서는 생각하는 교사가 필요하다. 이 흐름도에 제시된 질문은 개념 기반 설계 과정에 대한 교사의 주체성, 즉 주인의식(ownership)을 키우는 데 도움이 되도록 고안되었다. 개념 기반 수업의 원칙을 더 깊이 이해할수록 교사가 계속해서 내리는 방대한 교육적 결정에 더 큰 영향을 미칠 수 있다. 이 책에 포함된 루브릭 및 기타 도구는 개념 기반 교육과정 및 수업(CBCI)의 교사가 되기 위한 지속적인 진행 상황을 관찰하는 방법이다. 이는 시간이 걸리는 학습 과정이다.

필수적인 일반화 기준의 예:

- 일반화가 현재 시제의 강력한 동사를 사용하여 최소한 두 개념 간의 관계를 진술하는가?
- 일반화가 탐구에 중요한 개념적 이해를 반영하는가?
- 일반화가 다른 문해력 맥락에도 전이되는가(전체 체크리스트는 Erickson, Lanning, & French, 2017 참조)?

생각하기를 안내하는 흐름도

[그림 2-5]의 '개념 기반 수업 설계를 통한 생각하기'의 흐름도는 수업 계획을 작성하는 과정을 시각적으로 보여 준다. 에릭슨(2008)은 2차원과 3차원이라는 용어를 사용하여 지식(소재 및 사실)과 기능이라는 두 가지 차원만 반영하는 교육과정 및 수업과 개념적 이해라는 세 번째 차원이 추가된 교육과정 및 수업을 구분했다. 흐름도의 각 단계에서 질문과 기준은 수업 계획에 3차원 설계를 반영하고 개념 기반 수업의 의도를 더 깊이 이해하는 데 도움이 되는 대화를 유도하기 위한 것이다.

흐름도는 개념 기반 수업 계획 양식의 구성 요소와도 일치한다. 흐름도를 검토한 후에는 흐름도를 공동 작업 도구로 사용하는 두 동료 간의 시나리오를 〈표 2-1〉에서 찾을 수 있다. 시나리오를 통해 사고 과정, 쌍방향 대화 및 교사의 자기 성찰을 '들을' 수 있다. 동료인 공동 작업자가 없는 경우에도 흐름도와 시나리오가 계획에 도움이 될 것이다(유용한 힌트: 이 대화를 따라갈 때 [그림 2-1]의 수업 계획 양식을 참조하면 도움이 될 수 있다).

개념 기반 수업의 설계를 통해 생각하기

수업의 기반이 될 개념 기반 교육과정 단원을 검토하는 것으로 시작한다.

(참고: 학생이 일반화를 발견하기 위해서 시간과 여러 예와 안내가 필요하므로 수업은 며칠 또는 여러 차시 수업에 걸쳐 진행된다.)

1

교육과정 단원에서 수업 계획 양식으로 이동하는 데 도움이 되는 질문

- 단원 전체를 고려하라.
  - 단원의 모든 구성 요소가 (총체적으로) 어떻게 이 단원을 가르칠 것인지에 관한 생각을 형성하는가?
  - 오늘의 수업이 이전 학습의 개념과 일반화를 기반으로 어떻게 구성되는가?
  - 단원 제목에는 어떤 내용이 반영되는가?
  - 어떻게 단원의 개념적 렌즈가 이 단원의 초점에 관한 생각을 형성하는가?
- 수업 계획 양식의 구성을 검토하라.

⬇

2

교육과정 단원에서 수업의 학습 목표 확인하기

- 이 수업이 끝날 때 학생이 무엇을 알고(중요한 내용), 이해하고(한두 개의 일반화), 할 수 있기(핵심 기능)를 기대하는가?
- 목표한 일반화에 집중할 수 있도록 안내 질문의 순서를 어떻게 정할 것인가? 다시 말해서, 질문이 학생의 사고를 수업 일반화를 향해 귀납적으로 이끌어 주는 논리적 '경로'를 제공하는가?
- 학생이 수업의 학습 목표를 달성하는 데 며칠(수업 기간)이 걸릴 것으로 예상하는가?

⬇

3

수업 시작 준비하기

- 수업의 시작이 어떻게 학생의 마음, 흥미 그리고 호기심을 사로잡을 수 있을까?
- 학생의 시너지를 일으키는 사고를 불러일으키기 위해서 어떤 개념적 질문이나 개념적 렌즈를 사용할 수 있을까?

시작의 구조로서 미니 레슨의 요소들을 고려하라.

- 이 수업이 이전의 수업과 어떻게 조화를 이루는지 **연결**해 보라.
- 중요한 개념적 질문을 **제기**하거나 이 단원에서 조사할 개념을 소개하라(1~3분).
- 학생이 앞으로의 학습 경험에서 보여 줄 사고와 작업의 유형을 (큰 소리로 생각하며) **모델링**하고 **가르치라**. 학문적이고 개념적인 언어와 안내 질문을 사용하여 학생의사고를 유도하라(5~10분).
- 학생이 배운 내용을 실제로 적용해 보거나, 적용하는 상황을 상상해 보도록 하여 학습에 짧게 **참여시키라**(5~10분).
- 미니 레슨에서 다룬 내용을 과제나 탐구 활동과 **연결하고**(1~2분), 학생이 활동을 **시작하게 하라**.

⬇

④

학습 경험 계획하기-학생 과제(work), 과제(tasks), 활동(activities)

- 이 수업에서 학습을 가장 잘 지원하는 교수법은 무엇인가(그래픽 조직자, 토론, 빠른 글쓰기, 역할극, 토론 등)?
- 학생의 탐구 과제 전 또는 과제 수행 중 필요한 명시적 교수가 있는가?

다음 체크리스트에서 양질의 학습 경험을 평가하기 위한 기준을 생각해 보자.

- ☐ 학습 경험은 교사로부터 학생으로 책임이 이동하는 점진적 이양 모델(gradual release model)을 반영한다.
- ☐ 학습 경험은 학생이 과제를 통해 자신의 방식으로 추론하도록 요구한다. 예를 들어, 과제에는 '사물을 파악하고', 사고를 통합하고, 지속적 성찰과 자기평가를 하는 학생의 지적 참여가 필요하다.
- ☐ 안내 질문은 학생이 조사하는 텍스트, 과제 및 예와 함께 목표 일반화로 이끌고 목표 일반화의 예가 된다.
- ☐ 학습 경험을 통해 학생은 다양한 예에서 패턴을 발견하고 연결하기 시작한다.
- ☐ 과제는 진정성 있고, (가능한 한) 의미 있는 맥락을 나타내며, 향후 학습과 관련이 있어야 한다.
- ☐ 학습 경험은 종종 동료와의 협업이 필요하다.
- ☐ 학습 경험은 모든 학습자가 공평하게 접근할 수 있도록 개별화되어 있다.
  - 학습 중인 개념에 대한 여러 진입 지점(points of entry)을 제공한다.
  - 학생을 그룹으로 묶는 방법에 따라 달라진다.
  - 자료(예를 들면, 텍스트)가 적절한 수준인지 확인한다.
  - 학습 경험의 복잡성에 따라 달라진다.
  - 교사의 지도와 제공되는 스캐폴딩(scaffolding)의 양에 따라 달라진다.
  - 학생이 의견을 내고 선택할 기회를 제공한다.

⬇

⑤

평가

- 수업 중에 또는 수업의 마지막에 학생의 지식, 이해 그리고 기능을 어떻게 **평가**할 것인가?
- 이 수업에서 어떤 **자료**를 모을 것인가?
- 학생이 일반화에 도달하면 나중에 참조할 수 있도록 일반화를 게시할 것인가?

⬇

⑥

수업의 마무리 및 성찰을 위한 최종 질문

- 수업을 어떻게 **마무리**할 것인가?
- 이 수업의 학습이 이전의 학습과 어떻게 연결되는가?
- 교사와 학생은 학습(과정과 결과)에 대해 어떻게 협력해서 성찰할 것인가?
- 이 수업은 향후 학습을 향해 어떻게 구축될 것인가?
- 일반화의 **전이 가능성**을 어떻게 강화할 것인가?
- 어려움을 겪고 있거나 더 많은 도전이 필요한 학생을 위한 개입을 어떻게 계획할 것인가?

[그림 2-5] 개념 기반 수업의 설계를 통해 생각하기

〈표 2-1〉 실행 중인 흐름도: 협력적 개념 기반 교육과정 및 수업 계획 시나리오

세션 1	
문해력 코치	안녕하세요, 미셸! 다음 주에 선생님의 학급이 학군의 새로운 문해력 교육과정을 시작하게 되어서 지금이 함께 모여 첫 번째 개념 기반 교육과정 및 수업을 계획하기에 완벽한 시기인 것 같습니다.
교사	긴장도 되지만 가능성에 대한 기대감도 큽니다! 이 단원은 제가 논증적 글쓰기를 가르쳤던 방식보다 훨씬 더 포괄적으로 들립니다!
문해력 코치	가장 긴장되는 부분은 무엇인가요?
교사	제대로 해 보고 싶어요……. 개념 기반 교육과정 및 수업이 어떻게 이뤄지는지에 대해 배워야 할 것이 너무 많아요.
문해력 코치	모든 새로운 것이 그렇듯이 이해와 자신감을 키우려면 시간, 연습 그리고 지속적인 학습이 필요합니다. 하지만 저희가 이 일을 함께하고 있고 당신을 더 편안하게 하기 위해서 작은 단계를 밟을 것입니다. 새로운 개념 기반 문해력 교육과정 단원을 함께 살펴보는 것부터 시작하겠습니다. 수업 계획을 세우기 전에 전체적 내용을 잘 파악하고 싶기 때문입니다.
[새로운 10학년 개념 기반 교육과정 및 수업 단원의 제목은 '논증의 기술'이다.]	
문해력 코치	제목이 정말 마음에 듭니다! 학생이 바로 이해할 수 있을 것 같아요. 이 단원의 개념적 렌즈는 논증(argumentation)이며, 이는 완벽히 이해됩니다. 개념적 렌즈는 단원의 더 많은 마이크로 개념(microconcepts)을 정리하고 학습할 수 있는 인지적 필터(perceptual filter) 역할을 한다는 점을 기억하세요. 이 단원의 개념적 렌즈는 이 단원의 초점에 대한 당신의 생각을 어떻게 형성하나요?
교사	학생이 논증의 구성 요소들이 어떻게 함께 작용하여 영향력을 만들어 내는지 알 수 있도록 다양한 효과적 논증의 예를 확보해야겠다고 생각하고 있습니다.
문해력 코치	좋아요! 당신이 개념을 구체적인 사실적 예와 연결할 때 당신은 이미 시너지를 일으키는 생각하는 사람(thinker)처럼 이야기하고 있습니다. 이것이 바로 개념 기반 교육과정 및 수업이 학생의 마음속에 개념의 스키마(schemas)를 의도적으로 개발하기 시작하는 방법입니다. 전체 단원을 훑어보고 용어에 대한 이해를 다시 한번 살펴봤으니 이제 첫 수업의 학습 목표를 확인해 봅시다. 즉, 이 수업이 끝날 때쯤에 학생은 무엇을 알고, 할 수 있고, 이해할 것이라고 기대합니까?

(계속)

교사	저는 이 단원의 첫 번째 일반화인 "논증의 구성 요소를 효과적으로 조직하면 저자의 주장을 발전시킨다."를 학습 목표로 삼을 것 같습니다. 제 수업에서 가장 큰 변화는 학생이 이러한 이해에 도달하도록 이끄는 탐구(inquiry)를 설계하고 학생이 스스로 구성하도록 기대하는 것입니다. 학생이 그렇게 하도록 하는 것이 조금 두렵습니다. 하지만 어떻게 목표 일반화가 학생이 이러한 이해에 도달하는 데 필요한 기초 지식과 기능을 결정하는지 알 수 있을 것입니다. 이것은 학생을 일반화로 이끄는 데 도움이 될 활동 또는 단원에서 학습 경험이라고 불리는 것을 깊이 생각해야 한다는 뜻입니다.
문해력 코치	정확합니다. 이것이 우리가 계획을 세울 때 고려해야 할 중요한 요소입니다. 이를 조금 더 세분화하기 위해 먼저 목표 일반화에서 필수적인 개념을 파악해 보겠습니다.
교사	여기서 논증의 개념이 핵심입니다. 주장, 이유, 증거 그리고 반론도 중요한 **마이크로 개념**(microconcepts)입니다.
문해력 코치	맞습니다. 일반화는 또한 저자가 이러한 구성 요소를 사용하여 논증을 작성하고 구성하는 **이유**를 표현합니다. 계속 작업을 해 나갈 때 이를 염두에 둡시다. 수업에 참여하는 학생을 생각해 볼 때 학생이 목표 일반화를 실현하기 위해서 몇 번의 **수업**이 필요할 것으로 예상하시나요?
교사	구성 요소에 대해 자세히 배우고, 그 구성 요소가 텍스트에서 함께 작용하는 방식과 이유를 알아보며, 또한 적절한 텍스트를 찾아야 하기 때문에 3~5회 정도의 **수업**이 필요할 것 같습니다.
문해력 코치	이야기를 나누다 보니 정부의 정책에 관한 기사가 떠오릅니다. 우리가 매일 듣고 있는 현재의 정치적 양극화를 고려할 때 이러한 텍스트가 풍부할 것 같네요! 출발이 좋습니다. 이제 어떤 부분에 대한 **명시적 교수**가 필요하다고 생각하시나요?
교사	학생에게 일반적 지식과 기능의 기반을 제공하기 위해서 처음에 **명시적 교수**를 해야 할 것 같습니다. 또 필요하면 탐구를 잠깐 멈추고 더 명확한 교육을 제공해야 할 수도 있을 것 같아요.
문해력 코치	좋습니다. 오늘의 마지막 질문입니다. 수업에서 학생이 **선택**할 기회가 있나요?
교사	네, 제가 제공하는 다양한 텍스트 중에서 관심 있는 주제를 선택하게 할 수 있는 기회가 있을 것 같습니다. 마음을 다잡아 주셔서 감사합니다. 수업을 작성하는 것이 기대됩니다.

(계속)

세션 2	
교사	안녕하세요! 어제 나눈 대화를 바탕으로 개념 기반 교육과정 및 수업 계획 양식을 작성하기 시작한 것을 보여 드리고 싶었습니다. 이제 막 시작했습니다! 교육과정 단원에서 사용할 목표 일반화와 안내 질문을 뽑아냈습니다. 보시다시피, 학생에게 필요한 내용을 바탕으로 몇 가지 안내 질문을 더 추가했습니다. 이것은 저에게 큰 도움이 될 것입니다. 사실과 개념의 균형을 맞추고 학생의 사고를 구체적으로 안내하기 위해서는 지금 당장 다양한 유형의 질문에 대한 정확한 문구가 필요합니다. 그런 다음, 교육과정 단원에서 수업의 학습 목표로 사용할 중요한 내용과 핵심 기능을 구체적으로 뽑아냈습니다. 수업의 시작을 교육과정 단원에 작성된 그대로 사용하기로 한 이유는 정말 강력하고 아이들의 주의를 바로 끌 수 있을 것 같기 때문입니다. 다음으로 첫 번째 수업(lesson opening)에서 이것이 모든 것을 멋지게 시작하게 합니다.
문해력 코치	멋지네요. 당신의 노력이 오늘 우리가 진행해 나가는 데 정말 큰 도움이 됩니다. 안내 질문을 글로 작성하고 자신만의 질문을 추가하는 것에 전적으로 동의합니다. 질문은 수업 내내 학생의 사고를 모니터링하고 안내하는 데 매우 중요합니다. 당신이 나열한 내용의 순서를 살펴봅시다. 제가 항상 하는 질문은 "질문이 학생의 사고를 일반화를 향해 귀납적으로 이끌 수 있는 논리적 '경로'를 따르고 있는가?"입니다. 즉, 사실적 질문으로 시작하여 학생의 기초 지식을 쌓은 다음 점차 개념적 질문으로 넘어가도록 질문의 스캐폴딩(scaffold)을 설정할 필요가 있습니다. 한 가지 더 궁금한 점이 있습니다. 지난번에 논증 글쓰기를 가르치셨다고 말씀하셨는데요. 이전 수업과 이번 수업의 유사점과 차이점은 무엇인가요?
교사	안내 질문의 순서라니 좋은 아이디어로군요. 질문의 순서를 다시 생각해 보겠습니다. 강의 진행 상황에 따라 유연하게 대처할 필요가 있을 것 같습니다. 제가 예전에 가르쳤을 때와 가장 큰 변화는 개념에 명시적으로 초점을 맞추고 아이들에게 말하지 않고 일반화에 도달하도록 하는 것입니다. 논증에 대한 지식과 기능을 가르치는 것은 제가 항상 해 왔던 것과 거의 비슷합니다.
문해력 코치	좋습니다! 모든 것을 버리는 것이 아니라 개념적 이해라는 3차원을 구축하는 것입니다. 다시 수업의 시작 부분으로 돌아가 보겠습니다. 교육과정 단원에 있는 단원 개요도 마음에 들지만, 마지막에 그것을 조금 더 좁혀볼 수 있을 것 같습니다. 그것을 수업과 직접적으로 연결하고 도입부를 사용하여 학생의 시너지를 일으키는 사고를 활성화하고 싶습니다. 어제 대화를 나눈 것처럼, 논증의 개념이 수업의 일반화의 핵심이기 때문에, 교육과정 단원 개요를 낭독한 후에 학생의 개념적 사고에 더 의도적으로 불을 붙일 수 있도록 도입부를 좀 더 예리하게 할 수 있는 방법이 있을까요?

(계속)

교사	음…… 학생에게 최근에 그들이 들었던 논쟁에서 아주 설득력이 있다고 느꼈던 상황을 생각해 보라고 요청할 수 있습니다. 그런 다음, 학생은 그 주장이 왜 자신에게 공감을 불러일으켰다고 생각하는지 성찰해 볼 수 있습니다.
문해력 코치	동의합니다! 부모님, 학교직원, 더 나이가 많은 형제와 특히 뉴스를 읽거나 보면서 들었거나 접했던 상황의 많은 예가 금방 떠오를 것입니다! '청중' '주장' 그리고 '영향'이라는 세 가지 제목 아래의 차트 종이에 이 도입부 질문에 대한 학생의 반응을 기록할 수 있습니다. 한 학생이 "엄마는 운전 중 문자 보내기가 사람을 죽인다고 항상 주장해요. 엄마는 제가 같은 실수를 하지 않도록 그것이 얼마나 위험한지 증명해 보이려고 하세요."라고 말하는 소리가 들리는 것 같습니다. 그런 다음 당신은 청중 아래에 '10대 운전자', 주장 아래에 '운전 중 문자 메시지로 인한 사망'이라고 적고 나서, 영향이라는 제목 아래에 '공포가 행동을 바꾼다.'라고 나열할 것입니다. 각 개념의 구체적 예와 함께 개념 간의 관계를 시각적으로 보여 줄 것입니다. 이렇게 하면 학생이 수업에 대비할 수 있을 것 같나요? 수업 계획 양식의 학습 경험 부분으로 이동합니다……. 이제 수업을 시작한 후에 논증의 구성 요소를 효과적으로 정리한 예로 사용할 수 있는 흥미로운 짧은 멘토 텍스트가 있습니까? 이렇게 하면 수업 계획 중 '학생이 알 것' 부분에서 확인한 중요한 내용 학습 목표에 초점을 맞추는 데 도움이 됩니다. 학생이 반드시 알아야 할 내용(논증의 구성 요소 및 증거의 유형)이 표시된 단원 계획서를 다시 살펴봅시다.
교사	자료를 좀 더 살펴봐야겠지만 가능합니다.
문해력 코치	앞서 언급했듯이, 우리는 학생이 다양한 텍스트 예에서 패턴을 조사하고, 정보를 반영하고, 또한 종합하여 궁극적으로 스스로 일반화를 구성할 수 있기를 바랍니다. 그렇기에 학습 목표를 설명하는 짧은 텍스트를 사용하는 것이 효과적입니다. '교사가 이야기하는 시간'을 간결하게 유지하고, 학생이 예를 통해 무엇을 얻고 있는지 공유하는 기회를 제공하며, 학생이 함께 또는 개별적으로 학습한 내용을 적용할 수 있는 시간을 점점 더 많이 확보할 수 있습니다. 이는 점진적 책임감 이양을 의미합니다. 이전에 일부 글쓰기 수업에서 미니 레슨 형식을 사용한 적이 있는 것으로 알고 있습니다. 미니 레슨의 구조는 여기서 완벽하게 작동합니다. 미니 레슨에서 사고 구술(think aloud)을 들음으로써 학생은 탐구 경험에 성공적으로 참여하기 위해 요구되는 사고력을 갖추게 됩니다.

(계속)

교사	네, 저는 미니 레슨의 구조에 익숙합니다. 그것은 일부의 학습 경험과 특히 사용할 텍스트를 더 깊이 생각해야 함을 의미하며, 가르치는 내용 및 기능 학습 목표와 제가 풀어내는 일반화 사이에 명확한 관계가 있어야 한다는 것을 의미합니다.
문해력 코치	맞습니다! 이것이 바로 저희가 교육에 깊이를 더하고 재교육과 복습에 걸리는 시간을 크게 줄이는 방법입니다! 앞으로 당신의 학습 경험을 평가하기 위한 더 구체적인 기준을 살펴볼 수 있겠지만, 지금 당신은 잘 진행하고 있으며, 당신의 생각은 인상적입니다. 오늘은 마지막으로 몇 가지 질문을 드리겠습니다. 학생의 탐구에서 다음 단계를 어떻게 구성할 수 있을까요? 모든 학생의 요구를 충족하기 위해 학습 경험을 어떻게 **개별화**할 수 있을까요? 그리고 학생이 이 수업의 학습 목표를 얼마나 잘 달성했는지 어떻게 **평가**하시겠습니까? 며칠 후에 뵙겠습니다.
세션 3	
문해력 코치	미셸, 지난 며칠 동안 정말 바쁘셨지요! 남은 학습 경험과 그 외의 것들을 계획하고 계신 것 같네요!
교사	네, 저는 계획 과정에 들어갔어요. 동료와 많은 대화를 나눈 덕분이라고 말씀드리고 싶네요. 그들은 이 강의에서 완벽하게 작동할 텍스트를 찾는 데 큰 도움을 주었고, 제가 '빅 아이디어(big idea)'에서 벗어나지 않도록 제 생각을 정리하는 데 큰 도움을 주었습니다.
문해력 코치	그러한 과정은 매우 중요합니다. 그분들이 수업을 변화시키는 작업을 시작할 때 당신이 큰 도움이 될 것임을 알고 있습니다. 지난 세션에서 제가 남긴 **개별화** 질문은 어땠나요? 모든 학생이 학습 중인 개념에 접근할 수 있도록 다양한 수준의 가독성과 관심사에 맞는 텍스트를 식별하신 것 같습니다. 스포츠, 정치, 만화 삽화, 광고 등 다양한 주제와 미디어가 정말 마음에 들어요! 훌륭해요! 학습 경험의 과정, 내용 그리고 결과물을 개별화할 수는 있지만, 목표 일반화는 개별화할 수는 없다는 점을 분명히 기억하고 계셨군요. 멋집니다!
교사	네, 저는 주로 텍스트의 읽기 난이도(readability)를 개별화했습니다. 모든 학생이 더 큰 대화에 참여하고 일반화를 구성할 수 있도록 논증의 구성 요소와 다양한 유형의 증거를 명확하게 반영하는 다양한 유형과 예를 찾는 것이 도전 과제였습니다. 저는 모든 학습자가 개념에 접근할 수 있도록 학생이 다양한 장르와 상호작용할 수 있기를 바랍니다. '인공물 상자(artifact box)'는 이를 위한 완벽한 구조를 제공할 것입니다. 이 탐구에는 협업, 의사소통 그리고 비판적 사고 능력이 필요합니다!
문해력 코치	다양한 유형의 증거에 대한 짧은 퀴즈와 같이 학생의 실력을 평가하는 전통적 방법도 있지만, 정말 인상적인 것은 **이해력 평가**를 놓치지 않았다는 점입니다. 학생이 개별적으로 논증 구성 요소의 조직과 글쓴이의 주장에 미치는 영향 사이의 관계를 표현하는 비유를 만들게 하는 것은 각 학생의 개념적 이해를 재미있고 빠르게 파악하는 방법입니다. 수업의 마무리에서 의도적으로 구축한 것은 당신이 이 수업에 대해 얼마나 깊이 생각하고 있는지를 나타내는 지표이기도 합니다. 빨리 수업에 들어가서 이 모든 것이 실제로 작동하는 것을 보고 싶네요!

최종 산출물

이제 〈표 2-1〉의 수업 계획 논의가 어떻게 [그림 2-6]의 최종 개념 기반 문해력 수업으로 완성되었는지 살펴보자. 개념 기반에 대해 처음 배울 때는 양질의 수업 계획을 작성하는 과정에 시간이 걸리지만 연습하면 더 쉬워진다는 점을 기억하라.

> 수업이 목표 일반화를 향해 학생의 학습과 사고를 체계적으로 안내하고 지식과 기능을 다루는 방식을 보았는가?

사실과 기능은 학생이 일반화를 구성하고 나중에 일반화를 옹호하기 위해 필요한 배경지식을 제공한다. 3차원(개념과 목표 일반화)은 학생의 사고를 일반화로 이동시키는 사실과 기능을 신중하게 선택하도록 한다. 개념과 일반화는 수업에서 가르치는 사실 및 기능과 관련이 있다.

개념 기반 수업 계획서

단원 제목: 논증의 기술 　　　　**교사:** 미셸 H.
학년 수준: 10 　　　　**수업 기간:** 약 3~5일

수업 시작: (수업 시작 시 학생과 소통하기 위해서)

마지막으로 논증에 참여했거나 논증을 들었을 때를 생각해 봅시다. 무슨 일이 있었는지 설명해 보세요. 논증의 요점이 효과적으로 전달되었나요? 개인적 의견과 감정에 근거한 주장이었나요, 아니면 논리적으로 구조화되고(양측에서) 명확하게 조사되고 사실적 증거에 의해 입증된 주장에 대한 지지였나요? 논증을 부정적인 것으로만 볼 필요는 없어요. 논증이 누구의 목소리가 더 큰지 겨루는 경쟁으로 변질될 필요도 없죠! 효과적 논증을 만드는 것은 하나의 예술이에요. 매일 정보와 주장이 넘쳐나는 세상에서는 무엇을 생각하고, 왜 그렇게 생각하는지, 또 어떻게 효과적으로 논증을 전개할 수 있는지를 아는 것이 중요해요. 이 단원이 바로 그런 내용을 다루고 있어요. 논증할 준비가 되었나요?
이제 어떤 주장을 들었을 때 정말 설득력 있게 느껴졌던 시간이나 상황을 떠올려 보세요. 그 주장이 왜 공감을 불러일으켰다고 생각하나요?

(계속)

학습 목표: 학생이 이해하고(일반화), 알고, 할 수 있을 것(기능)

일반화(학생은 ……을/를 이해할 수 있다.)

참고: 일반화는 하나 또는 일련의 수업에 적용될 수 있다. G#1은 교육과정 단원의 목표 일반화를 나타낸다.

단원 G#1 논증의 구성 요소를 효과적으로 조직하는 것은 저자의 주장을 발전시킨다.

안내 질문

1a. 논증의 구성 요소는 무엇인가? (F)

1b. 논증에서 제시된 이유를 뒷받침하기 위해 어떤 유형의 증거를 사용할 수 있는가(구체적 예, 통계, 데이터, 증언, 반론, 등등)? (F)

1c. 저자(또는 발표자)는 ________에 대해 어떤 주장을 하는가? (F)

1d. 강력한 주장 진술이 중요한 이유는 무엇인가? (C)

1e. 저자는 글에서 제시된 논증을 어떻게 구성했는가? (F)

1f. 저자가 논증을 구성한 것이 주장에 대한 이해에 어떤 영향을 미쳤는가? (F)

1g. 논증의 구성 요소의 조직이 저자의 주장에 어떤 영향을 미쳤는가? (C)

스트랜드	중요한 내용(Know)	핵심 기능(Able to Do)
텍스트 이해하기	• 중심 아이디어와 세부 사항 비교 • 논증의 구성 요소 • 증거 유형	CCSS. ELA RI9-10.2: 텍스트의 중심 아이디어를 결정하고, 그 아이디어가 어떻게 나타나며 구체적인 세부 사항에 의해 형성되고 다듬어지는지를 포함하여 텍스트의 전개 과정을 분석한다.
텍스트에 반응하기	• 텍스트에 응답하기 위한 전략(접착 메모지, 저널 엔트리, 토론 프로토콜)	CCSS. ELA SL.9-10.3: 발표자의 관점, 추론, 증거 및 수사법의 사용을 평가하여 잘못된 추론이나 과장되거나 왜곡된 증거를 식별한다.
텍스트 비평하기	• 논증을 분석하고 평가하는 데 사용되는 기준 • 논증의 구성 요소를 효과적으로 정리하기 • 타당한 증거 및 추론	CCSS. ELA RI.9-10.6: 텍스트에서 저자의 관점이나 목적을 파악하고 저자가 그 관점을 발전시키기 위해 수사학을 사용하는 방법과 목적을 분석한다.
텍스트 생산하기	• 효과적 유추의 특징	CCSS. ELA W.11-12.2.D: 소재의 복잡성을 다루기 위해 정확한 언어, 분야에 맞는 어휘 및 은유, 직유, 비유와 같은 기술을 사용한다.

(계속)

학습 경험	개별화
시작 질문에 대한 학생의 응답을 포착한다. 이 주장이 왜 공감을 불러일으켰다고 생각하는가? 청중, 주장 그리고 영향이라는 제목이 있는 학급의 T-차트에 표시한다. 단원이 진행되는 동안 이 T-차트를 추가하면서 다시 살펴보자.	
미니 레슨: 또 다른 수업용 앵커 차트를 만든다(단원 전체에 걸쳐 시각 자료로 보관할 수 있음). 이 차트를 사용하여 논증의 구성 요소를 소개하고, 서로의 관계를 표시하고, 각 구성 요소의 정의를 학생에게 안내한다. 안내 질문 1a. 논증의 구성 요소는 무엇인가? (F) 짧은 논증적 글을 읽으면서 사고 구술을 진행하라. 안내 질문에 관해 묻고 토론한다. 1c. 저자(또는 발표자)는 ____에 대해 어떤 주장을 하는가? (F) 1d. 강력한 주장 진술이 중요한 이유는 무엇인가? (C) 짧은 논증 글을 다시 읽고 다음 안내 질문을 묻는다. 1e. 저자는 글에서 제시된 논증을 어떻게 구성했는가? (F) 1f. 저자가 논증을 구성한 것이 주장에 대한 이해에 어떤 영향을 미쳤는가? (F) 학생에게 앵커 차트와 파트너 토론을 사용하여 답을 작성하게 한다. 전체 학급과 1f에 대한 답을 공유한다.	전문가적 사고에 대한 접근을 제공하는 사고 구술(think-aloud)
탐구: 학생은 논증의 구성 요소의 조직과 저자의 주장의 발전 사이의 관계를 계속 조사한다. 소규모 학생 그룹을 생성한다. 각 그룹에 다양한 주제에 대한 주장을 담은 여러 가지(5~7개) 논쟁적 텍스트의 예가 담긴 '인공물 상자(파일)'를 배부한다. 소규모 학생 그룹을 만든다. 학생 그룹이 상자에 있는 각 인공물을 공부한 다음 주장, 이유, 증거 및 반론이라는 제목이 있는 4열 차트(각각의 텍스트에 대해)를 작성하게 한다. 이러한 추가 개념 제목을 학급의 앵커 차트에 추가하고 주기적으로 학생에게 소그룹 작업에서 더 많은 자료를 추가하도록 한다. 학생이 정보를 더 깊이 있게 처리할 수 있도록 돕기 위해서 학급 앵커 차트가 진전되었을 때 다시 참조할 수 있게 한다.	소규모 그룹 구성 다양한 읽기 난이도와 여러 유형의 텍스트 인공물 상자: 효과적인 주장의 필수 구성 요소를 보여 주는 다양한 텍스트 자료에서 가져온 5~7개의 발췌를 포함한다(예: 기사, 만화, 광고).

(계속)

<table>
<tr><td>학생이 인공물 상자에 있는 논증 텍스트에 사용된 증거의 유형에서 패턴을 발견할 수 있도록 돕기 위해서 안내 질문 1b. 논증에서 제시된 이유를 뒷받침하기 위해 어떤 유형의 증거를 사용할 수 있는가?(구체적 예, 통계, 데이터, 증언, 반론 등) (F)를 제시한다. 수업 앵커 차트에 증거의 유형을 추가한다.

학생 그룹에게 '논증의 효과'라는 새로운 렌즈를 통해 4열 차트를 검토하게 한다.
안내 질문 1e. 저자는 글에서 제시된 논증을 어떻게 구성했는가? (F)
1f. 저자가 논증을 구성한 것이 주장에 대한 이해에 어떤 영향을 미쳤는가? (F)를 사용하여 주장의 전반적 영향을 분석한다. 학생은 가장 효과적인 텍스트를 파악하고 그 이유를 소그룹 및 학급과 공유한다.</td><td>

필요에 따라, 지원 및 확장을 제공한다.</td></tr>
<tr><td>평가:
학생에게 소그룹 및 학급 차트에서 얻은 정보를 종합하고 개별적으로 논증의 구성 요소와 저자의 주장 사이의 관계를 표현하는 비유(analogy)를 만들게 한다. (G#1)

수업 마무리:
완료한 과제를 복습한다. 단원에서 다음 학습이 필요한 부분으로 연결한다.</td><td>필요에 따라 효과적 비유를 예로 제공한다.

필요시 비유를 스캐폴딩하기 위한문장 줄기(sentence stems)</td></tr>
<tr><td colspan="2">교구재 및 자료
• 사고 구술을 하는 동안 사용할 논증 지문
• 효과적 논증의 필수 요소를 보여 주는 다양한 텍스트 자료(예: 기사, 만화 및 광고)에서 가져온 5~7개의 발췌물

평가
• 각 그룹의 토론 프로토콜(적극적 참여, 과제 수행, 질문, 역할 할당 등)을 관찰한다.
• 학생의 그룹 행동에서 관찰한 사항은 다음 수업의 일부가 된다. (G#5)
• 안내 질문에 대한 학생의 응답의 질을 확인하라.
• 점수를 매기지 않는 쪽지 시험: 학생에게 이전 학습과 연결하기 위한 도입 과제(entry task)로 증거의 유형을 나열하게 한다.
• 각 비유에 표현된 이해도를 평가한다.</td></tr>
</table>

[그림 2-6] 완성된 수업 계획

우리는 목표로 하는 개념적 이해와는 단절된 사실 및 기능을 가르치기 위해 활동 은행(a bank of activities)을 사용하는 전통적인 '진도 빼기(coverage)' 모델에서 벗어나고 있다. 앞의 교사의 후속 수업에서 학생의 학습을 계속해 구축하고 확장할 수 있도록 지도할 것이다. 이를 위해서는 학생이 사실과 기능을 적용 및 종합하고, 여러 예에서 패턴을 찾고, 특성을 분석하고, 또한 궁극적으로 교육과정 단원에서 추가적 일반화를 구성하도록 요구하는 복잡성이 증가하는 학습 경험을 설계하여 이를 달성할 수 있다.

개념 기반 수업은 학생의 지성을 중시한다.

학생의 학습에 미치는 영향은 개념 기반 수업의 힘을 반영한다. 우리는 학생을 목표 일반화로 안내하지만, 학생이 사전 계획에서 생각하지 못했던 방식으로 정확한 일반화를 제시하고 근거를 댈 때도 그것을 축하한다. 우리는 학생에게 유능하고 자신감 있고 비판적인 독자, 작가, 연사, 시청자, 연구자 그리고 발표자가 되기 위해 필요한 것이 무엇인지 깊이 이해하도록 가르치고 있다. 개념 기반 교수법은 학생이 각 학교 과제를 '통과하기만 하면 된다'는 생각에서 크게 벗어날 수 있게 해 준다.

학생은 생산적이고 흥미로우며 생각을 자극하는 내용에서 개념, 사실 및 기능을 조사해야 하는 학습 활동을 할 때 책임감을 느끼고 훨씬 더 몰입하게 된다. 개념 기반 수업은 학생의 지성을 중시하며, 두뇌의 개념 구조가 점진적이고 꾸준히 발달하도록 설계되어 학습 동기를 부여하고 기억에 남도록 한다! 개념 기반의 교실에서 학생들은 항상 그렇게 말한다.

요약

제3장에서는 개념 기반이 학습에 대한 탐구 접근법을 어떻게 지원하는지 설명함으로써 한 걸음 더 나아간다. 또한 대부분의 전통적 수업과 어떻게 다른지에 대해 자세히 분석하고, 개념 기반 수업 계획이 어떻게 진행되고 있는가에 관해 평가할 수 있는 루브릭을 제공하는 완성된 문해력 수업 계획으로 가득 차 있다. 이제 한 단계 더 나아갈 준비가 되었다!

생각의 확장

1. 개념 기반 교사의 자질에는 어떤 것이 있는가?
2. 탐구 및 학습의 전이를 지원하는 데 수업 설계가 어떻게 그리고 왜 중요할까?
3. 기존의 2차원 교육과정과 3차원 개념 기반 교육과정의 주요 차이점은 무엇인가?
4. 이전의 개념 기반 책에서는 양질의 일반화를 작성하기 위한 기준을 설명한다. 한 가지 기준은 일반화에서 '노! 노!(No! No!)' 동사를 사용하지 말아야 한다는 것이다. '영향을 미친다, 이다, 가진다(affect, impact, influence, is, are, have)'가 포함된다. '노! 노!' 동사에는 [그림 2-7]의 그래픽을 사용하여 왜 이러한 '노! 노!' 동사가 안 되는지 설명하라.

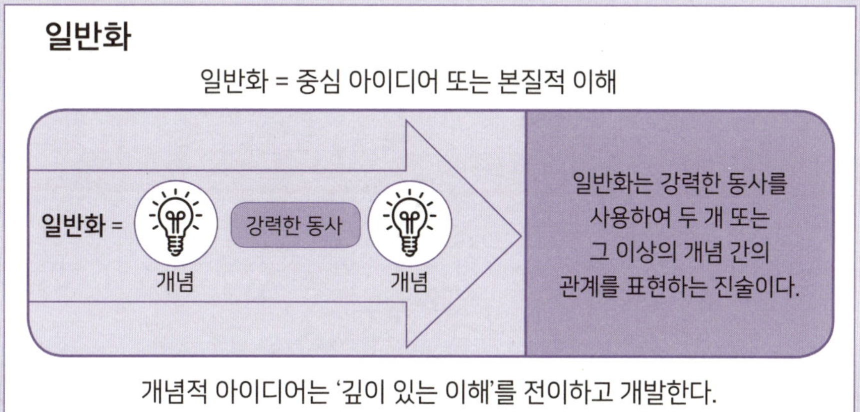

[그림 2-7] **강력한 동사 시각화**

제 3 장

문해력 모델 수업 계획에서 배우기

- 개념 기반 문해력 교실에서 귀납적 탐구의 역할
- 귀납적 탐구와 명시적 교수의 균형 맞추기
- 성장하는 개념 기반 교사용 루브릭
- 모델 수업 계획에서 배울 점
- 요약
- 생각의 확장

[그림 3-1] **문해력 모델 수업 계획에서 배우기**

이제 개념 기반 수업 계획의 중요한 구성 요소로부터 시작하여 여러 측면에서 문해력 수업을 깊이 탐색해 보겠다. 이 장은 풍부한 정보를 제공하며 개념 기반 문해력 교실을 활기차게 할 것이다! 여기에는 많은 내용이 담겨 있으며, 다음을 포함한다.

- 문해력 교실에서 탐구의 역할에 대한 논의와 더불어 개념 기반 교육에서 귀납적 탐구와 명시적 기능 교수(instruction)가 어떻게 함께 작동하는지에 대한 설명
- 계획안(planner)의 각 섹션의 목적을 설명하는 데 도움이 되는 개념 기반 수업 계획 루브릭 준거(criteria)가 포함된 공란의 개념 기반 수업 계획 양식
- 각각 포괄적이고 균형 잡힌 문해력 교실의 한 스트랜드를 나타내면서 서로 다른 일반화에 중점을 둔 네 가지 모델 수업. 스트랜드에 대한 설명은 수업 사례

에 앞서 나옴

- 각 모델 수업에서 검증되고 진실되며 강력한 문해력 실천의 스포트라이트
- 개념 기반 수업 계획 설계에 대한 사고 확장과 학습 심화에 도움이 되도록 고려할 질문. 이 질문은 각 모델 수업 전반에 간간이 섞여 있음
- 일반화의 발전으로 이어지는 각 모델 수업 마무리를 위한 간략한 성찰. 이러한 흐름은 개념 기반 교사로서 우리의 학습이 그러하듯 학생의 학습이 하나의 여정임을 강조하려는 시도임. '전체' 또는 더 큰 그림을 염두에 두면서 하루하루 학생에게 노력을 쏟아야 함

앞의 목록에 압도당하지 말자. 각 요점은 서로 연결되어 있으며 이미 여러분이 수업에서 상당 부분 실천 중일 수 있다. 여러분의 이해를 분명하게 하고 명확하게 하며 조정하는 것이 우리의 목표이다.

개념 기반 문해력 교실에서 귀납적 탐구의 역할

전통적인 문해력 교사는 명시적 기능 개발과 선형적(linear) 기능 향상에 중점을 둔다. 복잡한 과정(process)을 작은 조각으로 쪼개며 이러한 분리로 더 쉽게 숙달하리라 가정한다. 결과적으로 학생의 관점에서 학습은 일관성 없는 과제에서 일련의 고립된 기능처럼 느껴질 뿐이며 연결된 이해를 형성하지 못한다. 이러한 반복은 학생이 능숙한 독자와 작가가 되면 어떤 느낌일지에 관해 모든 관점을 잃을 때까지 계속될 수 있다. 이것을 어떻게 피할 수 있을까?

개념 기반 수업 계획의 한 기둥은 귀납적 탐구 과정을 반영하는 학습 경험(learning experiences)을 설계하는 것이다. 문해력 교실에서 귀납적 탐구의 힘을 과소평가해서는 안 된다. 학생은 문해력 교실에서의 탐구 학습 경험을 통해 다양한 장르에 걸쳐 풍부한 텍스트 예를 탐구함으로써 의미 구성에 적극적으로 참여할 수 있다.

학생은 귀납적 탐구 기반 학습 경험에서 다음을 수행한다.

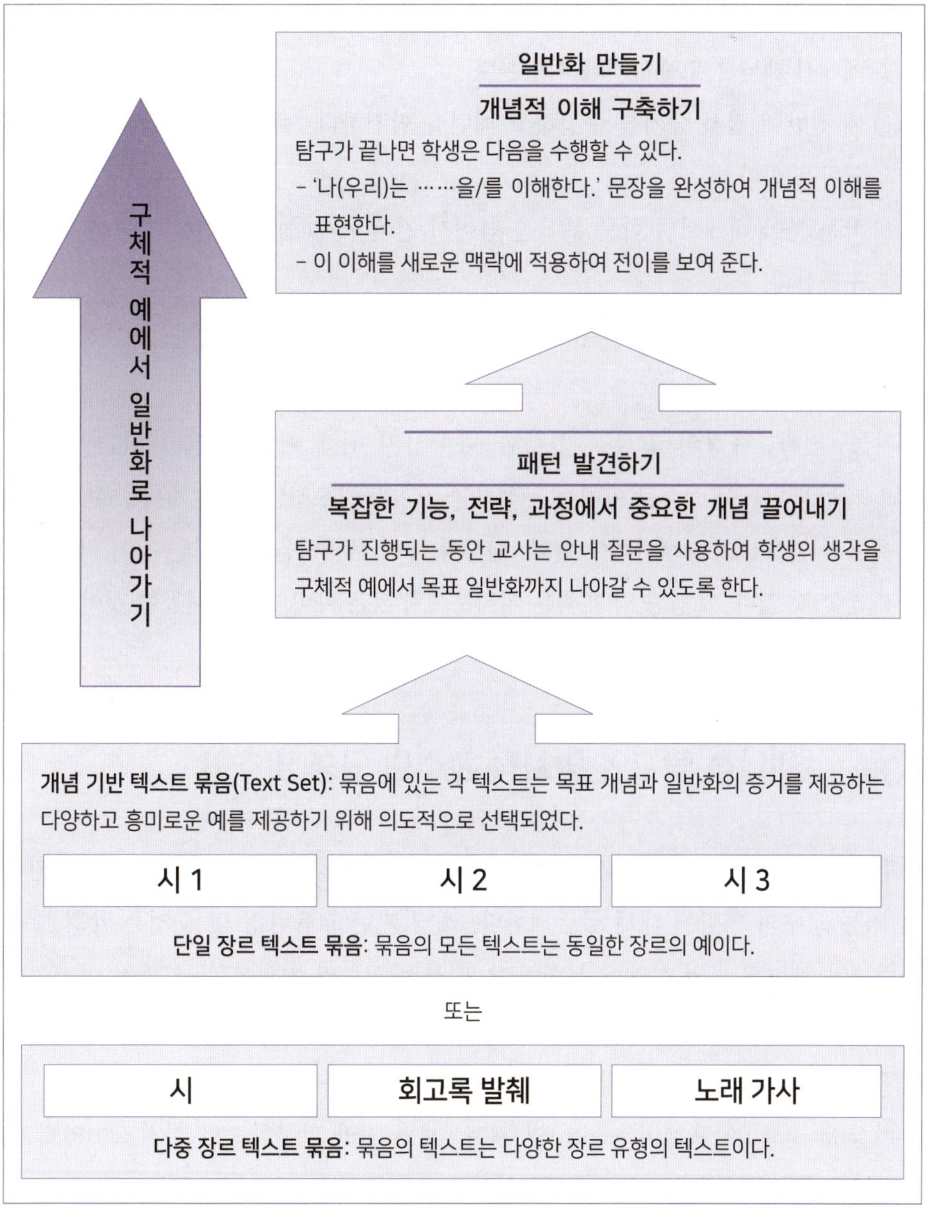

[그림 3-2] **문해력 교실에서 귀납적 탐구의 예**

① 개념적 초점으로 특정 목적을 위한 여러 예를 조사한다.
② 예에서 개념을 도출하거나 식별한다.
③ 예 전반에 걸쳐 증거를 수집하고 패턴을 발견한다. 예는 일반화를 뒷받침하는 역할을 한다.
④ 학문 분야 내에서나 학문 분야를 넘어서 전이(transfer)하는 전이 가능한 이해를 구축한다.
⑤ '조사한 결과, 우리(나)는 ……을/를 이해한다.'라는 문구를 자신의 말로 완성하여 진술한다.

기능, 전략, 과정의 일상적 실행을 넘어서기 위해 학생은 의미 있는 실제적(authentic) 맥락에서 스스로 이해를 구성하는 기회가 필요하다. 수업 계획을 설계할 때 이 목표를 최우선으로 생각해야 한다. 탐구를 통해 문해력을 가르치는 것이 처음이라도 걱정할 것 없다. 모델 수업 계획은 여러분에게 많은 아이디어를 제공할 것이다!

귀납적 탐구와 명시적 교수의 균형 맞추기

탐구를 통한 학습이 개념 기반 문해력 교실의 기초임을 아는 교사들은 종종 명시적 기능 교수의 역할에 대해 궁금해한다. 개념 기반 교육과정 및 수업은 균형 잡힌 문해력과 관련된 모범 사례에 부합하며, 명시적 교수의 기회를 탐구 과정 이전이나 도중에, 또는 탐구 과정과 병렬적으로 포함한다. 즉, 단 하나의 수업 계획에도 교수는 강렬한 문해력 실행의 맥락에서 탐구와 명시적 교수를 통합할 수 있다.

마샬(Marshall)과 프렌치(French)의 저서 『개념 기반 탐구학습의 실천』(2018)에 나와 있는 것처럼 안내되고 구조화된 탐구 수업은 과정, 전략, 기능에 대한 학습을 맥락에 맞게 유지한다. 그러나 과정, 전략 및 기능에는 별도의 순차적이고 직접적인(명시적) 교수가 필요할 때가 있다. 명시적 교수를 제공하기 위해 교사는 탐구 과정을 정지(pause)하고 특정 기능, 전략 또는 과정을 확대(zoom-in)할 수 있다.

교사가 정지하는 데에는 여러 이유가 있지만 다음과 같이 세 가지로 실천된다.

- **일일 소그룹 지도를 위한 계획된 정지:** 때때로 짧은 전략 수업을 위해 정기적으로 만나는 소그룹에서 명시적 교수가 이루어진다. 학생은 잠시 탐구 활동을 정지하고 특정 기능 개발을 집중적으로 확대하는 수업을 받는다. 교사는 긴밀하게 집중된 기능 수업을 위해 약 20분 동안 교실 한구석에서 매일 1~2개의 소그룹으로 교대로 수업을 진행한다(Lanning, 2013). 그런 다음 학생은 개념 기반 교육과정과 관련된 탐구에 적극적으로 참여하기 위해 교실의 더 큰 문해력 공동체로 돌아간다.
- **탐구 수업 내 계획된 정지(전체 학급):** 교사는 탐구에 기초가 되고 명시적 교수를 요구하는 핵심 기능과 지식(학습 목표)이 있기 때문에 전체 수업에 대해 학습을 정지 및 확대하는 탐구 수업의 일부분을 의도적으로 계획할 수도 있다. 여기서 핵심은 탐구 과정 중에 학생이 탐구 과정의 흐름을 잃지 않도록 하면서 수업의 초점을 특정 기능으로 전환해야 하는 시기를 아는 것이다.
- **전체 학급 또는 특정 학생 그룹을 위한 즉흥적 정지:** 또 다른 경우에는 예상치 못한 학습의 필요성이 드러나 탐구 과정 내에서 즉흥적으로 정지할 수 있다. 즉, 학생이 문제를 해결하거나 탐구 질문에 응답하는 동안 교사는 여러 학생이 특정 기능에 어려움을 겪고 있거나 탐구에 중요한 적절한 배경지식이 부족하다는 것을 알아차린다. 교사는 신속하게 자신의 교육 내용을 확대하고 확인된 학습의 필요성을 명시적으로 해결한다.

> 정지라는 단어는 부족한 특정 기능이나 지식을 확대하여 다루기 위해 정지된 교실에서 엄청난 일이 일어남을 암시한다.

앞의 각 설명에서 정지는 말 그대로 일시적 정지이다. 정지라는 단어는 부족한 특정 기능이나 지식을 확대하여 다루기 위해 정지된 교실에서 엄청난 일이 일어남을 암시한다. 2차원 교실에서는 '더 큰 일'이 일어날 가능성이 없다. 오히려 2차원 문해력 교실에서는 명시적 교수가 유일한 접근 방식일 수 있다. 이 경우 특정 기능의 숙달이 목표이며 개념적 이해와 전이를 의도적으로 발전시키고 기대하기보다는 가정하는 데 그친다. 개념 기반 교육에서 학생은 문해력이 어떻게 작동하는지에 대한 이해를 발전시키고 사고를 요구하는 학습 경험을 통해 의미 있고 동기를 부여하는 탐구 과정에 참여한다. 명시적 교수는 유효하고 철저하며 목적이 있지만 학생의 학습은 사실과 기능 그 이상이다.

정지 및 확대는 실제로 어떤 모습인가? 이 장의 모델 수업 계획은 수업이 특정 기능을 확대하는 다양한 교실 시나리오를 보여 준다.

각 상황에서 학생은 문해력 학습에 의미 있고 관련된 기능을 개발하고 있다. 그러나 개념적 이해가 결코 오래 시야에서 벗어나는 것은 아니다. 교사는 단순히 정지하고 확대한 다음 학생이 그림과 같이 더 큰 탐구를 계속할 수 있도록 하는 것이다. [그림 3-3] 점진적 이양 프레임워크(gradual release framework)는 명시적 교수가 진행되는 방식을 구성한다. 교사는 수업 시작 시 통제권을 유지하다가 점점 학생들에게 생각과 과제에 대한 책임을 넘기고 필요에 따라 구체적인 교정적 피드백을 제공한다.

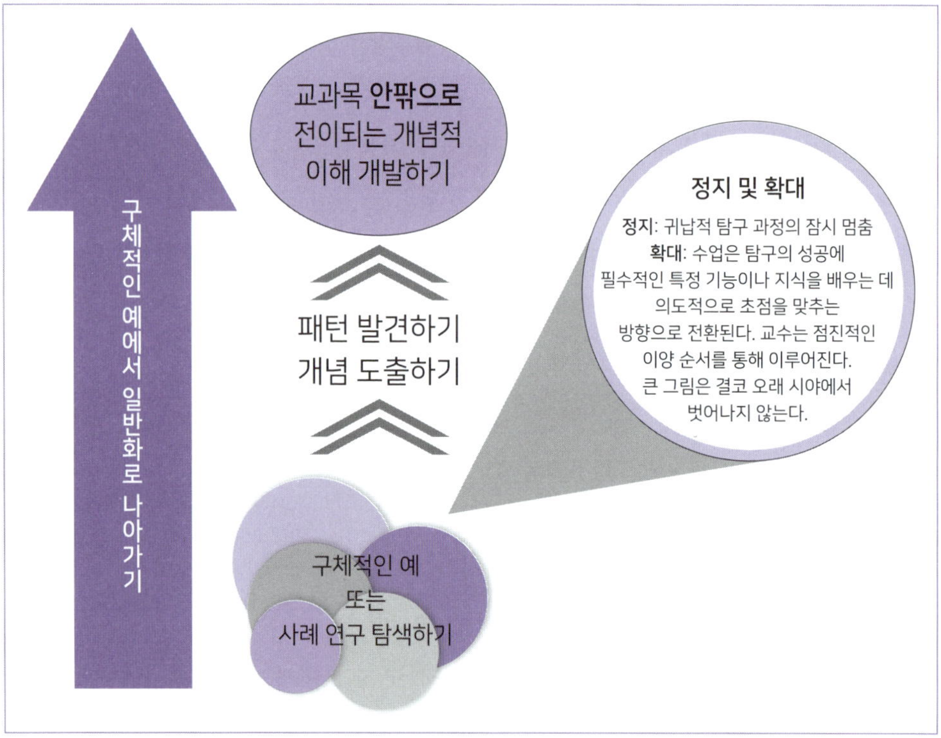

[그림 3-3] 의도적 기능 개발과 귀납적 탐구의 균형 잡기

정지와 확대의 예

전체 학급 또는 특정 학생 그룹을 위한 즉흥적 정지

9학년 학급이 비소설(nonfiction) 교육과정 단원에서 작가의 편향(bias)에 관한 탐구를 수행하고 있다고 상상해 보자. 학생은 농촌에 살고 있고 많은 가정이 사유지의 개인 우물에서 물을 이용하므로 교사는 학생에게 지역에서 재배되는 농작물에 사용된 살충제의 영향에 관한 글(article)을 조사하도록 제안한다. 학생이 텍스트 편향을 떨쳐 내기 시작했으나 교사는 학생이 접근하는 출처(sources) 중 상당수가 오래되었다는 사실을 곧 알아차린다. 교사는 "여기서 정지하고, 출처 평가하기를 확대해 봅시다. 웹사이트가 게시된 날짜에 왜 관심을 가져야 하나요?"라고 말할 수 있다. 출처를 평가하는 기능에 대해 명시적 교수를 한 후 교사는 다시 원래대로 돌아오고 학생은 탐구를 이어 간다. 이 시나리오처럼 학급의 전체 학생이 정지 및 확대의 혜택을 누릴 수도 있고 아니면 교사가 특정 학생 그룹을 잠깐 모을 수도 있다.

일일 소그룹을 위한 계획된 정지 수업

여기에 명시적 교수의 또 다른 예가 있다. 최근 이 4학년 교실에서 새로운 개념 기반 문학 단원이 시작되었다. 교사는 탐구 과제를 설정하는 교육과정 단원의 학습 경험을 중심으로 하는 미니 레슨으로 오늘의 문해력 블록(block) 수업을 연다. 5~7분 후 교사는 학생이 그날의 탐구 과제를 마친 후 완료해야 할 추가적인 문해력 과제를 알려 주고, 미니 레슨 후 학생이 과제를 시작한다.

다음으로 교사는 소그룹 읽기 수업을 시작한다. 그녀는 매일 두 그룹을 교대로 약 20분씩 만나서 학습 중인 기능을 명시적으로 가르친다. 명시적 소그룹 수업 자체가 최종 목표는 아니지만 오히려 학생이 더욱 풍부하고 개념적인 탐구 과제에 참여하는 데 필요한 기능을 지속적으로 키우고 강화한다.

탐구 수업 내 계획된 정지(전체 학급)

이제 개인적인 경험과 정체성 사이의 관계를 탐구하는 6학년 그룹을 상상해 보자. 이 단원에서 학생은 다양한 작가들의 개인적인 경험이 담긴 짧은 회고록 몇 권을 읽는다. 어린 시절의 중요한 순간을 표현하고 자신의 정체성을 형성하는 데 도움이 되는 소품(vignettes, 짧은 글)을 만들기 시작할 차례이다. 학생에게 이 장르가 생소하기 때문에 교사는 내러티브 소품을 마무리하는 방법에 대해 명시적 교수가 필요하다는 것을 안다. 학생이 개인 내러티브(personal narrative) 초안을 작성하는 도중에 교사는 개인 내러티브의 결론을 작성하는 기능에 대해 정지 및 확대한다. 이를 위해 그는 학생이 이전에 읽은 회고록 중 하나의 마지막 문단을 선택해 큰 소리로 읽는다. 그는 학생을 위해 자신의 생각을 다음과 같이 모델링한다. '이 작가가 자신의 개인 내러티브를 어떻게 마무리했는지에 대해 나는 무엇을 알 수 있는가? 내가 본 한 가지는 작가가 자신의 경험을 반성하고 있다는 것인데. 그녀는 내가 그녀의 이야기에서 무엇을 얻기를 원할까? 내 생각엔……등.' 학생이 쓰기 과정으로 돌아가기 전에 두 번째 예시를 안내한다. 이러한 정지 및 확대를 통해 학생은 자신의 글쓰기에 즉시 사용할 수 있는 글쓰기 기술을 발견한다. 이제 학생은 개인 내러티브를 완성할 준비가 되었다.

성장하는 개념 기반 교사용 루브릭

'성장하는 개념 기반 교사를 위한 수업 계획' 루브릭(〈자료 E〉 참조)은 개념 기반 교육과정 및 수업의 원칙에 충실하게 수업을 설계하기 위한 중요한 영역과 준거를 식별하는 데 유용한 도구이다. 이 루브릭은 제2장에 설명된 수업 설계 단계를 따르며 교사가 숙련된 개념 기반 교사가 되기 위한 여정을 어떻게 진행하는지 확인하는 데 도움이 된다. 다양한 방식으로 사용될 수 있지만 이 장의 목적에 따라 양질의 개념 기반 수업을 구성하는 방법을 더 잘 이해할 수 있도록 먼저 각 구성 요소를 수업 계획안 양식과 연관시킨 다음 모델 수업 계획과 연관시킨다.

개념 기반 수업 계획안 양식과 개념 기반 수업 계획 루브릭의 상관관계

루브릭에 있는 대부분의 언어([그림 3-4]의 양옆 글 상자 참조)는 궁극적인 목적인 종합(master) 개념 기반 수업 계획 칸에 나온다.

개념 기반 수업 계획안

단원명: 지도 교사:
과목: 학년 수준:
수업 번호: 1 수업 기간: ( )일

시너지를 내는 사고를 끌어낸다. 학생에게 개념적 렌즈를 통해 지식 및 기능을 고려하도록 요청한다.

> **학습 설계**
> 수업 설계는 주로 귀납적이므로 학생이 다면적인 탐구 과정에 참여하고 예시 전반의 연결성을 반영하여 일반화를 공식화하고 옹호할 수 있도록 한다.
>
> 기본적인 사실과 기능 학습을 지원하기 위하여 연역적 설계도 포함될 수 있다(정지 및 확대).

> **수업 시작**
> 시너지를 내는 사고를 유도한다. 학생에게 개념적 렌즈를 통해 지식 및 기능을 고려하도록 요청한다.

수업 시작(수업 시작 시 학생과의 소통)

학습 목표: 학생이 이해할 것(일반화), 알 것, 할 수 있을 것(기능)

> **안내 질문**
> 질문은 다양한 유형(사실적 · 개념적 · 논쟁적)으로 나열되어 있다.
>
> 수업 계획은 학생이 사실적 이해 수준에서 개념적 이해 수준으로 넘어가도록 질문을 사용하려는 의도적 노력을 보여 준다.

일반화(학생은 ……을/를 이해할 것이다.)

안내 질문
1a.
1b.
1c.
1d.
1e.

> **학습 목표**
> 학생이 알고, 이해하고, 할 수 있으리라 기대하는 바를 나타낸다.
>
> **참고**: 수업당 일반화는 1~2개만 있다. 발견해야 하는 일반화가 너무 많으면 탐구의 초점이 상실된다. 그러나 학생이 목표 일반화를 완전히 이해하려면 모든 스트랜드 유형에 대한 경험이 필요하기 때문에 단원의 네 가지 스트랜드 각각의 중요한 내용 및 핵심 기능에 대한 수업의 학습 목표가 존재한다.

스트랜드	중요한 내용(알 것)	핵심 기능(할 수 있을 것)
이해:		
반응:		
비평:		
생산:		

(계속)

학습 경험

학생의 과제(work)는 학생이 일반화의 실현으로 이어지는 관련 맥락에서 연구 중인 지식, 기능, 개념을 종합하며 인지적 분투를 하도록 한다.

학생의 과제는 도전하기 적당한 수준이고, 지적으로나 정서적으로 매력적이며, 유의미하고 교과와 관련이 있고, 학생에게 선택권을 적절히 제공한다.

과제는 다른 교과 분야와 상황에 걸쳐 학습의 전이를 강화하기 위해 의도적으로 설계된다.

학습 경험	개별화

개별화(Differentiation)

모든 학습자의 요구를 충족시키기 위한 개별화 계획이 포함되어 있으며 모든 학생의 공통된 개념적 이해(일반화)를 지원한다.

개별화는 각 학생의 학습 요구 사항을 나타내는 여러 데이터 포인트의 분석을 기반으로 한다.

예상되는 학생의 오개념과 필요에 따라 특정 장치를 쉽게 이용할 수 있다.

교구재 및 자료:

평가:

마무리:

평가

평가 유형은 다양하므로 학생의 지식, 기능 및 이해의 발전(일반화)을 평가하고 적시에 피드백을 제공할 수 있다.

평가는 학생의 학습 과정과 학습 결과물에 대한 관련 정보를 제공한다.

학생의 자기 평가가 중요하게 여겨진다.

마무리

학습의 증거를 종합적으로 검토할 수 있는 방법을 계획한다.

[그림 3-4] 개념 기반 수업 계획안 양식과 루브릭 준거

〈표 3-1〉 모델 수업의 스트랜드별 일반화

	스트랜드	일반화
모델 수업 계획 1	텍스트 이해하기	협력적 심층 텍스트 분석은 새로운 통찰력을 제공하고 이해를 확장함으로써 인유를 인식하고 파악하도록 한다.
모델 수업 계획 2	텍스트에 반응하기	담화는 참가자가 주제, 아이디어 또는 개념에 대해 현재 이해를 수정하고 심화하도록 한다.
모델 수업 계획 3	텍스트 비평하기	저자는 목적, 청중, 메시지에 따라 최선의 의사소통 매체를 선택할 수 있다.
모델 수업 계획 4	텍스트 생산하기	작가는 특정 단어와 세부 정보를 통해 독자의 마음속에 있는 사람, 장소 및 사건에 대한 정확한 이미지를 만든다.

이 준거(criteria)는 수업 계획의 단계별 의도를 강조한다. 읽으면서 이러한 설명이, ① 수업의 학습 목표, ② 수업 시작, ③ 학생의 학습 경험, ④ 개별화, ⑤ 평가, ⑥ 수업 마무리 면에서 여러분의 일반적인 접근 방식과 어떻게 유사하거나 다른지 고려해 보자.

수업 계획안 양식과 나란히 비교하면 '성장하는 개념 기반 교사를 위한 수업 계획 루브릭' 준거가 수업을 계획할 때 어떻게 기준점의 역할을 해내는지 확인할 수 있다. 이때 세부 설명(descriptors)을 질문으로 바꾸는 것이 도움이 될 수 있다. 예를 들어, 수업 시작의 준거 중 "시너지를 내는 사고를 유도한다. 학생에게 개념적 렌즈를 통해 지식 및 기능을 고려하도록 요청한다."를 "나의 수업 시작이 학생에게 개념적 렌즈를 통해 지식 또는 기능을 고려하도록 요청하여 시너지를 내는 사고를 유도하는가?"로 바꾼다. 이 질문에 대한 답변이 다음 단계를 결정한다. '예'라고 답했다면 수업 계획을 계속 진행한다. '아니요'라고 대답했다면 수업 시작을 재고한다. '시너지를 내는 사고를 유도'하기 위해 무엇을 할 수 있는가? [그림 3-5]의 '모델 수업 계획 1'은 이러한 과정을 보여 준다.

모델 수업 계획에서 배울 점

이 장의 네 가지 수업 계획은 당장의 수업을 위한 것이 아니라 여러분의 학생을 위해 수업을 설계할 때 분석하고 모방하며 영감을 얻을 수 있는 모델이다. 이 책의 자료 섹션에 각 모델 수업의 개념 기반 교육과정 단원을 실어 놓았다. 모델 수업은 교육과정 단원 구현 시 다양한 단계에서의 수업을 나타내기도 한다.

각 모델 수업은 교육과정 단원에서 도출된 특정한 일반화에 중점을 둔다. 각 모델 수업의 목표 일반화는 모든 유형의 언어 교과 수업의 예를 제공하기 위해 기본적으로 네 가지 스트랜드 중 하나를 나타낸다(〈표 3-1〉 참조).

학생의 사고를 목표 일반화의 달성으로 인도하는 데 시간이 걸리기 때문에 수업은 한 차시(하루) 넘게 소요된다. 하나의 수업에서 너무 많은 일반화를 다루면 탐구의 초점이 사라지거나 혼란스러워질 수 있으므로 주의를 기울여야 한다. 즉, 각 수업을 쭉 살펴보면, 한 수업의 일반화가 특정한 스트랜드에서 강조되어도 나머지 스트랜드에서의 학습이 학습 경험을 통해 동시에 심화되므로 네 스트랜드 간의 자연스러운 호혜성(reciprocity)이 있음을 알 수 있다.

모델 수업 계획 1(〈자료 A-3〉에서 발췌): 텍스트 이해하기

도입

웃음과 생기가 넘치는 8학년 학생으로 가득찬 활동적인 교실에서 학생은 소설에서 발견한 모든 것을 서로 공유하게 되어 신이 났다. '디스토피아 사회: 이것이 정말 우리의 미래일까?'라는 제목의 교육과정 단원의 수업이다. 지난 몇 주 동안 학생은 사변 소설 이야기(speculative fiction stories)의 배경(setting)과 그럴듯함(believability) 사이의 관계 그리고 독자가 주인공(protagonist)과의 연결을 통해 디스토피아 소설의 부정적인 요소를 어떻게 발견하는지 탐구했다. 이번 주, 학생은 이 교육과정 단원 안에서 다음 미니 탐구(mini-inquiry)를 준비하고 있다. 교사는 일련의 안내 질문을 사용하여 읽기 과정에 대한 학생의 사고를 기능 수준에서 개념적 수준으로 나아가도록 한다. 이 교실의 수업은 3차원의 개념 기반 모델을 대표하기 때문에 모든 학생은 학급의 여러 디스토피아 소설 묶음에서 출판물을 선택하여 읽는다. 학생은 각자 다른 소설을 읽는다. 학생 각자의 소설은 '사례 연구(case studies)' 역할을 하는데, 학생은 전이 가능한 개념적 이해(일반화)를 발견하도록 설계된 미니 탐구를 수행하며 유능하고 분별력 있는 독자로 발전한다.

학생은 앞으로 몇 주 동안 계속해서 새로운 디스토피아 소설을 읽고 작업할 것이기 때문에 이 수업 계획은 약 일주일의 수업 기간 동안 진행된다. 교사는 여러 차시의 수업을 설계하는 데 시간을 투자하며 '전체'를 염두에 두게 된다. 수업은 학생의 진행 상황에 따라 매일 '조정'되지만 보다 넓은 수업 계획은 "내일 무엇을 해야 하지?"라는 사고방식을 깨뜨린다. 사전에 계획된 시간은 교수 효율성을 높이고 학생이 해당 수업의 일반화 구성을 향해 자신의 생각을 안내하면서 고민하고 숙고하며 토의할 수 있는 시간을 제공한다. 학생이 단 한 번의 수업 시간 이후에 일반화를 명확하게 표현할 수 있다면 일반화가 그다지 강력하지 않다는 의미일 가능성이 높다!

> **스포트라이트**
> 강력한 문해력 실천 #1
>
> **자세히 읽기**
> "추론적 의미를 결정하기 위해 텍스트의 짧은 구절을 조사하는 교수 기법인 자세히 읽기 연습은 새로운 것이 아니다……."
>
> "교사는 자주 정지하여 독자가 텍스트를 다시 보게 만드는(따라서 다시 읽게 만드는) 텍스트와 관련한 질문을 한다. 이는 질문을 좁히는 것이 아니라 질문에 집중하는 것이며 문자 그대로의 분석 수준에서 구조적 · 추론적 분석 수준으로 이동하는 것이다." (Fisher, Frey, & Hattie, 2016, pp. 89-90)

모델 수업 계획 1을 읽을 때 주목할 점

- 교사가 귀납적 탐구를 통해 학습을 구성하는 방법
- 교사가 안내형 교수(guided instruction)와 미니 레슨과 함께 정지 및 확대 기법을 사용하여 의도적으로 기능과 개념적 이해를 모두 발전시키는 방법
- 교사가 단일 장르 텍스트 묶음을 사용하는 방법. 이를 통해 학생은 텍스트를 선택할 수 있고 학생이 해당 장르의 복잡성을 배우고 비교할 수 있는 '사례 연구'가 가능하다.

- 교사가 주기적인 자세히 읽기(close reading)를 통해 개념을 끌어내고 패턴을 발견하도록 학생을 격려하는 방법
- 특정 텍스트가 아닌 읽기 과정에 대한 학생의 이해에 수업의 초점을 맞추는 방법

모델 수업 계획 1에 대한 성찰

첫 번째 모델 수업은 텍스트 이해하기 스트랜드에 중점을 두어 학생이 문해력을 갖춘 학습자로서 지속적으로 참여하고 성장하는 데 필요한 지침을 다룬다. 이러한 잘 구성된 수업 계획에서 교사는 탐구, 명시적 교수, 개별 연습(independent practice)을 효과적으로 혼합하는 동시에 학생에게 자료를 탐색하고 인지적으로 분투할 수 있도록 한다. 자세히 읽기를 통해 학생은 자신의 소설에 있는 요소를 적극적으로 발견하고 짝과 비교하며 그룹과 비교하고 전체 학급 수준에서 일반화한다. 〈자료 B-1〉과 같은 간단한 그래픽 조직자를 사용하면 학생이 정보를 정리하고 패턴을 알아차리는 데 도움이 된다. 마지막 단계에서 학생은 일반화를 작성함으로써 이러한 학습 경험을 통해 얻은 이해를 자신의 말로 표현하는 기회를 가진다. 학생은 핵심 개념을 식별하는 것부터 시작하여 개념 간 관계를 진술하는 문장에서 두 가지 이상의 개념을 사용했고, 개념적 이해 측면에서 자신의 생각을 표현하는 도구로서 문장 시작자(sentence starter) '우리는 ……을/를 이해한다.'를 사용했다.

이와 같은 미니 탐구를 통해 얻은 개념적 이해는 전이 가능하다. 따라서 이는 학생이 현재 읽고 있거나 미래에 읽게 될 모든 책에 적용될 수 있다. 모든 학생이 같은 책을 읽고 있다면 더 이상 다양한 패턴을 찾을 기회가 없다. 모두에게 하나의 텍스트를 주면 학습이 특정 텍스트와 특정 작가에 국한된다. 학생은 다양한 텍스트를 탐구하며 자신의 개념적 이해를 발전시켜 일반화할 기회를 거부당한다. 일반화를 수업의 특정 목표로 사용함으로써, 동료와 협력하도록 함으로써, 텍스트를 선택할 수 있도록 함으로써 학생은 읽기와 쓰기 과정을 더 깊이 이해하기 위해 기능, 전략 및 텍스트를 사용한다.

개념 기반 모델 수업 1

단원명: 디스토피아 사회: 이것이 정말 우리의 미래일까?

학년 수준: 8

수업 번호: 2 **수업 기간:** 7~9일

수업 시작(수업 시작 시 학생과의 소통)

> 이 수업의 시작은 어떻게 학생의 마음과 관심을 사로잡는가?

우리는 디스토피아 소설을 탐구하면서 이야기에서 창조된 완벽한 사회가 결국 그렇게 완벽하지는 않다는 것을 깨닫기 시작했습니다……. 더 어두운 면이 드러나고 있어요! 우리는 디스토피아 소설의 내용이 어떻게 독자에게 믿을 수 있는 세계를 만들어 내는지 탐구하는 것으로 이 단원을 시작했어요. 우리는 "신세계에 현실적인 요소와 비현실적인 요소가 혼합되어 있을 때 과학 사변 소설의 신빙성이 높아진다."라는 사실을 이해하게 되었어요. [교사는 차트 용지에 게시된 일반화를 가리킨다.] 지난주에 우리는 독자가 사회의 부정적인 요소를 발견하도록 돕는 데 있어 주인공의 역할을 탐구했습니다. 여러분은 '독자는 주인공의 투쟁과 관련시킴으로써 디스토피아 사회의 부정적인 요소를 발견한다.'라는 일반화를 생각해 내었어요.

[교사는 다시 벽에 있는 차트 용지에 일반화가 게시된 곳을 가리킨다.]

> 이 수업의 시작은 이전의 사고와 어떻게 연결되고 확장되는가?

이제 우리는 독자로서 텍스트 분석 기능에 대해 더 깊이 파고들어 이를 실제로 연마해 보겠습니다. 이는 문학을 더 깊이 이해하는 능력을 향상시킬 뿐만 아니라 주변 세계에서 접하는 것들에 대해 더욱 비판적인 소비자가 되는 데에도 도움이 될 것입니다. 여러분은 독자들이 종종 간과하기 쉬운 숨겨진 메시지를 찾아내면서 명탐정이 될 것입니다. 그 무엇도 당신을 속일 수 없습니다! 여러분은 우리가 '자세히 읽기'라고 부르는 과정을 통해 여러분의 소설에서 배울 수 있는 모든 것에 놀랄 것입니다. 자세히 읽기는 독자로서 텍스트를 깊이 분석할 것을 요구합니다. 시작해 봅시다.

학습 목표: 학생이 이해할 것(일반화), 알 것, 할 수 있을 것(기능)

(계속)

<u>일반화(학생은 ……을/를 이해할 것이다.) 참고: 일반화는 하나 또는 일련의 수업에 적용될 수 있다. #G는 교육과정 단원의 목표 일반화를 나타낸다.</u>

> 일반화를 학습 목표로 사용하는 것은 교수를 개념적 이해를 지원하도록 설계하는 데 어떻게 도움이 되는가?

단원 G#4 협력적 심층 텍스트 분석(collaborative deep text analysis)은 새로운 통찰력을 제공하고 이해를 확장함으로써 인유(allusion)를 인식하고 파악하도록 한다.

안내 질문

> 안내 질문은 학생이 개념적 이해 수준에 도달하는 데 어떻게 도움되는가?

4a. 심층 텍스트 분석이란 무엇인가요? (F)
4b. 다른 사람들과 협력하여 심층 텍스트 분석을 할 때 어떤 전략이 중요한가요? (F)
4c. 인유는 무엇인가요? (F)
4d. 작가가 인유를 사용하면 읽기 기대치는 어떻게 변화하나요? (C)
4e. 협력적 심층 텍스트 분석은 이전에 발견되지 않았던 의미를 발견하는 데 어떤 도움이 되나요? (C)
4f. 협력적 심층 텍스트 분석은 어떻게 새로운 통찰력을 제공하고 이해를 확장할 수 있나요? (C)
4g. 일부 텍스트가 다른 텍스트보다 협력적 심층 분석에 더 적합한 이유는 무엇인가요? (C)
4h. 복잡한 텍스트를 깊이 분석하지 않으면 어떤 결과가 발생할 수 있나요? (D)

스트랜드	중요한 내용(알 것)	핵심 기능(할 수 있을 것)
텍스트 이해하기	• 인유의 정의 • 심층 텍스트 분석을 위한 전략	CCSS.ELA-LITERACY.RL.8.1: 텍스트가 명시적으로 말하는 내용에 대한 분석과 텍스트에서 도출된 추론을 가장 강력하게 뒷받침하는 텍스트 증거를 인용한다. CCSS.ELA-LITERACY.RL.8.9: 현대 소설 작품이 신화, 전통 이야기 또는 성경과 같은 종교 작품의 주제(themes), 사건 패턴 또는 인물 유형을 어떻게 활용하는지 분석한다. 예컨대 소재(material)가 새롭게 표현되는 방식을 서술한다.
텍스트에 반응하기	• 협력적 토의 프로토콜 • 관점 해석	CCSS.ELA-LITERACY.SL.8.1: 8학년 주제(topics), 텍스트 및 쟁점에 대해 다양한 파트너와 함께 다양한 협력적 토의(일대일, 그룹 및 교사 주도)에 효과적으로 참여하고 다른 사람의 아이디어를 토대로 자신의 아이디어를 명확하게 표현한다.
텍스트 비평하기	• 작가의 의도 • 내포(connotation)	CCSS.ELA-LITERACY.RL.8.4: 비유적 의미와 함축적 의미를 포함하여 텍스트에 사용된 단어와 문구의 의미를 파악한다. 다른 텍스트에 대한 비유나 인유를 포함하여 특정 단어 선택이 의미와 어조에 미치는 영향을 분석한다.
텍스트 생산하기	• 텍스트 증거 • 정교화	CCSS.ELA-LITERACY.L.8.3: 쓰고 말하고 읽고 들을 때 언어에 관한 지식과 규범을 활용한다.

(계속)

<table>
<tr><th>학습 경험</th><th>개별화</th></tr>
<tr><td>

복습 및 사전 평가

비교적 쉬운 텍스트를 읽는 방법에 비해 복잡한 텍스트를 이해할 때 사용하는 읽기 전략을 학생이 생각해 보도록 요청한다.

학생에게 심층 텍스트 분석 및 표면적 읽기라는 용어의 의미에 대해 어떻게 생각하는지 물어 본다.

읽기

각 용어의 특성을 비교하는 T 차트를 만든다.

먼저 혼자 브레인스토밍을 한 다음 그룹과 아이디어를 비교한다.

그룹의 응답을 수집한 차트를 벽에 붙인다.

</td><td>

이어지는 개별화에 관한 설명을 읽으며 이 수업이 모든 학습자가 공통적 개념적 이해를 달성하는 데 필요한 요구 사항을 어떻게 지원하는지 생각해 보자.

</td></tr>
<tr><td>

미니 탐구

학생에게 새로운 디스토피아 소설에서 텍스트를 문자 그대로 해석하는 것을 넘어 작가가 자신의 메시지를 전달하기 위해 사용하는 숨겨진 참조와 더 깊은 의미를 발견하게 될 것임을 알려 준다. 심층 텍스트 분석 및 인유의 개념에 초점을 맞춘다. 인유를 포함하는 다양한 유형의 텍스트에서 발췌한 내용을 각 그룹에 배포한다. 학생에게 먼저 발췌문을 독립적으로 읽게 한다. 처음 읽은 후 학생에게 다음을 수행하도록 요청한다.

- 텍스트의 공통점을 식별한다(각 텍스트는 텍스트를 넘어선 내용을 언급한다).
- 다음 질문을 제시하고 이에 대한 일반적인 응답을 안내한다. **인유는 무엇인가요**? (GQ#4c)
- 그룹의 발췌문을 다시 읽고 인유가 포함된 내용(본문 이외의 참조)에 동그라미를 친다.
- 각 그룹에서 작가가 이 인유를 사용한 이유를 논의한다.

안내형 교수

[교사는 필요에 따라 질문으로 스캐폴딩하고, 학생이 답변하기 전 자신의 생각을 짝과 공유할 시간을 정기적으로 제공한다.]

________의 텍스트 발췌문을 소리 내어 읽는다.

- **이 텍스트에 있는 인유나 숨겨진 참조의 예는 무엇인가요?**
- **그것이 인유인지 어떻게 알 수 있나요?**

텍스트 중 인유에 해당하는 부분을 다시 읽는다.

- **이 인유에 대해 우리는 무엇을 추론할 수 있나요?**
- **우리는 ________에 대해 무엇을 알고 있나요?**
- **작가는 왜 그것을 사용하나요?**
- **작가의 인유가 독자인 여러분에게 어떤 의미나 통찰력을 더해 주었나요?**

</td><td>

수업 전반에 걸친 개별화 방법

개인의 필요에 따라 결정되는 그래픽 조직자와 문장 시작자

학생이 사고를 언어로 표현할 수 있는 기회

텍스트 묶음에는 시각적·예술적 세부 정보를 포함하여 모든 학생이 접근할 수 있는 예가 포함되어 있다.

학생은 디스토피아 소설을 스스로 선택한다.

다양한 읽기 수준과 학생의 관심 분야에 따른 주제를 포함한 폭넓은 텍스트 선택권

</td></tr>
</table>

(계속)

• **인유를 파악하기 위해 어떤 전략을 사용했나요? 다른 사람의 생각을 듣는 것은 인유를 이해하는 데 어떻게 도움이 되었나요?** • **작가가 인유를 사용하면 읽기 기대치는 어떻게 변화하나요?** (GQ#4d) [작가는 독자가 텍스트에서의 인유를 인식하고 이의 중요성을 추론할 수 있을 만큼 충분한 지식을 갖기를 기대한다.] • **다른 사람들과 협력하여 심층 텍스트 분석을 할 때 어떤 전략이 중요하나요?** (GQ#4b) • **이제 심층 텍스트 분석과 표면적 읽기 간의 차이점을 더 잘 이해하게 되었나요?** **요약**: 독자는 심층 텍스트 분석을 사용하여 복잡한 텍스트에 숨겨진 참조를 찾아낸다. 몇몇 단어가 독자가 작가의 메시지를 어떻게 해석하고 이해하는지에 큰 영향을 미칠 수 있다.	오디오 버전을 제공한다. 두 종류의 절차 도중 선택하기 한 가지는 추가적인 스캐폴딩과 문장 시작자를 제공한다.
미니 탐구와 개별 연습 학생에게 디스토피아 소설의 다양한 지점에서 읽은 내용에 대한 심층 분석과 때로는 표면 수준의 읽기에 어떻게 참여하는지 주목하도록 요청한다. **독자의 도전 과제는 심층 텍스트 분석과 즐거움을 위한 독서 사이를 오가는 능력에 능숙해지는 것임을 상기시킨다.** 다음을 질문한다. 복잡한 텍스트를 깊이 분석하지 않으면 어떤 결과가 발생할 수 있나요? (GQ#4h) [학생은 나중에 초기 응답을 다시 살펴볼 것이다.] 학생이 매일 읽기에 참여하게 하고 자료 B-1과 같은 절차도(processing chart)를 사용하여 매일 인유의 증거를 기록하게 한다. **<u>첫 번째 열</u>**: 텍스트 세부 정보 및 쪽수(예: "아, 자신이 아인슈타인이라고 생각하나요?"). **<u>두 번째 열</u>**: 작가의 기법(craft)-작가는 무엇을 언급하고 있나요(예: 유명인)? **<u>세 번째 열</u>**: 독자의 기법-독자로서 이 세부 정보나 숨겨진 의미를 어떻게 발견하고 이해했나요(예: 배경지식, 문맥 단서)? 매일 수업 시작에 절차도를 어떻게 작성하는지 모델링한다. [교사가 직접 읽고 있는 디스토피아 소설을 사용한다.] 짧은 텍스트 발췌문을 읽고 질문하기와 사고 구술을 시범 보인 후 차트에 증거를 기록한다. 남은 수업 시간 동안 개별 회의를 통해 학생을 모니터링하고 지원한다. 매일 수업이 끝날 때 학생에게 그룹과 함께 절차도를 돌아보고 비교하며 토의하고 내용을 추가하도록 한다.	매일 개별 학생과 점검(check-in)하고 필요하다면 질문을 통해 스캐폴딩을 제공한다. 학생이 그룹 토의를 준비하는 데 도움이 되도록 그룹에서 공유하기 전에 발견한 내용을 개별 학생과 토의한다.

(계속)

평가

더 쉽게 분류할 수 있도록 학생에게 절차도의 첫 번째 열에 있는 답변을 가로로 나누어 각자 잘라내도록 요청한다.

그룹에서 학생에게 여러 개의 텍스트의 세부 정보에 대한 카테고리를 토의하고, 분류하고, 만들도록 한다. 학생이 접착 메모지에 각 카테고리에 대한 라벨을 만들도록 한다.

전략적으로 학생 그룹 나누기

- 예: "제 이야기는 미국 남북전쟁을 언급했습니다. 역사 속 사건에 대한 언급을 발견한 사람이 있나요? '역사적 사건'이라는 라벨을 만들어 보겠습니다."
- 예: "제 이야기는 이상한 나라의 앨리스의 한 장면을 참조했습니다. '다른 책'이라는 라벨을 만들어 보겠습니다."

그룹 전체의 카테고리를 모으고 학생이 '인유'의 초기 정의를 되돌아보도록 한다. **텍스트에서 찾은 모든 '인유'의 카테고리를 살펴보면서 원래 정의에 추가할 만한 게 있나요?**

분류하는 과정은 학생이 패턴을 발견하는 데 어떻게 도움이 되는가?

[학생 조사 결과: '인유'는 현재 본문을 넘어서는 역사적 · 문화적 · 문학적 또는 정치적 중요성을 지닌 사람, 장소, 사물 또는 아이디어에 대한 빠른 참조이다. 사람이나 사물이 자세히 설명되지 않는다. 본문에 약간의 내용이 삽입되어 있을 뿐이다.]

학생에게 절차도의 남은 두 열의 줄들에서 분류 과정을 반복하도록 한다.

다음을 질문한다. **협력적 심층 텍스트 분석은 이전에 발견되지 않았던 의미를 발견하는 데 어떤 도움이 되나요?** (GQ#4e)

학생에게 각자 성찰하고 짝과 생각을 비교한 후 학급 전체와 공유하게 한다.

학생에게 다음 질문에 관해 조용히 서면 대화를 나누도록 요청한다. **텍스트를 깊이 분석하지 않으면 어떤 결과가 발생할 수 있나요?** (GQ#4g-h)

(계속)

학생은 빨리 적기(Quick Write)로 빈 노트 용지 위에 2분 동안 질문에 관해 각자 응답한다.
그런 다음 학생은 그룹끼리 노트 용지를 돌리면서 조용히 서면 대화에 참여한다. 각 학생은 이전 학생의 답변을 읽은 다음 생각을 추가하고 확장한다.
모든 그룹 구성원이 각 학생의 초기 응답과 이어지는 응답에 답변하고 나면 서면 대화에 대해 말할 수 있는 권한이 부여된다.
그룹은 서면 대화에서 하이라이트를 학급 전체와 공유한다.
학생은 수업 첫날부터 초기 브레인스토밍을 다시 검토하고 심층 텍스트 분석 과정에 대한 새로운 이해를 추가한다.
질문: **협력적 심층 텍스트 분석은 어떻게 새로운 통찰력을 제공하고 이해를 확장할 수 있나요?** (GQ#4f)
학생에게 각자 자신의 개념적 이해(일반화)에 대한 진술문을 작성하고 벽에 붙인 포스터에 추가하도록 한다.

> 이러한 일련의 학습 경험은 학습의 전이를 발전시키기 위하여 어떻게 의도적으로 설계되었는가?

교구재 및 자료

- 다양한 텍스트 유형과 장르에 걸친 인유의 예
- 한 학급 분량의 디스토피아 소설 묶음
- 교사의 모델 수업을 위한 디스토피아 소설
- 벽 차트를 위한 포스터 종이
- 발견한 것을 기록할 수 있는 학생용 학습지 및 그래픽 조직자
- 작은 메모지
- 학생의 필요에 따라 추가적인 스캐폴딩을 갖춘 그래픽 조직자
- T 차트와 서면 대화를 위한 노트 용지

평가

수업 계획 참조

[그림 3-5] **모델 수업 계획 1**

일관성을 지원하는 수직적 진행

모델 수업 1에서는 개념 기반 수업 계획을 분석하도록 소개하였다. 이는 8학년 수업이었다. 일반화는 개념 기반 교육과정 단원의 전반에 걸쳐 순차적으로 작성된다.

〈표 3-2〉에서는 이전 학년과 이후 학년 수준의 교과과정 단원의 일반화가 어떻게 이 부분에 대한 학생의 개념적 이해를 지속적으로 지원하고 확장하는지 확인할 수 있다. 학생의 교과 분야 전문성을 의도적으로 구축하고 문해력 학습에 대한 이해와 유지를 심화시키려면 교육과정의 일관성이 지극히 중요하다.

〈표 3-2〉 **모델 수업 1의 수직적 진행**

	5학년	8학년(모델 수업 계획)	10학년
일반화 (이해 스트랜드)	비유적인 언어는 작가가 전달하는 의미를 독자가 이해하기 위해 전략을 생각하고 사용하도록 요구한다.	협력적 심층 텍스트 분석은 새로운 통찰력을 제공하고 이해를 확장함으로써 인유를 인식하고 파악하도록 한다.	자세히 읽기를 통해 발견된 신뢰할 수 있는 증거는 기존의 이해를 재평가하고 수정하게 할 수 있다.

모델 수업 계획 2(〈자료 A-4〉에서 발췌): 텍스트에 반응하기

도입

7학년 학생은 '모든 목소리는 소중하다: 형평성(Equity)을 위한 투쟁'이라는 제목의 단원에서 "중요한 문제에 대한 인식을 높이기 위해 내 목소리를 어떻게 사용할 수 있을까?"라고 자문하고 있다. 그들은 교육, 물, 거처, 음식, 가족과 사랑, 경제적 기회에 대한 접근을 포함하여 전 세계의 형평성을 위한 투쟁을 조사하면서 효과적인 의사소통과 명확성 사이의 관계를 탐구하고 있다. 탐구 그룹에서 학생은 주제(topic)에 대한 이해를 구축하기 위해 자료를 읽고 분석하는 동시에, 독자에게 정보를 명확하게 전달하는 정보 텍스트의 품질과 특성에 대한 더 깊은 이해를 얻는다. 학생 주도 대화식 학습(student-led dialogic learning)과 사고를 심화하고 수정하는 데 있어서 동료 토의의 가치에 대한 이해를 발전시키는 데 중점을 두고 있다. 이 수업에서 학생은 의사소

> 스포트라이트
> 강력한 문해력 실천 #2
>
> 학생 주도 대화식 학습
> "다른 사람의 지식, 아이디어 및 관점에 노출될 때, 특히 그것이 자신의 관점과 일치하지 않을 때, 의미를 만들 수 있는 공간과 도구가 제공되면 인지적 성장이 촉진된다." (Fisher, Frey, Hattie, & Thayre, 2017, p. 99)

통과 협력의 힘을 깨닫기 시작한다.

모델 수업 계획 2를 읽을 때 주목할 점

- 교사가 교사 주도의 대화식 교수와 학생 주도의 대화식 학습을 혼합하는 방법
- 학생에게 단원의 틀 내에서 학습 방향에 대한 적절한 선택권과 조언(input)을 제공하는 방법
- 학습을 새로운 상황으로 전이시키는 과정(예: 텍스트에 반응하기)을 이해하는 데 중점을 둔 학습

모델 수업 계획 2에 대한 성찰

두 번째 모델 수업은 **텍스트에 반응하기** 스트랜드에 초점을 맞춰 개념적 이해를 발전시키는 데 있어 사고, 성찰, 협업 및 의사소통의 핵심 역할을 보여 준다. 학생의 목소리가 존중되고 학생에게 학습에 대한 적절한 선택을 제공하면 참여도가 치솟는다. 과정에 초점을 맞춘 학습은 매년 다양한 주제와 텍스트가 조정될 수 있기 때문에 학생의 선택을 촉진한다. 이 수업에서 학생은 전 세계의 형평성을 위한 투쟁을 조사하지만 이 학습은 단지 주제에 관한 것이 아니다. 오히려 이 수업은 효과적인 의사소통자(communicator)이자 면밀한 독자가 된다는 것이 무엇을 의미하는지에 대한 학생의 이해를 심화시킨다. 학생의 흥미를 존중하기 위해 교사는 내년에 쉽게 주제를 변경할 수 있다. 학생은 의미 있는 담론에 참여했을 뿐만 아니라 그러한 대화의 가치에 대해 성찰해 볼 기회도 얻었다.

개념 기반 모델 수업 2

단원명: 모든 목소리는 소중하다: 형평성을 위한 투쟁(미국 워싱턴주 벌링턴 소재 벌링턴-에디슨 학교 지역구에서 설계한 단원에서 영감을 얻음)

학년 수준: 7 **수업 기간**: 3~4일

수업 시작(수업 시작 시 학생과의 소통)

번영한다는 것과 **생존한다**는 것은 무엇을 의미하나요? 사람들이 단지 삶에서 **생존**하는 것이 아니라 삶에서 **번영**하려면 무엇이 필요할까요? 잠시 시간을 내어 이에 대해 각자 생각해 본 다음 짝과 생각을 공유해 보겠습니다. 접착 메모지에 초기 생각을 적고 '이전'과 '이후'라는 라벨이 붙은 교실 표의 '이전' 열 아래에 접착 메모지를 놓습니다. 이 단원 전체에서 우리는 이 표를 계속해서 수정할 것입니다. 다 마친 후에는 "담화가 왜 중요한가요?"에 대해 생각해 봅시다.

학습 목표: 학생이 이해할 것(일반화), 알 것, 할 수 있을 것(기능)

일반화(학생은 ……을/를 이해할 것이다.) 참고: 일반화는 하나의 수업 또는 일련의 수업에 적용될 수 있다. #G는 교육과정 단원의 목표 일반화를 나타낸다.

단원 G#2 독자는 객관 요약을 작성하기 위해 텍스트의 중심 생각의 전개를 분석한다.

2a. 텍스트의 중심 생각(central idea)은 무엇인가요? 증거로 뒷받침해 보세요. (F)
2b. 중심 생각을 결정하는 데 어떤 읽기 전략이 도움이 되었나요? (F)
2c. 내가 고른 기사의 작성자는 텍스트 전반에 걸쳐 중심 생각을 어떻게 전개했나요? (F)
2d. 텍스트의 '객관 요약(objective summary)'이란 무엇인가요? (F)
2e. 텍스트의 객관 요약을 작성하는 데 도움이 되는 기능은 무엇인가요? (F)
2f. 단순히 텍스트의 중심 생각을 식별하는 것에 비해 중심 생각이 어떻게 전개되는지 분석하는 것은 요약을 객관적으로 만드는데 어떻게 도움이 되나요? (C)
2g. 텍스트의 객관 요약이 중요한 이유는 무엇인가요? (C)

단원 G#3 담화는 참가자가 주제(topic), 아이디어 또는 개념에 대해 현재 이해를 수정하고 심화하도록 돕는다.

3a. 존중하는 대화는 어떤 모습이고 어떻게 들리나요? (F)
3b. 그룹 대화 중 누군가가 말한 어떤 내용에 주제에 대해 의해 다르게 생각하게 되었나요? (F)
3c. 담화는 텍스트를 이해하는 데 어떤 역할을 하나요? (C)
3d. 왜 사고를 수정해야 하나요? (C)
3e. 우리는 항상 다른 사람의 생각을 받아들여야 하나요? (D)

(계속)

스트랜드	중요한 내용(알 것)	핵심 기능(할 수 있을 것)
텍스트 이해하기	• 주요 어휘: 분투와 번영 • 중심 생각 • 객관 요약의 요소	CCSS.ELA-LITERACY.RI.7.2: 텍스트에서 두 개 이상의 중심 아이디어를 결정하고 텍스트 과정에서 그 발전을 분석한다. 본문의 객관 요약을 제공한다.
텍스트에 반응하기	• 동료 소크라테스 토의(collegial-Socratic discussions) 절차 • 관련성 높고 다양한 유형의 질문 • 사고를 정교화하는 문장 시작자	CCSS.ELA-LITERACY.SL.7.1C: 정교화하는 질문을 제기하고 필요에 따라 주제에 대한 토의를 다시 가져오는 관련 관찰 및 아이디어로 다른 사람의 질문과 의견에 응답한다.
텍스트 비평하기	• 다양한 프레젠테이션 매체 형식과 시각 자료의 가치	CCSS.ELA-LITERACY.SL.7.2: 다양한 매체 및 형식(예: 시각적 · 양적, 구두)으로 제시된 주제와 뒷받침하는 세부 정보를 분석하고 아이디어가 연구 중인 주제, 텍스트 또는 문제를 어떻게 명확하게 하는지 설명한다.
텍스트 생산하기	• 단락 구성: 주제 문장, 세부 내용, 설명, 마무리 문장	CCSS.ELA-LITERACY.W.7.2: 주제를 검토하고 관련 내용의 선택, 구성, 분석을 통하여 아이디어, 개념, 정보를 전달하기 위하여 정보를 주거나 설명하는 텍스트를 작성한다.

학습 경험	개별화
G#3: 담화와 독자의 이해 사이의 관계에 대한 탐구 학생은 다음 질문에 대해 브레인스토밍한다. GQ#3a. **존중하는 대화는 어떤 모습이고 어떻게 들리나요? (F)**	개별 학생의 필요에 따라 자세히 읽기를 스캐폴딩한다. 음성 지원
자세히 읽기(Fisher, Frey, Hattie, & Thayre, 2017 참조) **텍스트 선택**—전 세계의 형평성을 위한 투쟁 주제와 관련된 기사를 선택한다. 텍스트는 도전적이어야 하고 학급의 관심사에 초점을 맞춰야 하며 학생의 사고를 자극해야 한다. **초기 읽기**—학생은 요점, 즉 기본 의미를 구성하는 데 중점을 둔다.	

(계속)

주석–학생은 이전에 수업에서 배운 주석 방법을 사용하여 읽고 주석을 단다. **반복 읽기**–학생은 더 깊은 의미를 얻는 것과 주석을 달 때 표시한 질문에 답하는 데 중점을 두고 기사를 다시 읽는다. **텍스트에 반응하기**–소크라테스 세미나를 준비한다. 학생에게 토의 중에 제기될 세 가지 질문을 작성하도록 요청한다. 질문을 위한 문장 시작자를 검토하고 다른 사람의 질문에 응답한다. 각 학생에게 적절한 수준에 맞춰 다양한 언어 복잡성 수준을 포함한다.	왜 소크라테스 세미나는 학생이 학습 중인 지식, 기능 및 개념을 인지적으로 분투하고 종합하게 하는 효과적인 기법인가?
소크라테스 세미나 개최 앞서 논의한 학문적 대화 문장 시작자가 포함된 참고 자료를 배포한다. 학생은 내부 원과 외부 원을 형성한다. 세미나 중간에 서로 자리를 바꾼다. 학생은 질문을 제기하고 응답하며 대화의 흐름을 혼자 이끌어 간다. 꼭 필요한 경우가 아니면 대화를 이끄는 것을 자제한다. 학생이 텍스트와 씨름하게 한다.	학문적 담화를 지원하기 위한 문장 시작자 성찰적 사고가 중요한 이유는 무엇인가?
소크라테스 세미나 이후 성찰 학생은 GQ#3b, 3c, 3d를 포함하는 성찰과 자기 평가를 완성한다(〈자료 C-3〉 참조). GQ#3b. **그룹 대화 중 누군가가 말한 어떤 내용에 의해 주제에 대해 다르게 생각하게 되었나요? (F)** GQ#3c. **담화는 텍스트를 이해하는 데 어떤 역할을 하나요? (C)** GQ#3d. **왜 사고를 수정해야 하나요? (C)**	
수업 토의 종료 GQ#3e를 질문한다. **우리는 항상 다른 사람의 생각을 받아들여야 하나요? (D)** 학생은 어깨 짝과 먼저 토의한 후 학급 전체와 공유한다.	
G#2: 작가의 텍스트 중심 생각 전개에 관한 탐구 전 세계의 형평성을 위한 투쟁에 관한 비소설 글의 단일 장르 텍스트 묶음을 만든다. **형평성을 위한 투쟁의 예** • 교육의 기회 • 가족과 사랑의 권리	

(계속)

- 깨끗한 물 이용
- 음식 이용
- 대피소 이용
- 경제적 기회의 이용

단일 장르의 텍스트 묶음은 적절한 수준의 도전, 지적 · 정서적 참여, 적절한 학생 선택권을 어떻게 허용하는가?

학생은 탐구 짝을 만난다.

학생은 짝을 이루어 단일 장르 텍스트 묶음에서 하나의 글을 선택한다. 학생은 텍스트를 읽고 분석하여 GQ#2a를 결정한다. **텍스트의 중심 생각은 무엇인가요? 증거로 뒷받침해 보세요. (F)**

이제 학생에게 GQ#2b에 대해 생각해 보도록 요청한다. **중심 생각을 결정하는 데 어떤 읽기 전략이 도움이 되었나요? (F)**
먼저 학생에게 자신이 읽은 내용을 되돌아보고 중심 생각을 밝히는 데 도움이 되도록 독자로서 무엇을 했는지 짝과 토의하도록 한다.

지원 및 확장을 위해 필요에 따라 보다 명시적인 교수, 질문 및 모델링을 사용한다.

이제 짝과 GQ#2c를 탐구한다. **내가 고른 글의 작성자는 텍스트 전반에 걸쳐 중심 생각을 어떻게 전개했나요? (F)** 학생은 그래픽 조직자를 사용하여 응답하면서 생각을 정리하는 데 도움을 받을 수 있다. 학급과 공유하고 학급의 종합 목록(master list)이나 앵커 차트(anchor chart)를 만든다.

학급 전체가 GQ#2d와 2e에 답하면서 브레인스토밍을 한다. **텍스트의 '객관 요약'이란 무엇인가요? (F) 텍스트의 객관 요약을 작성하는 데 도움이 되는 기능은 무엇인가요? (F)**

학생에게 글의 객관 요약을 한두 문단으로 작성하게 한다.

글을 읽고 작가가 어떻게 중심 생각을 개발했는지 분석하고 객관 요약을 작성했으므로 이제는 이전에 배운 협력적 토의 양식을 사용하여 소집단 탐구 그룹으로 돌아가 GQ#2f에 대해 토의한다. 단순히 텍스트의 중심 생각을 식별하는 것에 비해 중심 생각이 어떻게 전개되는지 분석하는 것은 요약을 객관적으로 만드는 데 어떻게 도움이 되나요? (C)

(계속)

시작 질문으로 돌아간다. 번영한다는 것과 생존한다는 것은 무엇을 의미하나요? 사람들이 삶에서 단지 생존하는 것이 아니라 번영하려면 해야 할 일은 무엇인가요? 이제 차이점에 대해 더 많이 배웠으므로 잠시 시간을 내어 각자 생각해 본 다음 짝과 생각을 공유하세요. 현재 생각을 접착 메모지에 적고 접착 메모지를 우리 교실 표의 '이후' 열 아래에다 놓습니다.

> 학생을 위해 모든 수업에서 텍스트 이해, 반응, 비평 및 생산을 다루는 학습 경험을 만드는 것이 왜 중요한가?

최종 수업 토의: GQ#2g **텍스트의 객관 요약이 중요한 이유는 무엇인가요?** (C)

학생은 출구권(exit slip)에 **분석, 중심 생각, 객관 요약** 사이의 관계를 설명하는 일반화를 작성한다.

<u>교구재 및 자료</u>

- 주제와 관련된 글
- 접착 메모지
- 학문적 대화를 위한 문장 시작자
- 이전, 도중, 이후 앵커 차트

<u>평가</u>

- 자세히 읽기에서 주석 검토하기
- 짝, 그룹, 전체 학급 토의 중 대화 관찰
- 소크라테스 세미나에서의 성찰과 자기 평가
- 출구권

[그림 3-6] 모델 수업 계획 2

소크라테스 세미나(Socratic seminar) 기법은 학생이 '담화'와 '사고의 수정' 사이의 관계를 이해하도록 돕기 위해 전략적으로 선택되었다. 학생은 보통 소크라테스 세미나 이후 주제에 관해 성찰할 뿐 연설자와 청취자가 되는 과정을 성찰하지는 않는다. 개념 기반 학습자는 과정과 결과에 대해 성찰하여 독자, 작가, 연설자, 청취자, 시청자로서 하는 일을 왜 해야 하는지에 대한 이해를 발전시킨다.

일관성을 지원하는 수직적 진행

모델 수업 2에서는 7학년 교실에서의 개념 기반 학습의 예를 제공한다. 모델 수업 1에서 언급했듯이, 개념 기반 교육과정 단원에서는 학생이 K-12 체계를 거치는 동안 교사가 개념적 이해를 심화시킬 수 있는 학습 경험을 제공하기 위해 일반화를 점진적으로 진행되도록 작성한다. 교육과정이 수직적으로 연계되도록 설계하면 학생이 체계적으로 계획된 각 학년을 통해 한 번에 한 단계씩 교과의 복잡성을 탐구할 기회를 가질 수 있다. 언어 교과(English Language Arts: ELA)에서 **담화**와 같은 개념은 학년 전체에 걸쳐 다뤄지지만 담화의 마이크로 개념(microconcepts)에 대한 학생의 이해는 연령과 성숙도에 따라 심화되어야 한다. 다음의 수직적 진행에서 담화의 개념을 매년 어떻게 가르치는지 확인할 수 있다. 다만 추가적인 마이크로 개념을 의도적으로 사용하면 학생이 더욱 효과적 의사소통자가 되기 위한 이해를 심화시킬 수 있다.

〈표 3-3〉 **모델 수업 2에 대한 수직적 진행**

모델 수업 계획			
	4학년	7학년	9학년
일반화 (반응 스트랜드)	효과적인 담화는 참가자가 아이디어를 공유하고 다른 사람의 아이디어를 고려하는 데 달려 있다.	담화는 참가자가 주제, 아이디어 또는 개념에 대한 현재 이해를 수정하고 심화하도록 한다.	효과적인 담화는 참가자가 다양한 관점에 반응하고 자신의 견해를 정당화하며 제시된 증거와 추론에 비추어 새로운 연결을 만들도록 요구한다.

모델 수업 계획 3(〈자료 A-5〉에서 발췌): 텍스트 비평하기

도입

전 세계 사람들이 기술의 발전으로 사건과 정보, 의견을 넘치도록 접하게 되면서 학생을 자율적이며 지식이 풍부한 사람으로 발전시키려는 노력이 더욱 중요해졌다. 이러한 아이디어, 주장, 관점에 대한 비판적 평가는 무엇이 사실인지 아닌지를 구별하며 우리가 신뢰할 수 있는 목소리가 누구인지 알고 정보 뒤에 숨은 출처를 밝히는 데 필수적이다. 개념 기반 교육과정 및 수업의 비평하기 스트랜드는 이러한 문해력 학습 차원의 기초를 마련하고 이를 학생이 입학할 때부터 졸업할 때까지 계속해서 '기르도록' 한다.

> 스포트라이트
> 강력한 문해력 실천 #3
>
> 확장된 글쓰기
> "글쓰기는 지식 구성의 결과이다. 학생의 지식 전이에 대한 증거는 학생이 작성한 확장된 글쓰기(extended writing) 작품에서 찾을 수 있다. 읽기와 마찬가지로 쓰기 교육은 학생이 아이디어(표면)에서 사고(깊은), 지식 구성(전이)으로 이동하는 일련의 접근 방식이다." (Fisher, Frey, & Hattie, 2016, p. 124)

이 9학년 교실의 학생은 작가가 내리는 선택과 그 선택이 독자에게 미치는 영향에 대해 몇 주 동안 생각하고 있다. 이때쯤이면 학생은 정보의 비판적 평가자가 되기 위해 무엇이 필요한지에 대한 지식과 이해를 향상시키고 있다. 이 단원에서 학생은 이러한 이해를 활용하여 자신의 주장과 관점을 발전시키는 방법도 배운다. 전체 단원('제2부 자료' 참조)과 다음의 모델 수업을 읽으면서 학생이 사려 깊고 지식이 풍부한 시민이 되기 위해 어떻게 준비되고 있는지 생각해 보라.

모델 수업 계획 3을 읽을 때 주목할 점

- 교사가 학습 중인 개념을 표현하기 위해 실제 자료를 사용하는 방법
- 학생이 각자 정보를 처리할 시간을 가진 후 교사가 문해력을 위한 활발한 토의의 기회를 만드는 방법
- 교사가 사고 추적하기 차트(tracking thinking charts)를 사용하여 학생이 수업 내내 자신의 생각이 어떻게 성장하고 변화하는지 볼 수 있도록 돕는 방법

- 교사가 확장된 글쓰기를 통해 학생이 어떻게 학습 내용을 종합하는지 확인하는 방법과 개념적 이해를 평가하는 방법

모델 수업 계획 3에 대한 성찰

세 번째 모델 수업에서는 정보의 비판적 소비자로서 세상과 상호작용하는 방법의 중요성을 강조하기 위해 **텍스트 비평하기** 스트랜드에 중점을 둔다. 이 협력적 미니 탐구를 통해 9학년 학생은 두 가지 다른 매체를 분석하여 동일한 주제를 다루고 매체가 주제 표현(subject representation)에 어떻게 영향을 미치는지 설명한다. 학생은 실제 주제와 매체를 조사하면서 적극적인 독자, 작가, 연설자, 청취자, 시청자가 된다.

과제가 끝나고 교사는 학생에게 확장된 글쓰기를 할당하여 저자의 매체 선택과 해당 선택이 메시지와 청중에 미치는 결과에 대한 전이 가능한 개념적 이해를 표현하도록 요청하였다. 교사는 학생이 학습 경험의 결과로 무엇을 이해하고 전이할 수 있는지에 대해 막연히 가정하지 않았다. 오히려 교사는 3차원적 교수법으로 명확하게 수업을 추진하였다.

일관성을 지원하는 수직적 진행

이 모델 수업으로 이어지는 학년에서 목표로 삼을 수 있는 일반화는 〈표 3-4〉에 나와 있다. 우리는 학생이 한 학년씩 올라감에 따라 지식, 기능, 이해(일반화)가 앞으로의 학습 기대치를 구성하는 요소가 되고 있는지, 그들의 이해가 매년 더욱 정교해지고 정확해지고 있는지 확인해야 한다. 이것이 바로 학생이 유능한 독자, 작가, 연설자, 발표자, 사상가로 성장하도록 돕는 방법이다!

〈표 3-4〉 모델 수업 3의 수직적 진행

	5학년	7학년	9학년 및 10학년
일반화 (비평 스트랜드)	다양한 유형의 텍스트(인쇄물과 디지털)의 특징을 분석하면 텍스트에 대한 독자의 이해와 감상이 향상된다.	텍스트를 듣거나 보기 전에 텍스트를 읽는 것은 각 매체에 대한 면밀한 분석을 지원한다.	저자는 목적, 청중, 메시지에 따라 최선의 의사소통 매체를 선택할 수 있다.

개념 기반 모델 수업 3

단원명: 오, 저자가 직면한 선택!

학년 수준: 9 **수업 기간:** 5일

수업 시작(수업 시작 시 학생과의 소통)

현재 단원에서 우리는 저자가 내리는 많은 선택과 그러한 선택이 의도했든 의도하지 않았든 독자에게 미치는 영향을 조사해 왔습니다. 오늘 우리는 저자가 내리는 또 다른 선택, 즉 매체에 대한 선택을 살펴보겠습니다.

"매체는 메시지이다." 마샬 맥루한(Marshall McLuhan)은 1960년대 『Understanding the Media: The Extensions of Man』이라는 책에서 이 문구를 만들었습니다. 그는 우리가 가진 통신 기술이 그리 많지 않던 시절에 글을 썼지만 오늘날 그의 메시지는 여전히 매우 유의미합니다. 다음 질문에 대해 생각하는 것부터 시작해 보겠습니다. 정보를 얻기 위해 사용하는 다양한 매체는 무엇입니까? 매체가 주제나 주제에 대한 관심과 이해에 영향을 미치나요? 저자는 사용할 종류를 어떻게 결정하나요?

다음 몇 차례의 수업에 걸쳐 여러분은 일련의 간단한 탐구를 수행하게 될 것입니다. 각 탐구에서는 새로운 텍스트가 제공됩니다. 여러분의 임무는 팀원들과 다양한 매체를 통해 광범위한 주제를 분석함으로써 협력하며 의미 있는 담화에 참여하는 것이고, **매체**와 **주제 표현**이라는 연구 중인 개념에 관한 이해를 동시에 심화시킬 것입니다.

학습 목표: 학생이 이해할 것(일반화), 알 것, 할 수 있을 것(기능)

일반화(학생은 ……을/를 이해할 것이다.) 참고: 일반화는 하나의 수업 또는 일련의 수업에 적용될 수 있다. #G는 교육과정 단원의 목표 일반화를 나타낸다.

단원 G#4 저자는 목적, 청중, 메시지에 따라 최선의 의사소통 매체를 선택할 수 있다.
4a. 다양한 유형의 의사소통 매체의 예는 무엇인가요? (F)

(계속)

4b. 첫 번째 매체(예: 인쇄물)의 예에서 나타난 주제 ______에 대한 세부 정보는 무엇인가요? 하나의 주제가 다른 매체(예: 영상)로 표현될 때 어떤 세부 정보가 동일하게 유지되거나 변경되나요? (F)

4c. 다양한 매체는 주제가 표현되는 방식을 어떻게 형성하나요? (C)

4d. 저자의 목적은 매체 선택에 어떻게 반영되나요? (C)

4e. 주제를 정확하게 표현하기 위해 한 매체를 다른 매체보다 더 많이 신뢰할 수 있나요? (D)

> 안내 질문은 학생이 개념적 이해 수준에 도달하는 데 어떻게 도움이 되는가?

스트랜드	중요한 내용(알 것)	핵심 기능(할 수 있을 것)
텍스트 이해하기	• 효과적인 읽기 전략 • 저자의 목적	CCSS.ELA-LITERACY.RL.9-10.4: 비유적 의미 및 기술적 의미를 포함하여 텍스트에 사용된 단어 및 구문의 의미를 결정한다. 특정 단어 선택이 의미와 어조에 미치는 누적 영향을 분석한다.
텍스트에 반응하기	• 효과적인 토론 프로토콜 • 그룹 구성원의 책임	CCSS.ELA-LITERACY.SL.910.1D: 다양한 관점에 신중하게 대응하고 동의와 비동의의 요점을 요약하며 정당한 경우 자신의 견해와 이해를 검증하거나 정당화하고 제시된 증거와 추론에 비추어 새로운 연결을 만든다. CCSS.ELA-LITERACY.SL.9-10.1.A: 연구 중인 자료를 읽고 조사한 후 준비된 토론에 참석한다. 사려 깊고 합리적인 아이디어 교환을 자극하기 위해 주제나 문제에 대한 텍스트 및 기타 연구의 증거를 참조하여 해당 준비를 명시적으로 이끌어 낸다.
텍스트 비평하기	• 다양한 유형의 매체의 영향 • 저자가 하는 다양한 선택의 영향	CCSS.ELA-LITERACY.RL.9-10.7: 각 과정에서 강조되거나 없는 내용을 포함하여 두 가지 다른 예술적 매체에서 주제 또는 주요 장면의 표현을 분석한다. CCSS.ELA-LITERACY.RI9-10.7: 다양한 매체에서 전달되는 주제에 대한 다양한 설명(예: 인쇄물과 다중 매체 모두에서 개인의 인생 이야기)을 분석하여 각 설명에서 강조되는 표현을 결정한다.
텍스트 생산하기	• 다양한 매체의 언어 규칙	CCSS.ELA-LITERACY.L.8.3: 쓰기, 말하기, 읽기 또는 듣기를 할 때 언어 지식과 그 규칙을 사용한다.

(계속)

<table>
<tr><th>학습 경험</th><th>개별화</th></tr>
<tr><td>미니 탐구 1—사고 추적하기
학생을 3~5명의 그룹에 배정한다. 각 그룹에 포스터 용지 한 장을 제공한다. [포스터 용지 한 장으로 더 많은 협력과 공유된 사고를 장려한다.]
각 그룹에게 <u>저자의 목적</u>, <u>매체 유형</u>, <u>주제 표현</u>의 개념 간의 관계에 대한 현재의 이해를 시각적으로 표현하도록 요청한다.
학생은 검정색 마커로 이 작업을 해야 한다.</td><td rowspan="3">개별화를 위한 아이디어:
• 다양한 수준의 복잡성을 지닌 텍스트를 그룹에 제공한다.
• 다양한 접근 관점이나 연구 중인 개념을 처리하는 방법(예: 예술 작품과 인쇄 기반 텍스트)을 허용하는 다양한 매체를 선택한다.
• 각 팀 구성원이 그룹에 가져올 수 있는 자산을 기반으로 의도적으로 협력적 팀 구성을 계획한다.
• 학문적 담화를 뒷받침하는 문장 시작자를 제공한다.</td></tr>
<tr><td>미니 탐구 2—분석하기
• 두 가지 다른 매체를 통해 소그룹의 학생에게 동일한 주제에 대한 텍스트를 제공한다. GQ#4a를 질문한다. 다양한 유형의 의사소통 매체의 예는 무엇인가요? 응답을 공유한다.
• 처음에는 학생에게 두 버전을 각자 읽고 보고 듣도록 한다. 그 다음 학생에게 두 버전에서 주제 표현의 중요한 차이점을 식별하여 벤 다이어그램에 기록하도록 요청한다. GQ#4b. 원본에서 어떤 내용이 변경, 추가, 삭제되었나요? 무엇이 그대로 있나요?
• 각 그룹에게 완성된 벤 다이어그램의 정보를 사용하여 GQ#4c와 GQ#4d에 대해 토의하게 한다. 다양한 매체는 주제가 표현되는 방식을 어떻게 형성하나요? 작가의 목적은 매체 선택에 어떻게 반영되나요?
• 토의 시간 후에 새로운 색상의 마커를 나눠 주고 각 그룹에게 미니 탐구 1에 사용한 포스터 용지에 대한 생각을 업데이트하도록 요청한다.
• 그룹에게 그들의 사고와 이해의 변화를 전체 학급과 함께 요약하도록 요청한다.
• 이전에는 이해하지 못했던 매체, 저자의 목적, 주제 표현의 개념 사이의 관계에 대해 이제는 무엇을 이해하고 있는지 질문한다.
• 전체 공유 후 그룹끼리 '사고 추적하기' 포스터 용지를 한 번 더 편집한다.</td></tr>
<tr><td>미니 탐구 3—분석하기
새로운 텍스트 예를 사용하여 과정을 반복한다. 매 회의 탐구 후에는 학생이 포스터에 대한 자신의 생각을 새로운 색상의 마커를 사용하여 업데이트하여 구별하도록 한다.
시간이 지나면(또는 미리 완료되는 그룹의 경우) 과정을 반복할 수 있다. 이 과정을 여러 번 반복하면 학생이 여러 쌍의 텍스트 묶음에서 패턴을 발견하고 종합할 수 있는 더 깊은 분석과 시간을 얻을 수 있다. 또한 학생은 갤러리 워크(Gallery Walk)에서 다른 그룹의 작품 전반에 걸쳐 패턴을 발견하게 될 것이다.</td></tr>
</table>

수업을 하기 전에 질문을 의도적으로 계획하는 것은 왜 중요한가?

(계속)

매체 전반에 걸쳐 주제 표현을 비교하기 위한 아이디어

- 짐 캐리(Jim Carrey)의 영화 〈그린치(How the Grinch Stole Christmas)〉를 원작 만화와 비교해 본다.
- 신문에 실린 사건 이야기와 현재 사건을 묘사하는 비디오 클립을 시청하고 비교해 본다.
- 팟캐스트 이야기를 듣는 것과 시청하는 것을 비교한다.
- 상년이나 사건에 내한 예술가의 그림을 보는 것과 서면 설멍을 읽는 것을 비교한다.

> **이 수업의 구조는 학생의 시너지를 내는 사고를 촉진하고 더욱 깊은 개념적 이해로 연결되는 다리를 만드는 데 어떻게 도움이 되는가?**

갤러리 워크(Gallery Walk)

방 곳곳에 학생의 포스터를 배치한다. 모든 그룹에서 수집된 증거의 패턴을 찾기 위해 간단한 갤러리 워크를 하도록 한다.

학생 성찰

"**미니 탐구** 1 이후 당신의 생각은 어떻게 되었나요?"라고 물어본다. 그룹이 자신의 원래 생각(검은색 마커로 포스터에 기록한 내용)을 되돌아보고 각 탐구를 통해 이해가 어떻게 성장하고 심화되었는지 성찰하도록 한다. 그룹이 각 색상으로 표시되는 추가된 새로운 사고의 층에 주의를 기울이도록 격려한다. 학생은 그룹에서 토의 후 학급과 공유한다.

확장된 글쓰기: 학생에게 매체를 비교한 것, 발견한 내용, 토의한 내용을 되돌아볼 것을 요청한다.

> 그래픽 조직자와 문장 시작자를 활용하여 글쓰기를 스캐폴딩한다.

"우리는 며칠 전 마샬 맥루한의 말을 인용하며 수업을 시작했습니다. '매체는 메시지이다.' 이제 다양한 매체가 주제를 어떻게 다루는지 비평할 기회를 얻었으므로 맥루한이 의미했다고 생각하는 내용을 1~2페이지 요약으로 작성하세요. 그가 60년대에 말한 내용이 오늘날에도 여전히 유효하고 중요한 이유는 무엇인가요? 이 인용문이 저자로서 내리는 선택에 어떤 영향을 미칠까요? 당신의 생각을 뒷받침하기 위해 일주일 동안 당신의 과제에서 구체적인 증거를 인용하고 이전에 연습하고 배운 일반화의 준거에 따라 **매체**, **저자의 목적**, **주제 표현** 사이의 관계를 표현하는 진술 '나는 ……을/를 이해한다.'로 글을 마무리하세요."

> 패턴을 발견하거나 계속해서 개념적 이해를 심화하는 데 도움이 되도록 개별 학생의 필요에 따라 질문한다.

(계속)

수업 마무리

마무리 질문을 한다. **주제를 정확하게 표현하기 위해 한 매체를 다른 매체보다 더 신뢰할 수 있나요**[학생은 '생각-짝-공유(think-pair-share)'로 의견을 나눈다]?

이번 수업과 다음에 배울 내용을 연결해 본다.

> 수업 마무리는 개념적 이해를 어떻게 심화하거나 넓히는가?

<u>교구재 및 자료</u>

- 그룹별 포스터 용지
- 그룹별 색상 마커 세트
- 동일한 주제를 다루는 다양한 매체

<u>평가</u>

- '사고 추적하기' 차트에 대한 학생의 생각을 관찰한다. 수업 과정 동안 학생의 사고가 어떻게 성장하고 심화되었는지 관찰한다. 계획한 대로 색상을 사용하면 이를 쉽게 수행할 수 있다(학생의 자기평가이기도 하다).
- 각 학생의 확장된 글쓰기에 점수를 매긴다.
- 그룹 활동을 관찰한다.

[그림 3-7] **모델 수업 계획 3**

모델 수업 계획 4(〈자료 A-6〉에서 발췌): 텍스트 생산하기

도입

5학년 학생은 '개인 내러티브: 제 이야기입니다.' 단원에서 개인 내러티브(personal narrative)의 요소에 대해 배우고 있다. 개인 내러티브의 몇 가지 예는 학생에게 멘토 텍스트(mentor texts) 역할을 하여 독자가 실제로 그 사건 속에 있는 것처럼 상상할 수 있도록 작가가 이야기를 구성하는 방법을 알아차릴 수 있다. 많은 5학년 학생은 글을 통해 사건을 정확하게 전달하는 데 어려움을 겪는다. 약한 설명과 지나치게 많은 형용사는 이야기를 부실하게 만든다. 이번 수업에서 학생은 일어난 일을 정확하게 공유하는 것과 독자를 위해 이미지를 만드는 것 사이의 관계를 탐구한다. 학생이 의도적으로 설계한 개인 내러티브 텍스트 묶음을 갤러리 워크를 통해 탐색하기 전

교사는 사고 구술(think-aloud)을 실시하여 텍스트가 언제 '보여 주는지'와 '말해 주는지' 알아차리는 방법을 모델링한다. 이를 통해 모든 학생은 짝과 함께 미니 탐구를 시작하기 전에 전문가 수준의 사고에 접근할 수 있다.

> 스포트라이트
> 강력한 문해력 실천 #4
>
> 사고 구술
> "교사가 자신의 생각을 학생이 이해할 수 있는 방식으로 설명하면 학생은 교사의 생각을 더 잘 모방할 수 있다. 우리는 학생이 단순히 교사의 사고를 복제하는 것이 아니라 다른 사람들이 생각하는 방식을 탐구하기를 기대한다. 생각은 눈에 보이지 않기 때문에 교사는 자신의 생각을 이야기해야 한다. 교사의 생각을 들음으로써 학생은 마치 견습생인 것처럼 전문가가 사용하는 것과 동일한 인지 과정을 통해 지도된다." (Fisher, Frey, Hattie, & Thayre, 2017, p. 53)

모델 수업 계획 4를 읽을 때 주목할 점

- 학생이 개인 내러티브의 다양한 사례에 걸친 패턴을 발견하도록 돕기 위해 교사가 의도적으로 텍스트 묶음을 설계한 방법
- 모든 학생이 전문가 수준의 사고에 접근할 수 있도록 교사가 갤러리 워크에서 사용할 사고 과정을 모델링하기 위해 사고 구술을 진행한 방법
- 갤러리 워크의 구성이 학생 주도 대화식 학습을 촉진하고 글쓰기 과정에 대한 개념적 이해를 개발하기 위해 귀납적 탐구 과정을 지원하는 방법

모델 수업 계획 4에 대한 성찰

네 번째 모델 수업은 학생이 일상적인 글쓰기 기능을 익히는 것에서부터 아이디어를 효과적으로 전달하기 위해 작가가 내리는 선택에 대한 깊은 이해를 만드는 데까지 도움이 되는 텍스트 생산하기에 중점을 둔다. 이 모델 수업에서 교사가 학생에게 4~6개의 서로 다른 텍스트를 분석해야 한다고 말한다면 아마도 끊임없는 투덜거림과 한숨을 들었을 것이다. 별로 재미없을 것 같지 않은가? 하지만 작가가 어떻게 사건과 경험을 독자의 눈앞에 생생하게 그려 내는지를 탐구하는 활동으로 전환하고, 교실 내 텍스트를 자유롭게 탐색할 수 있도록 하면 학생의 참여도가 크게 향상된다. 학생에게는 선택권과 이동 기회가 주어지며 스스로 이해를 발견할 수 있는 기회가 주어진다. 사고 구술 및 갤러리 워크와 같은 학습 경험은 학생이 배우고 있는 새로운

기능을 확고히 다질 수 있는 개념적 이해를 구축하는 데 도움이 된다.

일관성을 지원하는 수직적 진행

정확한 언어와 독자의 머릿속에 이미지를 생성하는 것의 관계에 대해 다시 생각해 보자. 유치원에서는 학생이 그림에 짧은 문구(labels)를 붙여 세부 사항에 집중하며 이야기를 공유할 수 있다. 3학년이 되면 학생은 행동, 생각, 감정에 대한 묘사를 통해 이야기를 전달하며 더 깊은 이해를 보여 준다. 학년이 올라갈수록 이해의 깊이를 심화하기 위해 매크로 개념을 더 구체적인 마이크로 개념으로 세분화해야 한다. 개념이 더 미시적(구체적)일수록 아이디어를 이해하고 표현하는 데 더 많은 전문 지식이 필요하다. 즉, 개념 기반 교육과정 단원의 진행은 개념이 더욱 정확해짐에 따라 이해의 깊이를 키운다. 특정 분야에서 초보자와 전문가를 구분하는 것은 무엇인지 생각해 보라. 그것은 바로 마이크로 개념에 대한 이해와 해당 과목의 고유한 특성에 대한 정확한 지식이다.

정확한 언어를 배우기 위한 학생의 수직적 진행 과정(〈표 3-5〉 참조)에서 5학년 일반화와 8학년, 9학년, 10학년 일반화를 구분하는 마이크로 개념의 뉘앙스에 주목하라. 학생의 이해에 대한 기대가 학년이 올라갈수록 더욱 정교해지고 정확해지는 것이 보이는가?

〈표 3-5〉 모델 수업 4의 수직적 진행

	5학년	8학년	9학년 및 10학년
일반화 (생산 스트랜드)	작가는 특정 단어와 세부 정보를 통해 독자의 마음속에 있는 사람, 장소 및 사건에 대한 정확한 이미지를 만든다.	작가는 정확한 단어와 문구, 관련된 세부 정보, 독자를 이야기의 줄거리 속으로 끌어들이는 감각적 언어를 사용하여 행동을 포착하고 경험과 사건을 전달한다.	작가는 독자에게 이야기의 주제에 대한 통찰력을 제공하는 정확한 단어와 문구, 세부 정보의 전달, 감각적 언어를 통해 이야기의 경험, 사건, 설정 및 인물에 대한 생생한 이미지를 만든다.

개념 기반 모델 수업 4

단원명: 개인 내러티브: 제 이야기입니다.

학년 수준: 5 **수업 기간:** 2~3일

수업 시작(수업 시작 시 학생과의 소통)

이번 단원에서 우리의 경험에 대해 많은 생각을 해 왔습니다. 삶에는 때로 우리를 슬프게 하는 일이 일어날 때도 있고 때로는 극복해야 할 어려움에 직면할 때도 있어요. 물론 행복한 추억도 많이 있습니다. 서로 공유할 것이 너무 많지요! 5학년 학생으로서 여러분의 글쓰기는 더욱 성숙해지고 있습니다. 더 많은 형용사를 추가한다고 해서 글이 서술적으로 변하지는 않는다는 점을 깨닫기 시작했습니다.

앞으로 며칠 동안 우리는 작가가 어떻게 독자에게 사건과 경험을 생생하게 전달하는지 조사할 것입니다. 우리의 탐구 목표는 작가가 개인 내러티브를 효과적으로 작성하는 방법에 대한 이해를 심화하는 것입니다. 다른 작가로부터 배운 내용을 활용하여 자신의 개인 내러티브 모음집에서 나만의 이야기를 더 잘 공유할 수 있습니다.

먼저 두 가지 이야기를 여러분과 나누고 싶습니다. 작가가 그녀에게 일어난 일을 공유하는 방식 사이의 유사점과 차이점에 대해 여러분이 무엇을 발견하는지 궁금하네요!

학습 목표: 학생이 이해할 것(일반화), 알 것, 할 수 있을 것(기능)

일반화(학생은 ……을/를 이해할 것이다.) 참고: 일반화는 하나 또는 일련의 수업에 적용될 수 있다. #G는 교육과정 단원의 목표 일반화를 나타낸다.

단원 G#5 작가는 특정 단어와 세부 정보(details)를 통해 독자의 마음속에 있는 사람, 장소 및 사건에 대한 정확한 이미지를 만든다.

5a. 여러분의 이야기에서 작가가 사람, 장소, 사건을 어떻게 묘사하였나요? (F)

5b. 작가가 보여 주는 것과 말하는 것은 무엇을 의미하나요? (F)

5c. 여러분이 고른 책의 작가가 독자의 감각에 호소하는 방법은 무엇인가요? (F)

5d. 작가의 단어 선택이 독자에게 이미지를 만들어 내는 방법은 무엇인가요? (C)

5e. 개인 내러티브는 어떻게 작가가 독자에게 정확한 이미지를 더욱 쉽게 만들어 내도록 돕나요? (C)

(계속)

스트랜드	중요한 내용(알 것)	핵심 기능(할 수 있을 것)
텍스트 이해하기	• 이야기 요소: 인물, 줄거리, 배경, 갈등, 사건 등 • 추론	CCSS.ELA-LITERACY.RL.5.1: 텍스트가 명시적으로 말하는 내용을 설명할 때와 텍스트에서 추론을 이끌어 낼 때 텍스트를 정확하게 인용한다.
텍스트에 반응하기	• 명확화, 강화, 확장을 위한 질문 • 적극적인 듣기를 위한 전략	CCSS.ELA-LITERACY.SL.5.1C: 토의에 기여하고 다른 사람의 의견을 자세히 설명하는 의견을 제시하여 특정 질문을 제기하고 응답한다.
텍스트 비평하기	• 개인 내러티브의 요소	CCSS.ELA-LITERACY.RL.5.9: 동일한 장르(예: 미스터리 및 모험 이야기)의 이야기를 비슷한 주제와 주제에 대한 접근 방식으로 비교하고 대조한다.
텍스트 생산하기	• 정확한 언어, 구체적인 단어와 구문, 감각적 세부 정보의 정의	CCSS.ELA-LITERACY.W.5.3D: 구체적인 단어와 문구, 감각적 세부 정보를 사용하여 경험과 사건을 정확하게 전달한다.

학습 경험	개별화
후크(Hook)[1] 다음 예와 같이 모호한 설명과 약한 형용사를 통해 경험을 전달하는 개인적인 이야기에서 발췌한 내용을 공유한다. 나는 갇혀서 겁에 질렸다. 나는 무엇을 해야 할지 몰랐다. GQ#5a를 질문한다. **여러분의 이야기에서 작가가 사건을 어떻게 묘사하였나요? (F)** 학생은 자신이 발견한 것을 공유한다. 다음 예와 같이 구체적인 단어와 문구, 감각적 세부 정보를 사용하여 독자에게 경험을 정확하게 보여 주는 짧은 개인 내러티브를 공유한다. 나는 온 힘을 다해 철조망 울타리에서 벗어나려고 필사적으로 노력했다. 어머니가 늦은 시간에 걱정으로 몸살을 앓으실지도 모른다는 것을 알았지만 철조망에서 청바지를 빼내려는 나의 노력이 헛된 것임을 깨닫게 되었다. 나에게는 두 가지 선택이 있었다. 새 생일 선물을 울타리 위에 남겨 두거나, 해가 뜨고 다른 아이들이 늙은 농부 존의 밭을 지나가고 있을 때 창피함을 느끼는 것이었다.	수업의 시작과 후크는 어떻게 학생의 마음과 관심을 즉각적으로 사로잡는가?

(계속)

1) 후크(Hook)는 글에서 독자의 흥미를 이끄는 사건이나 문장이다. - 역자 주

GQ#5a를 질문한다. **여러분의 이야기에서 작가가 사건을 묘사한 방법에 대해 발견한 것은 무엇인가요?** (F) 학생은 자신이 발견한 것을 공유한다. 학생에게 어떤 버전이 더 마음에 드는지 물어본다. **그 이유는 무엇인가요? 둘 사이의 차이점은 무엇인가요? 주제가 같았나요?** GQ#5b를 질문한다. **두 이야기에서 여러분이 알아차린 것을 바탕으로 볼 때, 보여 주는 것과 말하는 것은 무엇을 의미하나요?** (F) **'보여 주기'는 독자에게 어떤 역할을 하나요?** [이미지 생성하기 등] **두 번째 예에서 사건을 더 잘 '볼' 수 있나요?** 학생에게 개인 내러티브 작가가 독자에게 사람, 장소 또는 사건에 대해 '보여 주기' 위해 특정 단어와 세부 정보를 어떻게 사용하는지 조사할 것이라고 알려 준다. 학생에게 앞으로의 학습 경험을 통해 작가의 특정 단어 및 세부 정보와 독자의 마음속 이미지 사이의 관계에 대해 생각해야 함을 알려 준다.	
사고 구술 텍스트가 **보여 주거나 말하는** 방법과 이유에 대한 설명을 모델링한다. **사고 구술 단계** **전략이나 기능의 명칭 정하기** 이 이야기를 읽으면서 작가가 ……을/를 보여 주기 때문에 경험이 정확하게 기술되었음을 알 수 있습니다. **전략이나 기능이 사용되는 시기 설명하기** 텍스트에 ________(인용문 및 세부 정보)이(가) 나올 때 그것은 다음과 같이 내 감각에 호소합니다. 그 이유는 …… • ……을/를 보도록 함으로써 • ……을/를 느끼게 함으로써 • ……을/를 듣도록 함으로써 • ……의 냄새를 맡게 함으로써 **전략이나 기능이 사용되는 방법 또는 이유 설명하기** 독자로서 내가 ……할 수 있도록 작가는 …… (인용구)와/과 같은 세부 정보를 사용합니다. 이 과정을 **보여 주지 않는** 텍스트를 사용하면서 반복하여 그 텍스트가 부족한 이유에 주목하게 한다.	남은 수업 시간 동안 학생의 학문적 언어 발달을 지원하고 확장하기 위하여 사고 구술에서 시범 보인 문장 시작자를 나눠 준다.

(계속)

갤러리 워크에서 학생은 짝과 함께 개인 내러티브를 탐색할 때 텍스트가 독자에게 예(사고 구술에서 모델링된 대로)에 있는 사람, 장소 및 사건을 정확하게 **보여 주거나 보여 주지 않는 이유**를 설명하는 과정을 거쳐 말해야 한다고 설명한다.

교사는 학생의 적극적 듣기(active listening)와 학생이 서로 사고를 확장하고 명확하게 하며 강화하는 질문을 어떻게 제기하는지 듣고 관찰할 것임을 알려 준다(필요한 경우 이전에 구성한 수업 앵커 차트에서 각 질문 유형의 준거를 간략하게 검토한다).

갤러리 워크로 구성된 미니 탐구

학생을 단원 일반화 #5로 이끌기 위해 고안된 개인 내러티브에서 발췌한 텍스트 묶음을 만든다.

대부분의 텍스트 예는 특정 단어와 세부 정보를 통해 **개인 내러티브가 어떻게 독자의 마음속에 사람, 장소 및 사건의 이미지를 정확하게 생성하는지** 보여 주어야 하지만 일부 텍스트는 비예(예가 아닌 것, non-example)일 수 있다. (비예를 보는 것은 학생이 누락된 속성을 발견함으로써 예에 대한 이해를 확고히 하는 데 도움이 된다.)

> 갤러리 워크와 함께 계획적으로 설계한 개인 내러티브 텍스트 묶음을 통한 학습은 어떻게 학생이 연구 중인 지식, 기능 및 개념을 인지적으로 씨름하고 종합하도록 돕는가?

6~8개의 전시 공간이나 교실 곳곳의 공간에 텍스트 묶음을 게시한다.

학생은 짝과 함께 돌아다니며 각 전시 공간을 방문하면서 게시된 텍스트를 분석하고 토의한다. 학생은 사고를 구조화하고 스캐폴딩하기 위한 안내 질문이 포함된 그래픽 조직자를 완성한다. 그래픽 조직자에는 학생이 <u>정확하게 인용하고, 인용문을 분석하며, 작가의 선택에 대해 성찰</u>해야 한다.

다양한 관심 분야와 읽기 수준을 나타내는 텍스트를 제공한다.

그래픽 조직자에 대한 안내 질문

1. 본문의 어떤 세부 정보(인용문)가 독자에게 경험 속의 사람, 장소 및 사건을 생생하고 사실적인 방식으로 **보여 주는** 것 같나요?
2. 세부 정보는 당신의 감각에 어떻게 호소하나요?
3. 작가가 그러한 세부 정보를 포함하기로 결정한 이유가 무엇이라고 생각하나요? (F)

사고를 스캐폴딩하기 위한 안내 질문을 사용하여 그래픽 조직자를 만든다.

패턴 알아차리기

갤러리 워크가 끝나면 먼저 학생 그룹에게 갤러리 워크에서 자신의 작업을 성찰하도록 요청한다. 다음으로 학생은 GQ#5c~e에 대해 '생각-짝-공유'로 응답한다.

> 이 학습 경험에서 교사의 역할은 무엇인가? 학생의 역할은 무엇인가? 의미 구성에 대한 책임은 누구에게 있는가?

(계속)

5c. 여러분이 고른 책의 작가가 독자의 감각에 호소하는 방법은 무엇인가요? (F)

5d. 작가의 단어 선택이 독자에게 이미지를 만들어 내는 방법은 무엇인가요? (C)

5e. 개인 내러티브는 어떻게 작가가 독자에게 정확한 이미지를 더욱 쉽게 만들어 내도록 돕나요? (C)

학생이 답을 말할 때 패턴을 찾기 시작할 수 있도록 칠판에 목록을 만든다.

정지 및 확대

알아차리거나 토의한 패턴을 다시 참조하여 다음과 같이 질문한다.

정확한 언어의 정의는 무엇인가요? 구체적인 단어와 문구는 무엇인가요? 감각적 세부 정보란 무엇인가요? 우리는 글쓰기에서 이러한 기능을 어떻게 사용하나요? 경험과 사건을 정확하게 전달하기 위해 구체적인 단어와 문구, 감각적 세부 정보를 사용하는 기능을 향상시키기 위한 미니 레슨을 진행한다.

많은 사례에서 패턴을 알아차리는 것이 어떻게 개념적 이해를 발전시키는가? 이는 하나의 텍스트에 초점을 맞춘 수업과 어떻게 다른가?

교사 모델링

교사는 개인적인 경험을 설명하는 모호한 문장을 선택하고 학급과 함께 수정하는 과정을 사고 구술한다. 교사는 각 기술을 정의하고 구체적인 단어와 감각적 세부 정보를 사용하여 경험에 등장하는 사람과 장소의 모습, 소리, 느낌, 냄새 등을 전달하는 방법을 모델링한다. 수정된 버전은 경험을 정확하게 전달해야 한다.

필요에 따라 개인 또는 그룹에 추가 안내를 제공한다.

다양한 학습자의 요구를 지원하기 위해 협력적 그룹을 구성한다.

안내된 연습

학생은 교사의 피드백과 지원을 받아 두 명씩 짝을 지어 급식실에서 점심 먹기, 집에서 중요한 숙제 잊어버리기, 어려운 시험에서 좋은 성적 받기, 또는 쉬는 시간에 몰입하여 네 개의 네모(four-square) 게임하기 등 학교에서 흔히 볼 수 있는 장면을 묘사해 본다. 학교 장면은 학급 전체와 공유할 수 있다. 학생은 구체적인 단어와 세부 정보 그리고 정확한 언어가 얼마나 감각에 호소하는지 숙고해야 한다.

(계속)

개별 연습 및 작가의 창작 보고서

학생에게 강한 감정을 느꼈던 때를 묘사하여 개인적인 경험에 대해 글을 쓰게 한다. 작문을 마친 후 학생은 다음 프롬프트에 응답하며 간단한 '창작 보고서(craft report)'를 작성한다. "독자에게 보다 정확한 마음속 이미지를 제공하기 위해 당신이 작성한 글에 포함된 특정 단어와 감각적 세부 사항의 예를 짧은 단락으로 제시하시오."

학생에게 자신의 과정과 결과물을 되돌아보고 개별 작문 목표를 설정하도록 요청한다. 교사는 작문 샘플을 평가하여 향후 작문 미니 레슨에 필요한 영역을 결정한다.

> 교사가 이 수업 계획을 통해 학생이 사실적 사고 수준에서 개념적 사고 수준으로 연결되도록 돕기 위해 질문을 사용하려는 의도적 노력을 어떻게 보여 주는가?

수업 마무리

사고 구술, 갤러리 워크 및 작문 미니 레슨을 통해 학생이 개인 내러티브 장르가 독자의 마음속에 정확한 이미지를 어떻게 효과적으로 생성하는지에 대한 더 깊은 이해를 개발하고 보여 주었다고 설명한다. 이제 '개인 내러티브: 제 이야기입니다.' 모음집에 포함될 확장된 개인 내러티브를 제작할 준비가 되었다. 다음 수업에서 학생은 구조화된 브레인스토밍 절차를 통해 글로 쓸 만한 기억을 생각해 보기 시작할 것이다.

<u>교구재 및 자료</u>

- 학생이 일반화에 대한 이해를 얻도록 설계된 개인 내러티브에서 발췌한 단일 장르의 예와 비예 묶음
- 갤러리 워크 중에 학생의 생각을 정리하는 데 도움이 되는 그래픽 조직자
- 교사가 주도하는 사고 구술에 사용할 개인 내러티브의 발췌문. 발췌문은 '보여 주기' vs. '말해 주기'의 명확한 예를 제공해야 한다.
- 접착 메모지

<u>평가</u>

- 갤러리 워크 중 관찰
- 갤러리 워크 동안 완성된 그래픽 조직자
- 미니 레슨, 안내된 연습, 개별 연습 중 관찰
- 향후 작문 미니 레슨의 초점을 결정하기 위한 작문 연습 과제에 대한 평가
- 학생의 자기 평가 및 작가가 정한 글쓰기 목표
- 창작 보고서의 목표 일반화에 대한 이해

> 실제 맥락에서 다양한 평가 방법을 사용하여 평가하는 것은 왜 중요한가?

[그림 3-8] 모델 수업 계획 4

요약

학생이 4학년이 될 쯤에는 수년간 읽기 수업과 연습을 하게 된다. 이는 읽기 과정에 대한 구체적인 지도가 더 이상 필요하지 않다는 의미는 아니다. 실제로 학생이 점점 더 복잡해지는 텍스트를 독립적으로 읽는 양은 급속도로 늘고 있으며, 이때 학습이 하향 곡선을 그리기 시작하는 경우가 너무 많다. 자신만의 개념 기반 문해력 수업을 설계할 때 이 장을 자주 다시 참고하라. 이 장의 네 가지 수업 계획은 여러분의 다양한 학생을 위한 학습을 설계할 때 분석하고 모방하며 영감을 얻기 위한 것이다. 이제 개념적 이해가 지속적으로 심화되도록 수업 계획 내에서 학습 경험을 설계하는 방법에 대해 생각하는 데 도움이 되는 제4장을 위한 준비가 되었다.

생각의 확장

각 모델 수업 전체에 포함된 질문 상자는 사고를 확장하고 동료 교사와의 토의를 유도하기 위한 것이다.

기억하라. "모든 발전은 안전지대 밖에서 이루어진다."

–마이클 존 보박(Michael John Bobak)

제 4 장

개념적 이해를 개발하는 학습 경험 설계하기

- 기능을 넘어 전이하는 개념적 이해로 나아가기
- 3차원 학습 경험 개발하기
- 개념 기반 문해력 교실의 장면
- 요약
- 생각의 확장

[그림 4-1] **효과적 문해력 수업 실행**

문해력 교사로서 우리는 읽기를 좋아한다. 학생의 마음과 정신(minds)을 사로잡는 매력적 텍스트와 교육 레퍼토리에 추가할 새로운 교수법을 담은 전문적 자료를 끊임없이 찾고 있다. 한 자료에서 몇 가지 아이디어를 얻고, 또 다른 자료에서 아이디어를 찾거나 복도에서 만난 동료가 훌륭한 활동을 공유해 준다. 몇 년 동안 수집한 자료가 쌓이다 보니 파일이 넘쳐난다! 너무 많다 보니 어떨 때는 어떤 학습 경험을 언제 사용해야 하는지, 어떤 학습 경험이 가장 효과적인지 알기 어려울 때도 있다.

이 장은 개념 기반 교실에서 이루어지는 학생 학습 경험의 유형에 대해 좀 더 상세히 설명한다. 학습 경험이란 학생이 적절한 문해력 기능을 연습하고, 복잡한 상황에 대처하고, 동료와 협력하고, 개념적 사고를 개발하는 활동, 작업 또는 과제를 말한다. 학습 경험마다 요구되는 학생 참여의 수준은 다양하다. 학생이 적극적으로 참여하는 과제일수록 학습이 더 기억에 남고 즐거움을 준다는 것을 우리는 알 수 있다. 그러나 이해의 전이를 돕기 위해서는 의도적으로 부여하는 학습 경험이 학생의 개념적 정신을 배양하도록 해야 한다.

> 개념적 이해 수준으로 가르친다고 해서 기존의 모든 '오래된' 문해력 학습 경험이 더는 적절하지 않거나 가치 없다는 의미는 아니다. 현재의 많은 교수법은 학생이 알 것, 이해할 것, 할 수 있을 것을 발전시키는 데 여전히 유용하다.

개념적 이해 수준으로 가르친다고 해서 기존의 모든 '오래된' 문해력 학습 경험이 더는 적절하지 않거나 가치 없다는 의미는 아니다. 현재의 많은 교수법은 학생이 알 것, 이해할 것, 할 수 있을 것을 발전시키는 데 여전히 유용하다. 이 장은 더 유능한 독자, 작가, 시청자, 연사, 청취자, 발표자 및 연구자가 되는 데 필요한 학생의 개념적 이해를 의도적으로 활용하게 하는 친숙한 문해력 학습 경험을 소개한다.

기능을 넘어 전이하는 개념적 이해로 나아가기

학업 성취기준(Academic standards)은 학생이 다양한 교과에서 충족하리라 기대되는 학년 수준의 기준점을 명시하며, 국어과(English)[1] 성취기준을 보면 문해력 교과는 주로 학생이 할 수 있을 것으로 기대되는 과정, 전략 및 기능으로 구성됨이 분명하다. 그러나 학생에게 과정에서 전략과 기능을 가르치는 것이 최종 목표는 아니다. 학생이 전략과 기능을 익히는 데에서 나아가 더 깊은 개념적 이해로 학습을 확장하면 교과의 전문성이 향상되고 복합적 기능을 새로운 상황에 더 잘 전이할 수 있게 된다. 예를 들어, 소그룹 담화가 담화 과정에 대한 새로운 능력, 지식, 이해로 이어진다면 학생이 시간을 할애할 가치가 있다. 우리는 너무 자주 학생이 기능이나 전략을 학습하는 데 집중하고, 학습한 내용을 이해하고 전이하는지 확인하는 데에는 소홀하다. 그 결과, "다음에는 어떤 기능을 다룰까?"라고 묻는 끝없는 사이클을 반복하게 되고, 그 기능이 앞으로의 학습 가능성이나 학교 밖 생활에 어떻게 전이될지 잠시 멈춰 계획할 여유를 놓치게 된다.

> 학생이 전략과 기능을 익히는 데에서 나아가 더 깊은 개념적 이해로 학습을 확장하면 교과의 전문성이 향상되고 복합적 기능을 새로운 상황에 더 잘 전이할 수 있게 된다.

1) 이 책에서 언급되는 'English' 또는 'English Language Arts'는 추가 언어가 아닌 모국어 또는 제1언어로서의 영어를 지칭한다. - 역자 주

3차원적 개념 기반 교육과정 및 수업에서는 의도적으로 학생이 3차원적 개념 도식을 개발할 수 있도록 세심하게 설계된 순차적인 교수 단원과 수업의 맥락 안에서 문해 기능과 전략을 가르친다. 다시 말해, 학생은 탐구를 지원하고 특정 기능과 관련 개념 간의 관계를 보여 주는 맥락 안에서 기능을 배우고 연습한다. 개념적 이해가 문해력 학습에 유의미한 결과를 가져오는 것이다.

때때로 개념적 이해가 무심코 소홀히 여겨지기도……

다음 초등학교 4학년 교실의 사례를 살짝 들여다보자.

이 4학년 교실의 학생은 열정이 넘친다! 학생은 과학에서 보호(conservation)의 개념을 배우면서 학교의 많은 사람이 다량의 음식을 낭비한다는 사실을 발견했다. 4학년 과학 단원의 학습 경험 중 하나인 음식물 쓰레기 검사에서 학생은 입도 안 댄 샌드위치, 한 입도 먹지 않은 사과, 개봉하지 않은 스트링 치즈 스틱, 그날 점심 급식으로 제공된 음식을 무더기로 발견했다.

4학년 학생은 최근 학교가 지역사회의 기아 퇴치를 돕기 위해 음식 나눔 활동을 진행했음에도 불구하고 먹을 수 있는 음식이 얼마나 많이 버려지는가를 보며 충격을 받았다. 개념 기반 과학과 교육과정 단원의 3차원적 교육은 학생의 학습을 보호의 의미를 아는 것을 넘어 "음식물 쓰레기는 환경 보호 노력을 약화하고 불필요한 기아를 지속시킨다."와 같은 더 깊고 전이 가능한 일반화로 나아가게 했다.

이 단원이 끝날 무렵 학생은 변화를 일으키고 싶다는 생각이 들었다. 학생은 교사에게 얼마나 많은 음식물이 낭비되고 있는지에 대해 교내의 다른 사람들에게 알리려면 무엇을 할 수 있는지 물었다. 교사는 어떻게 학생이 과학에서 배운 것을 완벽한 수단으로 활용하여 4학년 교육과정의 일부인 국어과(English Language Arts: ELA) 발표 기능과 테크놀로지 기능을 통합해야 할지 빠르게 알아차렸다.

다음 수업에서 교사는 학생이 음식물 쓰레기에 대해 배운 내용을 공유할 수 있도록 파워포인트 프레젠테이션를 함께 만들도록 했다. 그들은 학교 전체의 교실에서 조사 결과를 발표할 것이다. 이 활동은 학생이 실제 청중에게 발표하면서 과학과와 문해력 교과 그리고 기술 교과를 통합할 수 있도록 한다. 완벽하다!

〈표 4-1〉 4학년 교실 사례로 살펴보는 2차원적 문해력 학습 기대치

2차원적 학습 기대치 (사실 및 기능)	학생의 파워포인트 프레젠테이션의 내용은 다음을 **알고 있음**을 보여 줄 것이다. • 보호의 의미 • 조사 주제에 관련된 사실 학생이 **할 수 있을** 핵심 기능은 다음과 같다. • 주제에 대해 체계적으로 보고하기 • 정보를 명확히 하거나 보충하기 위해 구체적 질문을 던지고 이에 응답하며, 토론에 도움이 되는 의견을 작성하고 다른 사람의 발언과 연결하기 • 다음과 같은 기능 개발에 중점을 두고 디지털 프레젠테이션 제작하기 - 프레젠테이션에 이미지 삽입하기 - 글머리 기호 붙인 목록을 사용하여 아이디어 정리하기 - 색 배열 선택하기 - 적절한 글꼴 크기 및 스타일 사용 …… 하지만 학생은 무엇을 **이해할** 것인가?

여기서 잠시 멈춰 보자. 학생이 프레젠테이션 작성에 대해 높은 관심과 동기가 있음에도 불구하고 문제가 있다. 〈표 4-1〉의 학습 기대치가 3차원 학습을 나타내고 있는가? 사실, 앞의 학습 기대치는 2차원 학습을 보여 준다. 모두 사실과 기능 수준에 머물러 있다. 교사는 학생을 과학과의 중요한 일반화로 안내했지만, 기능을 가르치는 측면에서 학생은 효과적 발표에 대해 어떤 전이 가능한 개념적 이해를 발견하게 될까? 우리는 학생의 학습이 개념적 이해에 미치지 못할 수 있다는 사실을 인식하지 못한 채 내용 수업(content lessons)에 문해력 기능 기대치를 끼워 넣기 십상이다. 중요한 기능에도 3차원적 교수가 필요하다. 〈표 4-1〉의 학습 기대치는 사실과 기능을 넘어 개념적 이해까지 절대로 이어지지 않는다.

앞의 4학년 교사는 어떻게 학생의 학습을 개념적 수준으로 끌어올릴 수 있을까? 그는 먼저 "이 학습 경험의 결과로 발표 기능에 관해 학생이 무엇을 이해하기를 원하는가? 학생이 배우고 있는 기능을 새롭고 더 참신한 상황에 적용하기 위해 이해해야 할 것은 무엇인가?"라고 질문하며 개념적 이해(일반화)의 명확한 학습 목표(target)를

파악해야 한다. 교사가 "저자는 대상인 청중에게 핵심 요점을 효과적으로 전달할 수 있는 발표 양식과 시각 자료를 선택한다."라는 일반화를 수업의 초점으로 선택한다면, 학생을 개념적 이해로 계획적으로 안내하기 위해 어떻게 학습 경험을 재설계할 수 있는지 짐작이 가는가? 결과적으로 개념적 이해가 소홀히 여겨지지 않을 것이다.

3차원 학습 경험 개발하기

우리는 특정 과제에 국한된 기능을 익힌다고 꼭 학습 전이로 이어지는 것이 아님을 알고 있다. 특히 새로운 상황이 낯설고 더 복잡한 경우에는 더욱더 그러하다. 우리가 3차원 교사처럼 생각하기 시작할 때 무엇보다도 문해력을 익히는 학습자를 고려한다. 즉, 수업이 끝날 때까지 학습자가 '문해력 작동' 방식에 대해 더 깊이 이해하기를 바란다. 학생이 특정 상황에서 특정 기능을 얼마나 잘 발휘하는지에만 주의를 기울이는 것이 아니다. 궁극적 목표는 학생이 경험의 결과로 생각하고 이해하고 있는 것을 언어를 사용하여 표현할 수 있도록 하는 것이다. 언어는 학습의 중심이다. 언어는 인지적으로 경험을 재구성하고 이를 통해 학습을 명료하게 하고 공유하며 내면화하고 궁극적으로 전이를 가능하게 한다. 기능을 가르치는 것 자체가 최종 목표는 아니다. 오히려 더 큰 아이디어나 목표로 하는 일반화의 예를 보여 주기 위해 기능을 가르친다. 교사가 복잡한 기능과 지식을 가르치는 방법에 관한 생각을 한 단계 더 발전시킬 때, 목표하는 일반화를 깨닫도록 학생의 사고를 의도적으로 이끄는 문해력 연습에 대해 의식적인 선택을 더 잘할 수 있다.

궁극적 목표는 학생이 경험의 결과로 생각하고 이해하고 있는 것을 언어를 사용하여 표현할 수 있도록 하는 것이다.

특정 과제에 국한된 기능을 익힌다고 꼭 학습 전이로 이어지는 것이 아님을 알고 있다. 특히 새로운 상황이 낯설고 더 복잡한 경우에는 더욱더 그러하다.

개념 기반 문해력 교실의 장면

이 장의 나머지 부분은 학생의 개념적 사고를 배양하고 전이를 지원하는 학습 경험을 보여 주는 CBCI 교실의 모습을 열거한다. 다양한 장면(Snapshots)은 우리가 학생의 시너지를 내는 사고를 유도하고, 탐구 과정을 지원하며, 구체적 기능이나 예를 연습하는 데 그치지 않고 읽기, 쓰기, 말하기 및 듣기 과정에 대한 더 깊은 개념적 이해로 나아가도록 돕는 방법을 그려 낸다. 접근법 중 상당수가 이미 여러분의 교수용 도구 상자에 포함되어 있을 가능성이 크지만, 다음과 같은 예가 어떻게 학생의 개념적 스키마(schema)를 확장하고 계속 발전시키는지 주목해 보자.

수업 장면을 볼 때 살펴야 할 사항

- 일반화가 교수 목표로 사용되는 방법
- 교사가 개념적 렌즈를 사용하여 학생의 사고를 지도하는 방법
- 학생이 여러 텍스트의 패턴을 알아차리는 방법
- 교사가 다수의 문해력 교실에 친숙한 교수 기법을 사용하는 방법
- 학생 성찰이 얼마나 가치 있는지
- 학생이 일반화를 발견하도록 이끌어 내는 방법

모든 수업 장면 사례가 앞에서 언급한 각 항목을 포함하는 것은 아니며, 어떤 수업은 일반화를 발견하는 과정에서 서로 다른 지점에 있으므로 모든 수업에서 학생이 전이를 입증해야 하는 것도 아니다. 한 번에 다 읽지 못하더라도 CBCI 교사로서의 여정을 다듬어 나갈 때 이 장의 폭넓은 예가 교실을 위한 아이디어를 반짝이게 하길 바란다.

개념 기반 문해력 설계 프레임워크 전반에서 친숙한 실행 숙고하기

교실 장면에서 볼 수 있는 친숙한 실행

- 후크로 시작하기
- 입장권
- 예측 안내서
- 멘토 텍스트
- 사고 구술
- 교사 모델링
- 미니 레슨
- 작가 워크숍
- 작가 콘퍼런스
- 앵커 차트 만들기
- 문장 줄기
- 메타 인지
- 자세히 읽기
  - 반복 읽기
  - 텍스트에 주석 달기
- 전략적 질문하기
- 이해 전략
  - 요약하기
  - 자기 관리
  - 의미 있는 연결 만들기
  - 추론하기
- 학생 성찰
- 협력적 학습
- 명시적 교수
- 독립적 연습
- 서면 대화
- 인공물(artifact) 상자
- 루브릭 공동 생성
- 예 분류하기
- 그래픽 조직자로 생각 스캐폴딩하기
- 문서 교차 읽기
- 단일 장르 텍스트 묶음
- 다중 장르 텍스트 묶음
- 가정에서의 독립적 읽기
- 학문적 대화
- 갤러리 워크
- 학생 주도 대화 학습
  - 짝 토론
  - 소그룹 토론
  - 소크라테스 세미나
- 단기 연구 프로젝트
- 창작 보고서
- 위험이 적은 글쓰기
- 확장 글쓰기
- 아침 모임
- 생각-짝-공유
- 개념 순위 매기기
- 개념 분류하기
- 출구권(Exit Slips)
- 접착 메모지 성찰
- 나는 할 수 있다 진술문

교실 장면에 표시되는 텍스트 유형

- 단편 소설
- 정보 텍스트
- 구어체 시 공연
- 삽화(artwork)
- 팟캐스트
- 학생 본보기 작품
- 소설
- 시
- 그래픽 소설
- 사진
- 문장 예시

> 개념 기반 문해력 교과는 친숙한 학습 실행에서 한 걸음 더 나아가 유능한 독자, 작가, 시청자, 연사, 청취자, 발표자 및 연구자가 되는 데 필요한 학생의 개념적 이해를 의도적으로 활용하게 한다.

개념 기반 교실의 장면 1

개념 카드

6학년 학생은 '다른 세계, 마법, 생물, 오 이런!'이라는 제목의 단원에서 판타지(fantasy) 장르를 탐구하고 있다. 단원의 두 가지 개념적 렌즈(conceptual lens)는 문학적 분석 및 논증이다. 지금까지 학생은 소설의 다양한 서사적 요소를 분석하고 주제를 파악했다. 교사는 학생이 과거에 문단 요약을 작성하는 법을 배운 것을 알고 있다. 학생의 개념적 사고를 자극하는 방식으로 더 길고 깊이 있는 분석 에세이를 작성하는 기능을 소개할 때이다.

교사는 학생이 더 간결한 요약과 확장된 논증 요소 간의 차이점을 먼저 조사해 보길 원한다. 개념 기반 교사가 되기 전에 그녀는 학생을 위하여 논거(argument)를 작성하는 단계를 나열했을 수 있다(예: 주장하기, 추론 조직하기, 책 속 다른 국면으로 연결하는 구체적인 텍스트 구절 인용으로 주장 뒷받침하기). 이제 그녀는 단원의 개념적 렌즈와 관련된 마이크로 개념을 포착하는 개념 카드를 사용하여 학생이 사고하도록 한다.

> 개념 기반 학생은 개념적 언어를 자신감 있고 정확하게 사용한다.

① 교사는 문학 분석 문단(요약)의 예와 더 긴 문학 분석 에세이(논증)의 예를 나누어 준다. 둘 다 동일한 텍스트를 나타낸다.

② 교사는 개념 카드 한 묶음을 나눠 준다. 그녀는 학생에게 주장이라고 적힌 카드를 꺼내도록 하고, "각 예가 주장을 나타내는 방식에 관해 무엇을 발견했습니까?"라고 묻는다. 학생은 짝 토론을 하고 학급 전체에서 공유한다.

③ 교사는 텍스트 구조라는 카드를 가지고 학생이 "텍스트의 예에서 텍스트 구조는 어떻게 같거나 다른가요?"라는 질문을 사용하여 두 가지 예를 검토하도록 한다. 학생은 짝 토론을 하고 학급 전체에서 공유한다.

④ 학생은 증거 및 쓰기 양식(style)이라고 표시된 나머지 두 개의 개념 카드를 가지고 마찬가지로 비교한다.

이 과정을 통해 학생은 효과적 논거를 작성하는 데 중요한 개념을 구체적 예와 연결했다. 학생이 다양한 개념을 통해 사실 정보를 처리하도록 초대되면서 시너지를 내는 사고에 불이 붙었다.

더 깊은 이해와 전이로 이어지게 하는 것은 낮은 수준과 높은 수준의 사고 간에 상호작용이다. 개념 카드는 개념적 렌즈(교사가 단원의 초점을 선정하기 위해 매크로 또는 광범위한 개념을 사용하는 경우)와 유사하다. 개념 카드의 개념은 학생의 사고를 이끌며 집중시킨다. 차이점은 개념 카드가 더욱 마이크로(구체적)이며 특정 학습 경험과 관련이 있고 단원의 개념적 초점과 관련된 개념들을 사용한다는 것이다.

하나의 개념을 거쳐 다른 개념을 통해 예를 볼 때 생각이 어떻게 바뀌는지 주목하라.
카드를 만들려면 학습할 중요한 개념을 파악하고 카드당 하나의 개념을 작성하라. 자주 사용하기 위해 가능하면 카드를 코팅해 내구성을 확보하라.

개념 기반 교실의 장면 2

수업 시작

7학년 학생은 매일 사전(prior) 지식을 활용하고 시너지를 내는 사고를 일으키며 호기심을 키울 수 있는 과제와 활동에 참여하며 수업을 시작한다. 교사는 흥미로운 이미지, 통찰력 있는 인용문 또는 개념적 질문을 공유하여 학생의 관심을 끌기 위해 의도적으로 수업 시작 시간을 설계하지만 여기서 멈추지 않는다. 그녀는 학생에게 단원의 개념적 렌즈 또는 다음 수업에 중요한 관련 마이크로 개념을 통해 새로운 학습에 대해 생각하는 도전 과제를 제공한다. 다음 서로 다른 단원의 세 가지 예에서 시작 질문이 어떻게 시너지를 내는 사고를 촉발하는지 확인해 보라.

인용문을 공유하고, 학생은 다음 수업에 중요한 단원의 개념적 렌즈를 통해 그 인용문을 본다.

개념적 렌즈: 관점

"그 사람의 관점에서 사물을 고려하기 전까지는, 즉 그 사람의 피부 속으로 들어가 그 안에서 돌아다녀 보기 전까지는, 그 사람을 진정으로 이해할 수 없다."

– 하퍼 리(Harper Lee)

이 인용문은 관점의 의미를 더 잘 이해하는 데 어떻게 도움이 되는가?

> 개념 기반 학생은 새로운 지식을 이해하려고 노력할 때 필요한 정신적 모델과 개념적 스키마를 개발한다.

수업을 시작할 때, 학생은 친숙한 매크로 개념(텍스트 분석)에 대해 현재 이해한 내용을 활용하여 예상 가이드를 작성하고 다음 수업에서 중요한 마이크로 개념을 더 생각해 보도록 요청받는다.

심층적 텍스트 분석 vs. 표면적 텍스트 분석

현재 알고 있는 내용을 바탕으로 하면, 각 분석 유형의 특징은 무엇인가?

심층적 텍스트 분석	표면적 텍스트 분석

이 단원의 첫 번째 수업은 시너지를 내는 사고를 활성화하는 단원의 개념적 렌즈에 대한 논쟁적 질문으로 시작된다.

개념적 렌즈: 편견

편견을 완전히 없애는 것이 가능한가?

개념 기반 교실의 장면 3

사고 구술

4학년 학생은 추론이라는 개념적 렌즈를 통해 '시인의 목적이 있는 언어 놀이'라는 단원에서 시 장르를 탐구하면서 독자가 추론해야 하는 단서를 저자가 텍스트에 남기는 방법을 배우게 된다. 이 수업에서 교사는 단원 일반화 '**독자는 배경지식의 정보와 텍스트의 세부 사항을 결합하여 더 깊은 의미를 찾아 추론한다.**'를 목표로 한다.

학생에게 이러한 일반화를 지도하는 첫 번째 단계로, 교사는 시에서 저자의 감각적 세부 사항을 바탕으로 추론하는 방법을 사고 구술을 통해 보여 준다. 학생의 사실적 사고 수준과 개념적 사고 수준 간의 상호작용을 생성하면 시너지를 내는 사고가 촉발된다. 이어지는 수업은 학생이 일반화를 반영하는 여러 예에서 패턴을 발견하도록 도와 준다.

'사고 구술'에서 발췌

교사: 이 시를 읽을 때, 우리는 무엇으로 저자의 감정을 유추하거나 이해할 수 있을까요? 음~ 어디 봅시다. 그녀가 매우 슬퍼하며 울고 있다는 것을 추론할 수 있습니다. 그녀는 안아 줄 개가 있기를 바라지만, 개를 원해서 울고 있는 것은 아닌 것 같아요. 뭔가 다른 일이 그녀를 슬프게 만들고 있어요.

저자는 몇 가지 단서를 줌으로써 그녀가 슬퍼하고 있다는 사실을 이해하도록 도와줍니다. 그녀가 자신의 눈이 붉어지고 부어오르며, 코가 훌쩍이고, 뺨에 소금기가 있다고 말했지요. 그게 다 감각적 세부 사항이잖아요?

이 글을 읽으면 그녀에 대한 슬픔이 느껴집니다. 저자가 감각적 세부 사항을 사용하지 않고 단순히 "나는 슬프다."라고 말했다면 독자로서 내가 저자와 함께 이 슬픔을 느낄 수 있었을지 궁금합니다. 그러지 않았을 것 같지만, 왜 그런지는 잘 모르겠네요. 그렇다면 저자가 감각적 세부 사항을 사용하여 감정을 설명할 때 독자가 텍스트를 더 깊이 이해하는 이유는 무엇일까요?

> 개념 기반 학생은 독립적으로 사실적 예를 관련된 개념 그리고 일반화에 연결한다.

여러분, 저자가 직설적으로 말하는 것보다 감각적 세부 사항을 통해 감정을 전달하는 것이 더 효과적인 것처럼 보이는 이유는 무엇일까요?

로이스: 그 말이 그녀를 보는(see) 데 도움이 되었기 때문인 것 같아요. 그것은 내 남동생이 돼지 저금통을 떨어뜨려 사방으로 부서졌던 때를 생각나게 했어요. 너무 많이 울어서 눈이 엄청나게 부었고 코가 멈추지 않았어요. 나는 동생에게 안타까움을 느꼈는데, 저자도 그런 마음이었을 것 같아요.

교사: 고마워요, 로이스. 배경지식을 감각적 세부 사항들에 연결했군요! 앞으로 며칠 동안 방 주변에 있는 다른 시들을 탐색하면서 독자가 추론을 해야 하는 감각적 세부 사항을 사용하여 저자가 어떻게 감정을 전달하는지 주의 깊게 살펴보세요. 세 편의 시를 선택해 자세히 읽어 보세요. 다음 표의 질문 1~4에 답하면서 저자가 감각적 세부 사항을 사용하는 것에 대해 알아낸 내용을 기록하세요.

시 제목과 저자	1) 시의 저자 또는 화자의 기분이 어떤지에 대해 무엇을 추론할 수 있는가? (F)	2) 어떤 감각적 세부 사항이 저자 또는 화자의 감정에 대해 단서를 제공하는가? (F)	3) 이런 추론을 하는 데에 나의 배경지식이 어떻게 도움이 되는가? (F)	4) 추론을 하기 위해 독자로서 여러분은 또 무엇을 했는가? (F)
학생은 며칠에 걸쳐 이 과제를 완료하고, 교사는 학생이 수집한 정보를 고려하여 다음 질문에 답하도록 한다. '독자가 추론을 하지 않으면 어떻게 되는가?' (C) '추론은 독자가 텍스트의 더 깊은 의미를 발견하는 데 어떻게 도움이 되는가?' (C)				

이 사고 구술에서 교사는 추론하는 읽기 전략을 모델링하고 학생이 읽기 과정에 대한 일반화를 표현하는 데 도움이 되는 과제를 설계했다. 개념적 이해를 명확히 하면 이전 학습과 향후 학습에 3차원적 수준과 개념적 연결이 더해진다.

개념 기반 교실의 장면 4

자세히 읽기

10학년 영어 수업에서 학생은 학습의 초점을 제공하는 개념적 렌즈 논증을 통해 '진실과 거짓의 연속선에서'라는 단원에 깊이 빠져 있다. 식품 업계에 관한 텍스트는 학생이 단원이 끝날 때까지 알고(Know), 이해하고(Understand), 할 수 있게 될(Do) 과정, 전략 및 기능에 대한 흥미로운 콘텐츠를 제공한다. 학생은 이미 식품 업계가 상충하는 정보, 편견, 고액의 광고로 가득 차 있다는 것을 알고 있으며, 이로 인해 무엇을 진실로 받아들여야 할지 알기가 어렵다. 이는 호기심과 즉각적 탐구를 불러일으키기에 완벽한 주제이다. 학급의 한 학생은 완전 채식주의자이며 육류 생산이 환경을 파괴한다는 것을 증명할 준비가 되어 있다. 또 다른 학생은 유제품이 오늘날 대부분의 건강 문제의 원인이라고 믿는다. 반면 또 어떤 학생은 치즈버거와 감자튀김이 환상적인 식사라고 생각한다. 대부분의 학생은 이들 사이의 어딘가에 해당하겠지만, 이들 모두 식품의 생산 방식(산업, 유기농, 지속 가능한 지역, GMO 등), 식품에 무엇이 들어 있는지(첨가물, 방부제, 인공 색소와 천연 색소 등) 그리고 무엇이 건강에 좋은지 아닌지에 대한 의문을 가지고 있다. 이 사례 연구는 하루에 세 번 식사 때마다 개인적인 의미와 관련성이 높아진다. 그러나 이것은 국어(English) 수업이기 때문에 교사는 의도적으로 학생의 과정에 대한 개념적 이해를 다루어야 한다는 것을 알고 있다.

> 개념 기반 학생은 개념적 렌즈를 통해 학습 내용을 바라봄으로써 사실적 학습에 대해 자신만의 생각을 더하고 개인적 의미를 부여한다.

학생은 논증, 증거, 추론이라는 세 가지 개념 사이의 관계에 대해 일주일 동안 미니 탐구를 하면서 사례 연구와 관련된 논쟁의 여지가 있는 주제에 관한 탐구 질문을 만든다. 학생은 개별 조사를 수행하고 그 결과를 바탕으로 탐구 질문에 대한 답변으로 진술을 작성한다.

그런 다음, 자신의 주장을 뒷받침하는 기사와 주장에 대한 증거로 사용할 수 있는 기사 두 개를 찾는다. 다음으로, 다음의 자세히 읽기(close reading) 과정을 사용하여 각 기사를 분석한다. 자세히 읽기 과정에서 시너지를 내는 사고를 불러일으키기 위해 학생은 목표 일반화에서 도출된 마이크로 개념에 중점을 둔다. 이는 학생이 기사를 분석하고 주석을 달 때 사실적 사고 수준과 개념적 사고 수준 사이의 상호작용을 만든다.

읽기	읽기의 목적	마이크로 개념	안내 질문
첫 번째	저자의 논증을 기술하기	주장	1. 저자의 주장은 무엇인가? (F) 2. 저자는 주장을 뒷받침하기 위해 어떤 증거를 사용했는가? (F)
두 번째	증거가 관련성이 있고 충분한지 평가하기	증거	3. 저자의 증거가 적절하고 충분했는가? (F)
세 번째	추론이 타당한지 평가하기 잘못된 추론 식별하기	타당한 논증	4. 저자의 추론이 타당했는가? 증거로 들어 설명하시오. (F)

학생은 자세히 읽기 과정을 마친 후 소그룹 안에서 다음 질문에 대해 토론하기 위해 조용히 서면 대화를 나눈다. **무엇이 추론을 타당하게 만드는가?** (C) 그리고 **저자가 잘못된 추론을 사용하면 어떻게 되는가?** (C) 각 학생은 자신의 종이에 두 가지 개념적 질문에 답한 후 왼쪽에 있는 학생에게 종이를 전달한다. 학생은 반 친구들이 작성한 답안을 읽고, 제시된 아이디어에 대해 의견을 적고, 더 깊은 사고를 촉진하는 질문을 적는다. 그런 다음 다시 종이를 왼쪽으로 전달한다. 학생은 이 과정을 반복하고 각 학생이 자신의 원래 종이를 돌려받을 때까지 그룹에서 종이를 계속 돌린다. 마지막 단계에서 학생은 자신의 종이에 작성된 의견과 질문들을 읽고 관련하여 아이디어들을 구두로 토론한다.

마지막으로, 학생은 '**주장, 증거 및 추론은 어떤 관계인가?** (C)'라는 안내 질문에 따라 학습 중인 개념 간의 관계에 대한 이해를 명확히 하기 위해 일반화를 작성한다.

개념 기반 교실의 장면 5

텍스트 묶음

9학년 학생이 '다른 저자, 다른 매체, 같은 이야기'라는 제목의 개념 기반 교육과정 단원에 푹 빠져 있다. 단원의 개념적 렌즈는 비판적 입장(critical stance)이다. 학생은 한 사건이 다른 저자와 매체를 통해 묘사될 때 존재하는 미세한(흐릿하거나 명백한) 차이를 공부하게 된다. 단원 학습 과정에서 학생이 저자의 목적, 주제, 기법, 스타일 등을 비교 및 분석하여 정보에 기반한 비판적 입장을 취하는 데 필요한 요소를 학습할 수 있도록 한다. 교사는 텍스트 묶음(text-sets)을 담는 문서 상자(폴더)를 만들었다. 문서 상자 안의 각 텍스트는 다른 형식으로 다른 작성자가 작성했지만 모든 텍스트는 동일한 사건을 묘사하고 있다. 이 텍스트 묶음은 단원의 여러 수업에서 다양한 목적으로 사용될 것이다. 묶음 내의 일부 텍스트는 수업 초점에 따라 변경될 수 있다.

> 개념 기반 학생은 여러 유형의 문학 자료와 다양한 장르에 걸쳐 학습한 내용을 전이할 수 있다.

이 수업은 약 2~3일 동안 진행된다. 텍스트 묶음은 해당 교과 과정 단원의 일반화를 위한 맥락을 제공한다. 일반화는 '저자는 독자가 주제를 발견하는 데 사용하는 인물, 갈등 및 특정 세부 사항을 형성하고 다듬는다.'와 같다. 소그룹에서 학생은 문서 상자의 각 텍스트를 탐색하고 다음 그래프의 안내 질문 1)~3)에 답한다. 학생은 의도적으로 설계된 안내 질문과 다양한 장르의 텍스트 묶음을 통해 귀납적으로 스스로 의미를 구성하게 된다. 그리고 각 질문에 응답한 후 정보를 살펴보고 각 텍스트 유형별로 주제 진술문을 작성한다. 주제가 변경되거나 동일하게 유지될 수 있지만 텍스트를 증거로 사용하여 자신의 입장을 옹호할 수 있어야 한다.

텍스트 묶음	1) 주인공 및 인물에게 무슨 일이 일어나고 있는가? (F)	2) 갈등은 무엇인가? 갈등이 더 크고 추상적인 생각을 나타내는가? (F)	3) 어떤 세부 사항이 중요한가? (F)	4) 인물, 갈등 및 세부 사항의 개념 간의 관계를 주제 진술문(일반화)으로 표현하시오. (C)
서면 텍스트 (한 가지 유형 이상일 수 있음)				
삽화				
사진				
서로 다른 저자의 눈을 통해 같은 사건의 주제를 탐색하는 것이 독자가 더 많은 정보를 얻는 데 어떻게 도움이 되는가? (C)				

텍스트 묶음이 어떻게 학생을 국어과(ELA) 학습에서 중요한 이해로 이끄는지 주목하라. 이 학습 경험은 연구 중인 텍스트 묶음 내용을 사용하여 읽기와 쓰기 과정에 학생들이 참여하도록 설계되었다.

텍스트 묶음 주제: 미국 혁명

- 폴 리비어(Paul Revere)에 관한 정보 글
- 헨리 워즈워스 롱펠로(Henry Wadsworth Longfellow)의 시 「폴 리비어의 질주(Paul Revere's Ride)」
- 그랜트 우드(Grant Wood)의 그림 〈폴 리비어의 한밤의 질주(The Midnight Ride of Paul Revere)〉

수업에서 학생의 내용 지식 이해도(예: 각 텍스트는 폴 리비어에 대해 어떤 점을 강조하고 있는가?)를 평가하려고 한다면 학습은 특정 상황에 한정되고, 전이가 지원되지 않으며, 국어과(ELA)라는 교과에서 중요한 이해를 놓칠 수 있다.

이 수업은 학생에게 단순히 개념 학습을 위한 텍스트 예를 파악하라고 요구하는 것을 넘어, 다양한 매체에서 패턴을 찾고, 정보를 종합하여 다른 학습 상황에 적용할 수 있는 일반화를 구성하도록 한다. 텍스트 묶음이 읽기에 어려움이 없는 한, 모든 학생이 이해할 수 있는 범위 내에서 많은 사고가 필요하다.

개념 기반 교실의 장면 6

텍스트 사례 연구

7학년의 '역사 소설: 문학 여행을 통해 과거로 돌아가기'라는 단원에서 학생은 작가가 허구적 서사를 쓸 때 역사를 어떻게 사용하고 변형하는지 같은 시대의 자료와 비교하여 탐구하는 중이다.

모든 학생이 같은 책을 읽는 대신 각 학생은 다양한 시대와 관점을 대표하는 다양한 역사 소설 서적으로 구성된 수업용 텍스트 묶음에서 소설을 직접 선택한다. 소설을 고르는 과정은 교실 안에 활기를 불어넣고 학생은 더욱 열정적으로 수업에 몰입한다!

학생은 작가의 창작 기법과 서사 속 시간과 장소의 전개 사이의 관계를 조사할 준비가 되어 있다. 교사는 학생이 '역사 소설 작가는 역사적 시대에 맞는 묘사, 대화, 인물의 행동을 사용하여 시간과 장소를 전개한다.'라는 일반화를 발견하기를 원한다.

이전 수업에서 학생은 소설의 한 장면을 선택하고 당시의 실제 역사적 기록을 찾기 위해 조사를 진행했다. 학생은 벤 다이어그램을 만들어 소설과 그 시대에 관한 연구를 비교하고 대조했다. 이제 학생은 사실 자료 수집을 넘어 작가가 소설에서 역사를 어떻게 사용하고 변형했는지 파악하고 있다.

> 개념 기반 학생은 예와 아이디어를 더 높은 수준의 일반화로 변환한다.

	내가 고른 소설	그것은 역사적 기록과 어떻게 유사하거나 다른가? (F)
작가의 설명을 통해 이야기의 시간과 장소에 대해 무엇을 알 수 있는가? (F)		
대화를 통해 이야기의 시간과 장소에 대해 무엇을 알 수 있는가? (F)		
인물의 행동을 통해 이야기의 시간과 장소에 대해 무엇을 알 수 있는가? (F)		
소설 작가는 서사의 시간과 장소를 전개하기 위해 어떻게 역사를 차용하고 변형하는가? (C)		

소그룹 안에서 탐구를 마무리하기 위해 학생은 '소설 작가는 서사의 시간과 장소를 전개하기 위해 어떻게 역사를 차용하고 변형하는가? (C)'라는 질문에 대답한다. 수업에는 서사의 배경, 시간, 장소에 대한 이해를 높이는 데 도움이 되는 다양한 텍스트가 있어서, 학생은 쉽게 다른 사람과 공유하고 예 전반에 걸친 패턴을 토론할 수 있다. 개별 사례 연구(case studies)를 논의할 때 학생은 자신이 발견한 문해력 개념과 증거의 패턴을 사용하여 접착 메모지에 '나는 ……을/를 이해한다.'라고 일반화를 작성한다.

이 단원의 남은 시간 동안 학생은 다양한 일반화를 목표로 다른 미니 탐구 활동을 하게 된다. 각 탐구 활동을 통해 학생은 자신의 소설을 개별 사례 연구로 활용할 수 있다. 다양한 기간, 다양한 길이 및 가독성 수준의 텍스트를 제공함으로써 다른 학생보다 먼저 끝낸 학생은 다음 책으로 넘어가면서 독자로서 자신을 계속 발전시킬 수 있다. 좀 더 천천히 읽는 학생은 수업을 따라잡아야 한다는 부담감을 느끼지 않음으로써 존중받는다. 학생은 자신이 읽을 소설을 선택하고, 자신의 생각과 발견을 공유하는 목소리를 내면서 교사에게 의존하기보다는 학습 협력 관계와 책임감을 키운다.

개념 기반 교실의 장면 7

독립적 소설 읽기

8학년 학생은 각자 자신이 선택한 소설을 통해 인물의 대화와 줄거리 전개 사이의 관계를 탐구하고 있다. 이 소설은 개별 사례 연구에 대한 맥락을 제공하며, 학생이 스스로 선택한 책이지만 교사가 학생의 흥미와 읽기 수준에 맞게 책을 선정하는 데 도움을 준다. 매일 밤 20분씩 개별 독서가 숙제로 주어진다. 지난주에는 학생에게 텍스트 속의 대화에 주의를 기울이고, 그 대화가 이야기의 전개에 어떤 영향을 미치는지에 집중하는 과제가 주어졌다.

학생은 수업을 시작할 때 입장 티켓을 작성하면서 다음과 같은 사실적 안내 질문에 답한다. "어젯밤 읽은 책에서 어떤 대화가 인상 깊었는가? 그 대화 내용은 이야기의 전개에 어떤 식으로든 영향을 주었는가? 그렇다면 설명하시오." 학생은 특정 텍스트의 구체적 예를 끌어내기 때문에, 그들의 답변은 사실적 예로 간주한다.

> 개념 기반 학생은 실제 예에서 도출된 개념적 관계를 표현한다.

한 주가 끝나면 학생은 안내 질문에 대한 답을 바탕으로 생각하기-짝-공유하기(Think-Pair-Share) 토의에 참여한다. 토의 후 학생은 "이야기에서 대화와 행동 사이의 관계는 무엇인가?"라는 개념적 질문에 관해 깊이 생각한다. 학생이 일반화한 내용을 접착 메모지에 적은 다음 '우리는 ……을/를 이해한다. (대화와 행동의 관계)'라는 제목의 학급 앵커 차트(anchor chart)에 붙인다. 다음 주에 학생은 작가가 대화를 통해 인물의 특성을 어떻게 드러내는지에 대해 집중적으로 탐구한다.

우리는 ……을/를 이해한다. (대화와 행동의 관계)	우리는 ……을/를 이해한다. (대화와 성격 묘사의 관계)

수업 아이디어
학생이 사례 연구로 독립적으로 소설을 읽으면서 발견한 정보를 기록할 수 있는 공간을 교실에 마련해 보라.

독립적 소설 읽기는 단순히 매일 밤 읽은 페이지 수나 시간만을 추적하기 위한 것이 아니라, 다양한 학습 가능성을 위한 사례 연구로 활용된다. 복잡한 기준을 학생이 쉽게 파악할 수 있는 부분으로 세분화하여 중요한 개념을 나타내는 패턴을 알아차릴 수 있도록 돕는 것은 독서 과제에서 최대한의 학습 효과를 얻는 방법이다. 이와 같은 생각하는 교실에서 학생은 궁극적으로 차트에 정리한 정보를 더 넓고 복잡한 일반화로 확장할 것이다. 교사는 학생이 유능한 독자와 작가가 되는 데 중요한 과정에 대한 개념 체계를 의도적으로 개발하고 있다.

개념 기반 교실의 장면 8

멘토 텍스트

9학년 학생은 '유명 연설, 낭독, 발표: 청중이 듣게 말하기'라는 제목의 단원을 진행 중이며, 개념적 초점은 화자의 기법(craft)이다. 이 단원 내내 학생은 다양한 상황과 청중에 맞게 연설을 조정하는 방법을 배우기 위해 유명 작가와 연설자들이 낭독한 연설, 시 낭송, 발표 영상(clips)을 시청한다.

> 개념 기반 학생은 관련 증거를 바탕으로 이해한 내용을 체계적으로 설명한다.

한 미니 탐구에서 학생은 목소리(음의 높낮이, 멈춤, 크기, 리듬, 억양 등)와 청중의 감정적 경험 만들어 주기의 관계를 조사한다. 교사는 이 단원의 일반화 목표로 '화자는 청중에게 감정적 경험을 제공하기 위해 음의 높낮이, 멈춤, 크기, 리듬, 억양을 사용한다'는 개념을 전달하려고 한다. 학생은 시 낭송 공연 영상을 보거나 들은 후, 청자로서 자신에게 감정적 반응을 일으켰다고 생각되는 특성을 기록한다. 학생은 구어 시(spoken-word poem)의 예를 통해 파악된 특성을 설명한다.

다음으로, 학생은 서로의 증거를 비교하기 위해 소집단 협업 그룹을 구성한다. 표집된 증거를 각각의 메모 카드에 적고 음정, 정지, 크기 등으로 제목을 붙인 범주에 분류한다.

마지막으로, 확인된 범주(개념)와 증거를 전체 그룹과 공유하고 수업 차트에 정리한다. 차트의 개념을 활용하여 학생은 수업 종료 시, 개별적으로 "나는 ……을/를 이해했다."라는 일반화된 진술을 작성한다. 교사는 이 일반화로 학생이 구어 시의 기술(art)을 얼마나 이해했는지 평가할 수 있으며, 단원 학습이 진행되는 동안 나중에 참조하도록 게시할 수 있다.

멘토 텍스트를 활용한 추가 학습 아이디어

멘토 텍스트 사용 아이디어	학습 경험 예시
글쓰기 멘토로서	멘토 텍스트의 문장들을 차트 용지 조각에 적어 다양한 문장 유형의 텍스트 묶음을 만든다. 학생에게 문장을 문장 유형이나 연구 중인 속성(도입부, 구두점, 문장 구조, 문장 변화, 스타일, 형식적 또는 비형식적 언어 등)에 따라 다양한 방법으로 분류하게 한다.
지향해야 할 기준으로서	학급 전체가 멘토 작가의 작품에서 발견된 속성을 바탕으로 루브릭을 만들고, 학생이 해당 루브릭을 사용해 자신의 글쓰기나 말하기를 자기 평가할 수 있도록 한다.
본받아야 할 모범으로서	학생은 자신의 작품을 낭독할 준비가 되기 전에 먼저 멘토의 음성 텍스트를 따라 해야 할 수도 있다. 이 리허설은 말을 잘하는 '느낌'을 연습하는 데 더 많은 도움을 준다.

개념 기반 교실의 장면 9

갤러리 워크

4학년 학생은 개념 기반 단원을 한창 공부하고 있으며, 교사는 글쓰기에서 연결구(transitional phrases)의 중요성에 대해 학생에게 가르칠 필요가 있음을 알게 되었다. 이 미니 탐구는 두 차시 연속으로 이루어지며, 작가가 정보의 범주를 명확하게 전달하려고 사용하는 전략을 탐색하기 위해 정지(pause)하고 확대(zoom in)한다.

학생은 글쓰기 과정에서 연결어와 구를 사용하기 전에 그것이 텍스트에 대한 독자의 이해에 미치는 관계를 조사한다. 교사는 전년도 4학년 학생이 작성한 문장 예시로 구성된 단일 문장 묶음을 만들어 준다. 일부 글은 아이디어를 연결하기 위해 연결 구를 효과적으로 사용하여 잘 작성되었고(예컨대, 첫 번째 근거로는, 두 번째 근거로는, 왜냐하면 등) 반면 다른 글은 4학년 학생이 흔히 범하는 오류(아이디어 나열, 새로운 생각으로 마구 넘어가기 등)를 보이는 경우도 있다. 예와 비예(非例)를 제공함으로써 학생은 머릿속에 체계를 더 잘 구축할 수 있다.

> 개념 기반 학생은 일반화를 명확하게 표현하고 여러 예를 들어 뒷받침한다.

교사는 이러한 텍스트 묶음을 다양한 여러 전시물 또는 정거장(stations)으로 나누어 교실 갤러리를 구성한다. 학생은 짝을 지어 교실을 돌아다니며 각 전시물을 방문한다. 학생은 다음 상자에 있는 질문에 답하면서 다양한 텍스트를 분석하고 토론한다. 이러한 질문은 학생이 생각을 발전시키고 정리하는 데 도움이 된다.

갤러리 워크 지침

짝과 함께 갤러리를 돌아다니며 각 전시를 방문하시오.

1. 예를 읽어 보시오.
2. 다음 질문에 대해 토론하시오.
   - 이 문단은 명확하게 작성되었는가? (F)
   - 아이디어 간의 연결성을 쉽게 파악할 수 있었는가? (F)
   - 무엇이 이 작품을 명확하게 하거나 혼란스럽게 만들었다고 생각하는가? (F)
3. 각 예에 대한 여러분의 응답을 뒷받침하는 증거를 기록하시오.

갤러리 워크가 끝나면 학생은 소그룹으로 모여 자신이 발견한 것들을 종합해 학급 전체에 공유한다. 교사는 학생에게 '**작가의 연결 구 사용과 텍스트에 대한 독자 이해 사이의 관계는 무엇인가? (C)**'라는 질문에 대해 생각해 보라고 요청하며 수업을 마무리한다. 학생은 '우리는 ……을/를 이해한다.'라는 문장을 완성하여 일반화와 함께 접착 메모지에 작성하여 자신의 개념적 이해를 전달한다. 이 학습 경험에 이어 학생은 연결 구를 사용해 아이디어를 잇는 설명하는 문단을 작성하게 된다.

참고 2차원 갤러리 워크와 3차원 갤러리 워크의 차이점은 의도된 목적 또는 교수 목표이다. 3차원 갤러리 워크는 학생이 일반화로 드러나는 전이 가능한 이해를 구축하기 위한 여러 예에서 패턴을 발견하도록 귀납적인 탐구 기반 과정을 사용한다. 학생은 예의 특성을 분석함으로써 시간, 장소, 상황 또는 특정 텍스트나 과제에 얽매이지 않는 개념적 이해를 발전시킨다. 갤러리 워크의 구조는 2D와 3D 각 유형에서 모두 같지만 개념적 이해는 3D 버전에서 다루어진다.

개념 기반 교실의 장면 10

소크라테스 세미나

'장르'를 개념적 렌즈로 사용하는 '단편 소설: 단어로 엮는 태피스트리(tapestry)'라는 교과 과정 단원의 일부로서 7학년 학생은 단편 소설을 통해 주요 개념인 인물, 관점, 설정, 갈등, 줄거리 및 주제(theme)를 탐구하고 있다. 한 미니 탐구에서 학생은 작가가 왜 이야기에서 여러 인물의 시점을 대조하는지를 더 잘 이해하기 위해 다양한 시점으로 서술된 단편 소설을 분석했다. 단편 소설을 정독한 후, 교사는 학급 전체가 단편 소설을 분석할 수 있도록 소크라테스 세미나를 열었다.

소크라테스 세미나에서 학생의 담화 수준을 관찰한 후, 교사는 이 순간이 의사소통의 과정을 정지하고 확대하기에 좋은 때라고 판단한다. 그녀는 학생이 토론이 텍스트를 이해하는 데 왜 중요한 단계인지 깊이 이해하기를 원한다. 이 학습 경험(소크라테스 세미나 참여)은 이 단원의 목표 일반화에 대한 학생의 사고를 유도하기 위해 고안된 수업 순서의 일부이자 수단이다.

> 개념 기반 학생은 자신이 배우는 기능과 전략이 자신이 참여하는 실제 탐구 전반과 어떻게 연결되는지 이해한다.

학생이 의사소통 과정과 토론에 대해 더 깊이 생각하도록 교사는 학생에게 안내 질문을 사용하여 공식적 성찰을 작성하도록 요청한다(다음 참조). 학생은 남은 수업 시간 동안 질문에 답하기 위해 노력한다. 다음 날, 각 학생은 담화의 질과 독자의 텍스트 이해 사이의 관계를 표현하는 일반화를 작성한다. 학생은 '나는 ……을/를 이해한다.'라는 문장을 완성하고 '나의 일반화'라고 표시된 페이지의 저널에 적는다. 마지막으로, 학생은 수업이 끝날 때 출구권(exit slip)을 작성한다.

이제 교사는 다시 수업으로 돌아갈 준비가 되었다. 학생은 학습 중인 단편 소설의 주요 개념을 조사하는 활동으로 다시 돌아간다. 장르에 대한 조사는 중단 없이 계속된다. 잠시 멈춰서 효과적 의사소통의 과정에 대해 생각해 보는 시간을 갖는 목적은 학생이 토론 방식에 대해 더 많은 연습을 할 수 있도록 하고 그러한 대화의 가치를 깨닫게 하는 것이었다.

소크라테스 세미나 성찰

다음 질문에 답한 후, 주제에 대한 문단을 작성하시오.

1. 토론 전 주제에 대해 무엇을 이해했는가? (F)
2. 소크라테스 세미나에서 다른 사람이 한 말 중 주제에 대해 다르게 생각하게 만든 말은 무엇인가? (F)
3. 담화는 텍스트를 이해하는 데 어떤 역할을 하는가? (C)
4. 생각을 수정하는 것이 왜 필요한가? (C)
5. 우리는 항상 다른 사람의 생각을 받아들여야 하는가? (D)

출구권

- 우리의 토론 방식이 그룹 대화의 전반적인 성공에 어떻게 기여했는가? (F)
- 다른 사람들과의 토론이 충동적 결정을 견제하는 데 어떻게 도움이 되는가? (C)

개념 기반 교실의 장면 11

쓰기 위한 읽기

5학년 학생은 '인물에 대해 알아보기'라는 제목의 개념 기반 교육과정 단원에서 인물 특성이라는 개념적 렌즈를 통해 독자로서 이야기의 인물을 알아가는 방법에 대해 생각하고 있다. 이전 수업에서 학생은 긍정적 성격 특성과 부정적 성격 특성에 대한 수업 차트를 브레인스토밍했다. 학생은 나열된 많은 성격을 자신이 아는 사람이나 독서를 하며 접한 인물과 관련지었다.

교사는 이제 학생이 각 소그룹에서 읽는 다양한 이야기를 활용하여 작가가 인물의 특성을 드러내는 다양한 방식에 대해 생각해 보기를 원한다. 학생은 이러한 이해를 활용하여 자신의 글쓰기에 등장하는 인물의 성격을 드러내는 방법을 개선할 수 있게 될 것이다.

> 개념 기반 학생은 읽기와 쓰기 과정의 호혜적 특성을 보여 주는 개념을 이해한다.

우선 교사는 다음 예와 같은 표를 만들어 학생 그룹에게 작가가 인물의 대사, 행동, 동기, 생각 또는 행동을 통해 이야기 속 주인공의 특성을 어떻게 드러냈는지에 대한 증거를 기록하도록 요청한다. 각 그룹은 텍스트 분석을 마친 후 그 결과를 학급과 공유한다. 교사는 학생의 정보를 수집하여 큰 표로 완성한다.

이제 학생은 정리 자료를 살펴보고 수집한 정보를 종합해야 한다. 교사는 '작가가 독자들이 주인공에 대해 알아가는 데 도움을 준 다양한 방법에서 무엇을 발견했나요? (C)'라고 질문한다. 학생이 알아차리는 한 가지는 모든 작가가 인물의 성격을 드러내기 위해 모든 관점을 사용한 것은 아니라는 것이다. 교사는 학생에게 텍스트로 돌아가 '왜 작가는 인물의 모든 관점을 다루었을 수도 있고 다루지 않았을 수도 있다고 생각합니까? (F)'라고 질문한다. 교사는 그룹을 옮겨 다니며 학생이 질문과 씨름하는 동안 안내 질문을 통해 스캐폴딩을 제공한다. 학생은 이미 충분한 정보가 있거나, 일부 정보가 더 명시적으로 언급되었거나, 작가가 독자들이 스스로 알아내기를 원했기 때문에 인물을 모든 관점에서 보여 줄 필요는 없다는 결론을 내린다.

마지막으로, 교사는 수업을 마무리하며 학생이 기울인 모든 노력과 사고를 격려하며 다음과 같이 묻는다. "여러분의 글쓰기로 돌아가서 주인공 중 한 사람의 특성을 드러내기 위한 작업을 계속 할 때, 독자를 위해 이제 어떤 이해를 사용하시겠습니까? '우리는 ……을/를 이해한다.'라는 문장을 완성해 봅시다." 교사는 '우리의 일반화'라는 제목의 게시판에 일반화를 게시하여 이후 수업에서 참고하도록 한다.

작가는 어떻게 인물의 성격을 드러내는가?

여러분의 인물을 가장 잘 설명하는 특성은 무엇입니까? (F)	인물의 대사 (쪽 번호)	인물의 행동 (쪽 번호)	인물의 동기 (쪽 번호)	인물의 생각 (쪽 번호)	인물과 다른 인물들과의 관계(쪽 번호)

개념 기반 교실의 장면 12

창작 보고서

10학년 학생은 '입장을 취하라: 설득력 있는 근거(arguments) 구성하기'라는 개념 기반 교육과정 단원을 '논증(argumentation)'이라는 개념적 렌즈로 깊이 있게 공부하고 있다. 학생은 다양한 세계적 논쟁적 이슈를 조사하고 입장을 밝힐 준비가 되어 있다. 그리고 자신이 선택한 이슈에 대한 자신의 입장을 전달하기 위해 논거를 구성하는 기술을 보여 주는 장문 에세이를 작성한다.

에세이에서 학생은 다음을 수행해야 한다.

- 명확한 주장을 제기하고 대안적 주장이나 또는 반대 주장과 구분하며 주장, 반론, 이유 및 증거 간의 명확한 관계를 설정하는 조직을 만든다(CCSS.ELA-LITERACY.W.9-10.1.A).
- 청중의 지식 수준과 관심사를 예상하여 각 주장에 대한 증거를 제시하면서 주장과 반대 주장을 공정하게 전개하고 양쪽의 장점과 한계를 지적한다(CCSS.ELA-LITERACY.W.9-10.1.B).

> 개념 기반 학생은 과정에 참여하는 동안 자신이 내리는 선택을 설명하고 그러한 선택이 효과적인 이유를 설명한다.

하지만 과제는 에세이 작성으로 끝나지 않는다. 교사는 학생이 '효과적 논거는 정확한 주장, 추론을 뒷받침하는 타당하고 적절한 증거, 청중에 대한 인식에 의존한다.'는 효과적 논증의 요소에 대해 목표한 전이 가능한 개념적 이해에 도달했는지 확인하기 위해 한 단계 더 나아가고자 한다. 교사의 평가가 학생의 에세이를 채점하는 것에서 멈춘다면, 그는 이해가 온전하다고 가정하는 것이다. 창작 보고서에서는 학생이 자신의 주장을 구성하기 위해 작가로서 어떤 과정을 거쳤는지 설명하도록 요구한다. 학생은 자신이 사용한 구체적 기법을 명확하게 표현한 다음, 그 기법이 왜 효과적인지 자신이 쓴 에세이에서 구체적 예를 증거로 인용하여 설명한다. 창작 보고서가 학생의 사고력을 기능 숙달을 넘어 작가로서의 선택에 대한 이해를 표현하는 데까지 끌어올리는 방법을 알겠는가? 창작 보고서는 학생이 '이 연구의 결과, 나는 ……을/를 이해한다.'라는 문장을 완성하는 것으로 끝난다.

창작 보고서 예시

창작 활동—작가로서 어떤 일을 했는가? (F)	작성한 에세이 내용 예시	이 선택이 효과적인 이유는 무엇인가? (C)
이 연구의 결과, 나는 ……을/를 이해한다(한 문장으로 일반화하기).		

핵심은 목표 지식이나 기능을 설명하는 것을 넘어 학생이 독자, 작가, 연사, 청중, 연구자 또는 발표자로서 참여하는 과정에 대한 개념적 이해를 평가하는 것으로 평가의 범위를 확장하는 것이다.

개념 기반 교실의 장면 13

자세히 듣기

'문제와 관점: 언어의 기술(art)'이라는 개념 기반 수업 단원의 일부로 9학년 학생은 화자의 기법(craft) 및 청자의 기법이라는 이중 개념적 렌즈(dual conceptual lens)를 통해 청자에게 관점을 전달하기 위한 웅변술과 수사학의 힘을 탐구하고 있다. 한 미니 탐구 활동에서 학생은 청자, 관점, 수사학적 장치라는 개념 간의 관계를 조사했다.

각 학생은 교사가 제공한 선택 항목에서 관심 있는 사회적 문제를 선택하고, 같은 문제를 선택한 다른 학생과 소그룹을 구성한다. 그런 다음 각 그룹은 자신이 선택한 주제에 대한 누군가의 팟캐스트나 연설을 찾아야 한다.

교사는 학생이 '청자는 화자가 왜 그런 관점을 가지고 있는지 더 잘 이해하기 위해 사고의 전개를 위해 사용된 수사학적 장치를 분석한다.'라는 일반화를 밝혀낼 수 있도록 미니 탐구 활동을 구성한다.

교사는 '화자의 관점에 대한 청자의 이해와 화자의 수사적 장치 사용 사이에 어떤 관계가 있는가? (C)'라는 질문을 던진다.

질문 분석을 시작하기 위해, 학생은 팟캐스트를 두 번 듣게 될 것이라고 안내받는다.

- 처음에 학생은 팟캐스트 전체를 듣고 문제에 대한 화자의 관점이 무엇이라고 생각하는지에 대한 합의를 도출한다.
- 두 번째로 듣는 동안에는 화자가 이 관점을 전달하기 위해 사용한 수사적 장치에 주의를 기울인다. 그런 다음, 학생은 이러한 장치를 종이에 적는다.
- 그룹에서는 수사법이 화자의 관점을 이해하는 데 어떤 영향을 미쳤는지 토론한다.

> 개념 기반 학생은 복잡하고 추상적인 기능 뒤에 숨겨진 중요한 개념적 이해를 발견한다.

다음으로, 수업에서 '수사학적 장치를 인식하고 그것이 화자의 관점을 어떻게 발전시킬 수 있는지 이해하는 것이 왜 중요한가? (C)'라는 질문을 고려한다.

마지막으로, 학생은 개별적으로 다음 활동을 완료한다.

가장 지루한 연설에 대한 치료법!

1. TV, YouTube, 인터넷, 역사 등에서 들어본 가장 지루한 연설 중 하나를 조사하거나 그냥 만들어 보시오!
2. 연설의 처음 3분을 필사하고 출처를 포함하시오.
3. 수사법의 힘에 대한 이해를 바탕으로 연설의 첫 3분을 다시 작성하시오.
4. 우리 학급은 당신의 청중이 될 것이다. 3분 분량의 원본 연설문을 발표하고 그런 다음 수사학적 장치를 사용하여 수정한 내용을 발표하시오.
5. 수사학적 장치를 어떻게 선택했는지 그리고 왜 선택했는지 반 친구들과 공유하시오.
6. 학급 친구들은 청중으로서 여러분이 수사학적 장치를 사용하여 제시한 관점을 더 잘 이해할 수 있었는지와 그 이유를 판단하게 된다.

다음 수업에서 이제 학생은 수사학이 어떻게 잘못된 추론을 감추거나 증거를 과장하는 데 사용될 수 있는지 조사할 준비가 되어 있을 것이다!

개념 기반 교실의 장면 14

시각적 문해력

'표면 너머: 시각 자료에서 메시지 발견하기'라는 수업 단원의 일부로 '해석(interpretation)'이라는 개념적 렌즈를 통해 8학년 학생은 이미지와 몇 개의 단어를 결합하여 메시지를 전달하는 다양한 장르를 탐구하면서 시청자와 시각적 텍스트 간의 상호작용을 조사하고 있다. 이 단원의 일부는 그래픽 소설(graphic novels)을 매체로 하여 학생의 시각적 문해력 능력을 개발하도록 설계된 심층적 장르 학습으로 구성되어 있다. 각 학생은 하나의 장르 텍스트 묶음에서 자신의 사례 연구로 사용할 그래픽 소설을 선택한다. 매주 한 번씩 교사는 일반화를 교육 목표로 지정하고, 시각 자료를 분석하고 의미를 파악하는 데 중요한 구체적 이해 능력을 키운다.

한 미니 탐구 활동에서 학생은 '**시각적 비중이 높은 텍스트를 해석하려면 세부 사항, 맥락 단서, 텍스트 특징 및 구조에 주의를 기울여야 한다.**'라는 일반화에 도달하도록 설계된 수업에 참여한다. 학생들이 그래픽 소설을 읽는 동안, 교사는 학생들에게 삽화의 세부 사항, 텍스트의 배치, 시각적 기호와 단어를 통해 캐릭터에 대해 배우는 것에 집중할 것을 요청한다. 여기서 **텍스트 특성**에는 **텍스트** 상자, 말풍선, 소리를 나타내는 단어 등이 포함된다. 또한 학생은 글꼴의 변화(굵게, 기울임꼴, 색상 등)가 일반적인 글꼴과는 어떻게 다른 방식으로 소통하는지 관찰해야 한다.

> 개념 기반 학생은 광범위한 매크로 개념과 구체적인 마이크로 개념을 구별한다.

한 주의 끝에 학생은 3명씩 그룹을 이루어 각자의 그래픽 소설에서 인물과 줄거리(story line)를 어떻게 해석했는지 비교한다. 또한 이 의미를 발견하기 위해 시청자로서 무엇을 했는지도 공유한다.

탐구가 끝나면 학생은 시청자가 시각적 비중이 높은 텍스트를 해석하는 데 중요한 다음의 개념을 매크로에서 마이크로 순서로 순위를 매기고 그 순위를 정당화해야 한다.

삽화의 세부 사항

텍스트 특성

말풍선

시각적 기호

텍스트 배치

의성어(소음 또는 소리 단어)

맥락 단서

텍스트 상자

텍스트 글꼴

개념 기반 교실의 장면 15

스토리텔링

4학년 학생은 하루 중 아침 시간에 모든 학생이 함께 모이는 나눔 서클에 참여한다. 이 시간 동안 학생은 이야기를 나누고, 경험을 이야기하고, 긴급한 문제에 대해 토론하며 학습 공동체로서 유대감을 형성한다. 일 년 내내 학생은 다양한 교육과정 단원의 여러 말하기 및 듣기 성취기준을 달성하는 데 노력한다. 아침 회의 시간은 동떨어진 기능 중심의 연습이 아닌 학생이 성취기준을 달성하도록 유도하는 실질적 방법이며, 동시에 해당 기능이 왜 학생의 삶과 관련이 있고 가치 있는지에 대한 이해를 강화한다.

오늘 교사는 현재 학습 중인 개념 기반 수업 스토리텔링 단원의 목표 일반화에 초점을 맞춰 수업을 이어간다. **화자는 청자의 이해와 흥미를 높이기 위해 적절한 사실과 관련 상세 설명을 통해 체계적인 방식으로 이야기를 전하며 경험을 말한다.**

> 개념 기반 학생은 앞으로도 계속 사용할 가능성이 가장 높은 실제적인 문해력 과정 유형을 모방한다.

학생을 화자와 청자에 관련된 일반화로 이끌기 위해 교사는 아침 모임을 또 다른 교육 기회로 활용한다. 그는 학생에게 말하고 듣는 과정에 대해 성찰할 시간을 주고 싶어 한다. 학생은 때로는 글로써, 혹은 구조화된 짝 토론을 통해 성찰한다. 현재 스토리텔링 단원에서 나온 안내 질문(다음 페이지 참조)은 학생이 구체적 예에서 출발하여 해당 예시가 어떻게 **효과적 의사소통**이라는 더 큰 과정 개념을 나타내는지 생각하도록 이끌어 준다. 교사는 복잡한 아이디어를 명확하게 표현하는 데 어려움을 겪는 학생을 위해 일반화와 관련된 문장 시작자를 제공한다.

문장 시작자의 예

- 화자 덕분에 나는 사건 순서를 따라갈 수 있었는데, 왜냐하면 …….
- 화자의 이야기를 이해하는 데 도움이 된 세부 사항은 …….
- 내가 화자가 말하는 이야기를 이해할 수 있는 이유는 …….
- 나는 ……일 때 혼란스러웠다.
- 이야기를 나눌 때 나는 ……(으)로 사람들의 이해를 돕는다.
- 내가 가장 재미있게 들은 사실(또는 세부 사항)은 …….
- 나는 ……(으)로 내가 듣고 있다는 것을 나타낸다.
- 때때로 나는 ……일 때 듣기를 멈춘다.

말하기, 듣기 및 효과적인 의사소통에 대한 지속적 탐구
목표 일반화: 화자는 청자의 이해와 흥미를 높이기 위해 적절한 사실과 관련 상세 설명을 통해 체계적인 방식으로 이야기를 전하고 경험을 말한다.
안내 질문 예시 1. 누군가가 경험을 들려주기 위해 이야기를 할 때, 그 사람의 말을 이해하는 데 도움이 되는 것은 무엇인가? (F) 2. 이야기를 들려줄 때, 다른 학생이 이야기를 이해하고 즐길 수 있도록 돕기 위해 무엇을 하는가? (F) 3. 이번 주에 가장 마음에 들었던 이야기를 생각해 보시오. 이야기를 들을 때 기분이 어땠는가? 화자가 무엇을 했는가? 그런 기분이 들도록 화자는 무엇을 했는가? (F) 4. 사람들이 이야기를 공유하는 이유는 무엇인가? (C) 5. 관련 사실과 상세 설명은 청중이 이해하고 즐길 수 있도록 화자가 이야기를 전하는 데 어떻게 도움이 되는가? (C) 6. 효과적인 말하기 기능이 중요한 이유는 무엇인가? (C) 7. 하나의 이야기에 사실과 세부 사항이 너무 많을 수 있는가? 설명하시오. (D)

아침 모임은 스토리텔링 단원 학습을 넘어 효과적 화자와 청자가 되는 과정에 대한 학생의 학습을 강화하는 수단이다.

개념 기반 교실의 장면 16

할 수 있다 진술문

'단어로 그림 그리기'라는 제목의 소단원에서 5학년 학생은 '이미지'라는 개념적 렌즈를 사용하여 작가가 선택한 단어와 그 단어를 사용하는 방법을 통해 독자를 어떻게 연결하는지 조사해 왔다. 이 수업을 통해 학생은 단원 일반화 중 하나인 '작가는 독자가 정신적 이미지를 만들도록 정확한 언어, 감각적 세부 사항, 다양한 문장 구조를 사용한다.'를 구성하는 데 더 가까워지고 있다.

교사는 다음 수업을 시작할 때 학생의 시너지를 내는 사고를 자극하고자 한다. 그는 예전에 '할 수 있다 진술문(I Can Statements)'으로 목표를 게시하며 수업을 열곤 했다. 예를 들어, '나는 글쓰기에 다양한 문장 구조와 유형을 사용할 수 있다.'와 같이 말이다. 물론 학생은 수업에서 무엇을 기대하는지 알 수 있지만, 새로운 개념 기반 교육 방식을 새롭게 적용하는 교사로서 그는 이제 학생의 개념적 사고를 자극하고 시너지를 내는 사고를 지원하기 위해 학습 목표를 수업이 끝날 때 답해야 하는 질문으로 제시한다.

> 개념 기반 학생들은 독자, 작가, 화자 및 청자로서, 우리가 하는 것을 '하는' 것에서 왜 하는지를 '알고 이해하는' 방향으로 나아간다.

"오늘 우리는 '왜 작가들은 글을 쓸 때 서로 다른 문장 구조와 유형을 사용할까요? (C)'라는 질문을 탐구해 볼 거예요." (교육 목표의 명확성을 잃지 않도록 주의하시오.) 그런 다음, 교사는 학생 짝끼리 (각 짝은 다른 확대된 텍스트의 발췌본을 받음) 먼저 텍스트를 문장 단위로 잘라 내는 학습 경험을 구성한다. 그런 다음, 학생은 문장 구조와 유형을 면밀히 살펴보고 개방형 분류를 통해 문장 조각을 메모 카드에 표시된 개념 범주(예: 단문, 복문, 복합문, 진술문, 의문문, 감탄문)에 따라 배치해야 한다. 교사는 학생의 활동을 모니터링하고 필요한 경우 지원을 제공한다.

그런 다음, 학생은 수업 시간에 자신이 발견한 내용을 다음과 같이 토론한다. '텍스트 발췌문에서 문장 구조가 하나만 사용되었는가? (F)' '텍스트 발췌문에는 문장 유형이 하나만 사용되었는가? (F)' '우리가 몇 가지 변형을 발견했는가? (F)' '텍스트 내에서 다양한 문장 구조와 유형을 사용했을 때 어떤 효과가 있었는가? (C)'

이제 학생은 작가가 문장 구조와 유형을 사용하는 방법과 그 이유를 탐구할 준비가 되었다. 교사는 '작가가 텍스트에서 문장의 다양성을 어떻게 만들어 내는가? (C)'라고 질문한다. 학생은 발췌한 텍스트에서 나온 다양한 문장 변형을 비교하면서 그 방법을 생각해 본다. 다음으로, 교사는 학생이 독립적 글쓰기를 하기 전에 문장을 결합, 확장 또는 축소하는 기법을 보여 주는 글쓰기 미니 레슨을 진행한다. 학생은 다양한 구조와 유형의 문장을 사용하면 글쓰기가 더 흥미롭고 독자에게 더 명확해진다는 결론을 내리게 된다.

글쓰기 워크숍 연차시의 나머지 시간 동안 교사는 글쓰기 회의를 열어 학생에게 자신의 문장이 독자의 정신적 이미지에 미칠 영향에 대해 생각해 보게 함으로써 점진적으로 일반화를 향하도록 안내한다.

학생은 스스로 생각하고 활동해야 했다. 결과적으로 그들의 학습은 더욱 의미 있고 기억에 남을 것이다. '할 수 있다 진술문'의 기능은 사라지지 않았으며 단지 좀 더 개념적이고 생각을 자극하는 방식으로 가르치는 것일 뿐이다. 이후 수업에서는 일반화 안에 남은 개념과 그 관계를 조사하는 데 초점을 맞춘 다음, 학생은 정보를 종합하고 작가가 독자를 위해 정신적 이미지를 만드는 데 어떻게 도움을 주는지에 대한 이해를 명확하게 표현해야 한다.

요약

문해력 교과 교사로서 우리는 종종 초등학생이 글의 주요 아이디어를 찾는 것과 같은 복잡한 기능을 습득하면 그 기능을 새로운 상황에 저절로 전이할 수 있다고 생각하지만, 실제로는 그렇지 않다. 『Visible Learning for Literacy』의 저자 피셔, 프레이 및 해티(Fisher, Frey & Hattie, 2016)는 다음과 같이 설명한다.

> 아이디어를 관련짓고 확장하는 방법에 대한 적절한 지도를 통해 표면적 학습은 심층적 이해로 바뀐다. 학생이 스스로 기대치를 설정하고 자신의 성취도를 지켜보려면 깊은 이해가 중요하다. 하지만 학교 교육은 여기서 멈추면 안 된다. 학습은 학생이 자신의 지식, 기능, 전략을 새로운 과제와 상황에 적용하고 전이할 수 있기를 요구한다. 이러한 전이는 달성하기 매우 어렵고, 우리는 종종 학생이 전이할 수 있다고 선언하지만, 이를 가르치는 과정에 대해서는 여전히 너무 자주 논의되지 않는다(pp. 18-19).

전이를 위한 교육은 우리를 설레게 하는 문해력 교육 및 학습의 한 측면이다! 지식, 기능, 개념적 이해를 한꺼번에 발전시키는 방법을 아는 것은 우리의 문해력 수업에 변화를 가져온다. 다양한 교실 수업 장면이 개념적 이해와 전이를 위한 교육과정을 좀 더 명확하게 이해하는 데 도움이 되고, 여러분이 자신의 교실에서 실험을 시작할 힘을 부여받았다고 느끼게 되길 바란다.

'제2부 자료'에서는 3D 그래픽 조직자의 예를 포함하여 개념 기반 문해력 교실에서 귀납적 탐구를 지원하는 몇 가지 방법을 더 보여 줄 것이다.

생각의 확장

학생의 학습 경험이 지식과 기능을 넘어서도록 여러분의 수업 방식을 바꾸는 데 얼마나 편안하게 느끼는가? 빨리 시작해야 한다면, 익숙한 수업 방식과 기존 수업 방식에 추가할 수 있는 다음 팁을 고려해 보자.

1. 개념을 사용하여 사실적 수준과 개념적 수준 간의 상호작용을 만들자. 이는 시너지를 내는 사고를 촉발한다.
2. 학생이 개념적 패턴을 발견하고 학생의 선택을 장려할 수 있도록 다양한 텍스트 옵션을 제공한다. 이는 비판적 사고를 키운다.
3. 학생이 학습 경험 중에 참여한 과정을 성찰할 수 있는 기회를 만들자. 학생은 독자, 작가, 화자, 청취자, 시청자로서 자신이 하는 일을 왜 하는지 설명할 수 있는가? 이는 반성적 사고를 촉진한다.

이 팁은 단순한 변화처럼 보이지만, 그 힘을 과소평가해서는 안 된다. 이 팁을 함께 사용하면 수업에 완전히 새로운 차원을 더할 수 있다. 알다시피, 생각하는 학생에게는 생각하는 교사가 필요하다. 지금 당장 실천할 수 있는 작은 변화는 무엇일까?

제 5 장

자주 묻는 질문

1. 개념 기반 교육과정은 시중의 인기 있는 문해력 교육 자원과 어떻게 연계될까
2. 왜 그렇게 종합적인 개념 기반 수업 계획이 필요한가
3. 개념 기반 문해력 교육은 영어 학습자, 특수 교육 학생, 트라우마를 겪는 학생 등과 같이 다양한 학습자의 요구를 어떻게 충족하는가? 어려움을 겪는 학생은 탐구 기반 수업에서 충분한 문해력 지원을 받을 수 있는가
4. 개념 기반 문해력 교육은 개입 또는 지원 서비스에 어떻게 적합한가
5. 개념 기반 문해력 교육은 영재 또는 우수 학생에게 충분한 도전 과제를 제공하는가
6. 성취기준에 명시된 기능을 숙달하는 것만으로 충분하지 않은가
7. 수직적 일관성을 어떻게 보장하는가? 특히 일반화를 점진적으로 더 복잡하게 하려면 어떻게 해야 하는가
8. 개념 기반 교실에서 평가의 역할은 무엇인가
9. 학생은 개념 기반 수업에 어떻게 반응하는가

[그림 5-1] 대화를 촉발하는 질문

여러분도 우리처럼 이렇게 느끼는가? 더 많이 배울수록 질문도 더 많아지는 것 같다. 우리는 이것이 이해를 끊임없이 깊어지게 하는 긍정적 방법으로 본다. 이 장에서는 개념 기반 문해력 교과에 관해 자주 받는 질문을 다루었다. 다른 질문이 있다면 주저하지 말고 우리에게 보내 달라. 문해력 학습을 변화시키는 우리의 여정에 여러분이 함께하길 기대한다!

I. 개념 기반 교육과정은 시중의 인기 있는 문해력 교육 자원과 어떻게 연계될까

Daily 5, Reading Essentials 및 Workshop Model은 개념 기반 교육과정을 위한 교육 프레임워크 또는 교수 체계를 제공한다. 개념 기반 교육과정 및 수업(Concept-Based Curriculum and Instructions: CBCI)은 교육 시간을 관리하고 문해력 학습을 지원하는 입증된 방법을 나타내는 이러한 자원과 여타 많은 자원에 자연스럽게 들어맞는다. 이러한 자료는 질 높은 문해력 교육 방식을 보여 주지만, 개념적 이해에 중점을 두지는 않는다. 개념 기반 교육과정은 학습 목표로 3차원(개념적 이해)을 추가한다. CBCI는 학생이 학습을 통해 알 것, 이해할 것, 할 수 있을 것을 제시한다. 교사는 어떤 수업 방식이 교육과정을 가장 효과적으로 전달하고 학생이 세 가지 학습 목표를 모두 달성하도록 도울지 결정한다.

2. 왜 그렇게 종합적인 개념 기반 수업 계획이 필요한가

인지 연구는 사람들의 학습 방식에 맞춰 개념적 교육과정과 수업을 설계해야 한다는 것을 지지한다. 그러나 이 연구는 아직 많은 교사에게 낯설다. 개념 기반 수업 계획에는 시간이 걸린다. 처음에는 상당히 많은 시간이 걸린다. 왜냐하면 우리가 대부분 교육자로서 훈련받은 방식과 학교에서 배운 방식에서 벗어나고 있기 때문이다. 개념 기반 수업 계획을 작성하려면 다음과 같은 생각이 필요하다. 해당 과목에 필수적인 개념적이고 전이 가능한 아이디어에 대해 생각하고, 지적으로나 정서적으로 흥미로운 학습 경험을 어떻게 설계할지 그리고 각 학생을 어떻게 발전시킬지에 대해 생각해야 한다. 개념 기반 수업 계획은 수업을 설계할 때 올바른 방향으로 나아갈 수 있도록 구성되어 있다. 강력하고 엄격한 일반화는 학생이 발견하고 구성하는 데 시간이 걸리기 때문에, 하나의 수업 계획은 학생의 진행 상황에 따라 지속적으로 조정되면서 3~5차시 수업 또는 며칠에 걸쳐 진행될 수 있다. 우리 자신의 경험과 함께 일한 교사들의 증언을 통해 볼 때, 수업 계획에 투자한 시간은 학생에게서 보이는 결과만큼 가치가 있다는 것을 알게 되었다. 종합적인 수업 계획은 장기적으로 교육 효율성을 극대화하는 한 가지 방법이다.

3. 개념 기반 문해력 교육은 영어 학습자, 특수 교육 학생, 트라우마를 겪는 학생 등과 같이 다양한 학습자의 요구를 어떻게 충족하는가? 어려움을 겪는 학생은 탐구 기반 수업에서 충분한 문해력 지원을 받을 수 있는가

이것은 우리가 자주 듣는 질문이다. 모든 학생은 의미 있는 상황별 학습에 참여할 수 있지만, 이를 위해서는 신중하고 의도적인 지원과 지도가 필요하다. 제3장에서는 학생의 개념적 이해를 돕기 위해 탐구와 연계하여 명시적 수업의 역할에 대해 논의했다.

개념 기반 교육과정은 학습을 전체적으로 조화롭고 의미 있게 만들기 위해 먼저 실제 맥락에 학습을 고정하고, 그 다음에 학생의 탐구 활동에 목적을 부여하는 방식으로 작동한다. 학습을 전체적으로 조화롭고 의미 있게 만들기 위해 먼저 실제 맥락에 학습을 고정하고, 그다음에 학생의 탐구 활동에 목적을 부여하는 방식으로 작동한다. 학습의 구성 요소나 단편들을 해체하고 분석하는 것은 이러한 부분들과 더 큰 '전체' 간의 관계를 이해하지 못할 때 학습자에게 무의미하거나 무관한 것이 될 수 있다. 특히 어려움을 겪는 학생들을 위해 교사들은 복잡한 과정을 단순화하고, 학습을 작고 관리하기 쉬운 조각으로 나누고, 궁극적으로 학생을 대신하여 생각하려는 경향이 있다. 이러한 접근 방식의 문제점은 어떤 날에도 이러한 학생이 스스로 의미를 구성할 기회를 거의 얻지 못한다는 것이다.

『Culturally Responsive Teaching and the Brain』(2015)에서 제레타 하먼드(Zaretta Hammond)는 다음과 같이 설명한다(pp. 14-15).

> 교육자로서 우리는 언어, 성별, 인종 또는 사회 경제적 지위로 '불리하다'고 분류된 학생에게 고차원적 인지 기능을 가르치지 않으면 성취 격차 유지에 일조하게 됨을 인식해야 한다.

이러한 꼬리표를 바탕으로 우리는 일반적으로 다음과 같은 행동을 한다(Means & Knapp, 1991).

- 불리한 학생의 지적 능력을 과소평가한다.
- 결과적으로 우리는 그들이 '기본'을 숙달했다고 믿을 때까지 더 어렵고 흥미로운 과제를 미루게 된다.
- 저수준의 기본적 내용에만 집중함으로써 학생은 고차원적 사고 과정을 배우고 연습할 수 있는 의미 있고 동기를 부여하는 맥락을 박탈당한다.

문해력을 맥락이 없는 학습 경험에서 일련의 고립된 기능으로 가르칠 때, 학생은 능숙한 독자, 작가, 화자 그리고 청자가 된다는 것이 무엇을 의미하는지 경험하지 못하게 된다. 개념 기반 문해력 교사는 학생이 탐구에 참여하기 전에 기본 사항을 완벽히 숙지해야 한다고 가정하지 않는다. 실제로는 그 반대이다. 교사가 학생이 미래에도 계속 활용할 가능성이 가장 높은 지식과 과정을 반영한 실제적이고 접근 가능한 경험을 통해 교육과정을 구현할 때 학생들의 이해는 더욱 깊어진다. 마지막으로, 교육과정이 학습에 대한 사고, 성찰, 주인의식을 자극하도록 설계되면 학생은 학습 동기가 더 강해지고 학습 경험은 훨씬 더 기억에 남게 된다(Lanning, 2013).

귀납적 탐구는 교사가 지원하지 않거나 구조화되지 않은 학습 경험을 의미하는 것이 아니며, 문해력 성취기준에 기반하지 않은 학습을 의미하는 것이 아니다. 학습을 개별화하는 방법을 계획하고 다양한 학습자를 지원하도록 설계된 기법을 활용하는 것은 개념 기반 문해력 교실의 필수 요소이다. 내용, 과정, 결과물, 학습 환경 등을 개별화할 수 있으나 개념적 이해(일반화)를 개별화해서는 안 된다. 교수는 개념 기반 수업의 틀 안에서 교실의 고유한 학생의 요구에 가장 적합한 교실 수업 방식을 선택한다는 것을 기억해야 한다.

여기에는 다음과 같은 많은 교실에서 일반적으로 적용되는 관행이 포함된다.

- 적절한 난이도의 읽기 자료 제공
- 사고를 돕는 그래픽 조직자 활용
- 이미지 등 다양한 방식을 통해 주요 개념을 해석하고 표현할 수 있는 기회 제공
- 전략적 학생 그룹 구성
- 소그룹 지도를 통한 추가 수업(제3장의 귀납적 탐구와 명시적 교수의 균형 참조)
- 교사 지도의 양을 다양하게 조절하기
- 생산적 피드백
- 문장 시작자
- 외국어 습득(second language acquisition) 전략
- 학습 내용을 전달하기 위한 다양한 실제적 평가 및 옵션 제공
- 학생 선택의 기회

- 개인적 의미 형성과 관련성에 초점 두기
- 접근성을 높이는 테크놀로지 도구

4. 개념 기반 문해력 교육은 개입 또는 지원 서비스에 어떻게 적합한가

지원 서비스 모델은 지역마다 다르다. 우리는 개념 기반 교육과정을 '통합 지원(push-in)' 서비스 또는 공동 교수(co-teaching) 모델과 연계하여 교육했을 때 성공적 결과를 얻었다. 통합 지원 모델에서는 학생이 핵심 교육과정(core curriculum)에 참여하는 동안 지원 전문가(specialists)가 일반 교육 교실에 합류하여 서비스를 제공한다. 통합 지원 모델은 모든 학생이 필요한 지원 서비스를 받으면서 동시에 질 높은 핵심 교육과정에 접근할 수 있도록 하므로 개념 기반 문해력 교육과 잘 작동한다. 이 시스템은 학생에게 매우 유익하지만 일반적 교육 교사와 전문 교사 간의 추가적 협업이 필요하다.

이러한 협업이 어떻게 이루어질 수 있는지에 대한 예시는 다음과 같다.

> 워싱턴주 벌링턴에 있는 벌링턴-에디슨 지역의 특수 교육 및 컨설턴트 교사인 코니 월서 씨는 통합 지원 모델을 통해 6학년에서 8학년 학생을 지원한다. 학생의 지속적 발전을 보장하기 위해, 그녀는 매주 일정을 계획한다. 다음 주 수업을 공동으로 계획하기 위해 일반 교육 교사들과 회의를 한다. 코니는 교사들에게 개념적 이해를 포함하여 그 주의 학습 목표를 설명해 줄 것을 요청한다. 그런 다음, 그녀는 개별 교육계획을 가진 학생을 중심으로 이를 고려한다. 그녀는 종종 학교의 언어치료사와 영어 학습자 교사를 포함시켜 협업을 이끌어 낸다. 그녀의 초점은 질 높은 핵심 교육과정에 대한 공정한 접근을 보장하고 학습 경험 중에 필요한 지원이 이루어지도록 하는 데 있다.

코니는 통합 지원 모델과 공동 계획의 효과에 대해 다음과 같이 회상한다.

> 탐구는 '자료실(resource room)' 모델의 문을 닫고 생각하는 교실의 문을 열었다. 학생은 자신의 뒤처지는 기능 때문에 또래와 함께 학습하는 것에 더는 방해받지 않는다. 대신 교사와 여러 서비스 제공자는 전문 지식을 공유하여 모든 학생이 접근할 수 있는 학습 경험을 계획한다. 두세 명 또는 네 명의 두뇌가 함께 섞여 탐구 경험을 공동으로 계획하는 것은 마법과도 같다. 다양한 전문 분야의 동료가 서로 협력하여 의사소통, 정보 처리, 읽기 및 쓰기 방식이 또래와 다른 학생을 위해 가교를 만드는 데 도움을 줄 수 있다. 문해력이 부족한 학생도 질문, 호기심, 사고가 필수적 도구인 탐구 교실에서 발전할 수 있다. 모든 아이가 그럴 수 있다! 지식을 발견하는 데는 여러 가지 방법이 있으며, 기능은 점점 더 정보에 대한 대안적 경로를 제공하고 있다. 신중한 공동 계획이 핵심이다. 동료들과 호흡을 맞추고 자신의 리듬과 역할을 찾는 데는 시간이 걸린다. 하지만 시간은 작은 대가라고 할 수 있다. 탐구 교실은 학생이 삶에 중요한 기능, 즉 자신감, 인내심, 의사소통, 문제 해결 능력 그리고 다른 사람들의 사고를 존중하고 발전시키는 능력을 키울 수 있는 공간을 만든다. 측정하기는 더 어렵지만, 이러한 학습 및 사고 행동은 성공적이고 의미 있는 공동체 구성원의 기반이다. 모든 학생이 성장할 수 있는 학습 경험을 만들어 냄으로써 우리는 서로의 차이점을 존중하고 공동의 훌륭함을 받아들인다.

만약 여러분에게 통합 지원 모델이 선택 사항이 아니거나, 여러분의 시스템이 '핵심 + 추가(Core + More)' 모델로 운영되는 경우, 개념 기반 교육과정 단원의 개념을 분리 지원(pull-out) 교육에서 진행하는 기능 개발에 포함시킬 수 있는 방법을 고려해 보라. 또한 많은 학교가 분리 지원 모델을 성공적으로 사용하여 추가적이고 명시적 기능 교육을 제공하는 동시에 학생이 개념 기반 수업과 직접 연결된 학습 경험을 위해 교실로 돌아올 수 있도록 하는 것을 보았다. 학교의 지원 서비스 모델에 관계없이 우리는 모든 학생을 위한 맥락화 된 문해력 학습을 최우선 과제로 유지하는 접근 방식을 지지한다.

5. 개념 기반 문해력 교육은 영재 또는 우수 학생에게 충분한 도전 과제를 제공하는가

그렇다! 개념 기반 교육은 모든 학습자를 위한 것이지만, 개념 기반 교육과정과 수업은 기본 교육과정을 쉽게 넘어설 수 있다. 개념적 교육과정에서는 학생이 학습을 심화시키고, 더 독립적으로 탐구를 확장하거나, 관련 개념의 규모를 늘릴 수 있는 데에 제한이 없다. 핵심은 CBCI의 세 번째 차원이 학습 기대치를 자연스럽게 높일 기회를 제공한다는 것이다.

〈표 5-1〉의 5학년 사례를 생각해 보자.

2차원적 교실에서는 교사가 영재 학생에게 더 복잡한 텍스트를 읽도록 제공하거나, 이야기 끝에 더 많은 질문을 추가할 수도 있다. 또는 다른 학생이 과제를 마칠 동안 완료할 '보충' 활동을 추가하는 등의 방식으로 학습을 확장할 수 있다. 언뜻 보기에는 더 엄격한 학습 경험을 제공하는 것처럼 보이지만, 학생은 실제로 더 깊이 있는 이해를 얻었을까? 이제 앞 시나리오의 3차원적 예시와 비교해 보자. 학생이 학습 경험을 얼마나 멀리 가져갈 수 있는지에 대한 상한선이나 제한이 없다. 학생이 갈 수 있는 여러 방향을 상상해 보라! 3차원적 예시가 성취기준에서 다루는 기능을 넘어서 개념적 이해를 발전시키고, 일반적인 학습자를 넘어서는 개인적 의미를 찾을 수 있도록 하는 방식에 주목하라.

〈표 5-1〉 2차원적 문해력 경험 및 3차원적 문해력 경험

CCSS.ELA-LITERACY.RL.5.2	
이야기나 드라마의 인물이 도전에 어떻게 반응하는지, 시의 화자가 주제에 대해 어떻게 생각하는지 등을 포함한 텍스트의 세부 사항을 바탕으로 이야기, 드라마, 시의 주제를 결정한다. 그리고 텍스트를 요약한다.	
2차원적 문해력 경험	**3차원적 문해력 경험**
모든 학생은 교과서에서 짧은 이야기를 읽고, 이야기 이해도를 평가하기 위해 고안된 다섯 개의 질문에 답한다.	학생은 주제와 인물의 어려움에 대한 반응 사이의 관계를 탐구하고 있다. 이야기의 주제를 결정하는 한 단계로서, 교사는 학생이 '**작가는 줄거리의 사건에 반응하여 성장하고 변화하는 역동적 인물을 창조한다.**'**라는 일반화를 발견하기를 원한다.**

두 개의 질문은 이야기의 구체적 세부 사항을 묻는다. 한 질문은 주제에 관한 것이고, 다른 하나는 인물이 어려움에 어떻게 대처하는지에 관한 것이다. 마지막 질문에서는 이야기를 요약하도록 한다.	학생은 작은 그룹을 형성하고, 각 그룹은 서로 다른 이야기를 읽는다. 학생은 주인공이 어려움에 어떻게 반응하는지 논의하고, 이 어려움의 결과로 인물에게 무슨 일이 일어나는지 토론한다. 그룹들은 여러 텍스트에서 패턴을 알아차릴 수 있도록 수업에서 공유한다. 학생은 모든 인물이 줄거리의 사건으로 인해 성장하고 변화했음을 깨닫는다. 많은 학생이 이것을 자신의 삶과 개인적 어려움에 대한 반응으로 성장한 방식에 빠르게 연결한다. 더 많은 학습 과정을 설명할 수 있지만, 여기서 멈추겠다.

6. 성취기준에 명시된 기능을 숙달하는 것만으로 충분하지 않은가

개념 기반 교사들은 종종 학생의 질문에 질문으로 답하기 때문에, 먼저 몇 가지 질문을 통해 이를 고려해 보겠다.

- 학생이 성취기준을 숙달하면 독자, 저자, 화자, 청자로서 자신이 하는 일을 하는 이유를 이해할 수 있는가?
- 성취기준을 습득하면 새로운 상황 그리고 필연적으로 더 복잡한 상황으로 학습이 전이된다는 것을 어떻게 확신할 수 있는가?
- 성취기준을 습득하는 것은 일상생활과 글로벌 사회에서 문해력의 역할을 깊이 이해하는 것과 같은가?

성취기준을 숙달하는 것은 학습 과정에서 중요한 단계이지만, 그 자체로 최종 목표는 아니다. "이는 학생이 진정으로 이해를 입증하도록 제안된 학습 경험을 충분하게 설계해야 한다는 논점으로 돌아간다. 학생에게 설명한 활동 예시를 완료하도록 요구할 수 있지만 그 과정을 성찰하고 지식을 통합하며 선택한 사항을 설명하고 결과물로 표현된 개념적 아이디어를 명확하게 표현하는 단계까지 나아가지 못한다면 학습 경험은 교육과정 목표에 미치지 못한다"(Lanning, 2013, p. 97).[1] 우리는 미래에 접하게 될 그 어떤 유형의 텍스트와도 자신 있게 소통할 수 있고, 아직 상상조차 하지 못한 플랫폼을 통해 자신의 아이디어를 전달하는 데 필요한 기능을 갖춘 독자, 저자, 화자, 청자를 육성해야 한다. 최근 팟캐스트 또는 인포그래픽의 증가를 생각해 보라! 20년 전만 해도 우리는 복잡한 인포그래픽을 해독하는 데 필요한 기능을 습득하도록 학생을 훈련하지 않았다. 우리는 앞으로 20년 동안 학생이 무엇을 접하게 될지 예측할 수 없기에 현재 성취기준에 명시된 기능의 역량을 입증하는 것 외에도 글로벌 공동체의 교양 있는 구성원이 되는 것이 무엇을 의미하는지에 대한 깊이 있는 이해를 키우도록 학생을 필수적으로 도와야 한다.

7. 수직적 일관성을 어떻게 보장하는가? 특히 일반화를 점진적으로 더 복잡하게 하려면 어떻게 해야 하는가

교육과정 종합 계획(master plan)이 없으면 교사는 '무언가'를 가르치고 학생은 배우지만, 그것이 바람직한 '무언가'가 아닐 수도 있고 앞으로 펼쳐질 것과 관련이 없을 수도 있다. 교육과정이 수직적으로 연계되도록 하면 학생은 한 학년에 한 번씩 잘 계획된 학문의 복합적 내용을 배울 기회를 얻게 된다. 국어과(ELA)에서 인물과 같은 개념은 모든 학년에서 일정하게 유지되지만, 그 개념의 복잡성에 대한 학생의 이해는 나이와 성숙도에 따라 더 구체적이어야 한다. 미국 공통 핵심 기준(Common Core State Standards: CCSS)은 나선형으로 구성되어 매년 기능과 개념을 더 깊이 풀어낼 수 있도록 한다.

인물이라는 매크로 개념에 대해 다시 생각해 보자. 유치원에서 '인물' 개념을 이해하는 것은 빅 아이디어이며 텍스트를 이해하는 데 중요한 개념이다. 중등 학년이 되면 학생은 '정적 인물' '주동적 인물' '반동적 인물' '역동적 인물' '입체적 인물' 등의 마이크로 개념을 논의하고 분석함으로써 더 깊이 있는 이해를 보여 준다. 학년별로 이

1) 『언어 교과 개념 기반 교육과정 설계하기』에서 직접 인용된 문구임. - 역자 주

해의 깊이를 높이려면 매크로 개념을 더 구체적인 마이크로 개념으로 풀어내야 한다. 개념이 더 마이크로(구체적)일수록 이해하는 데 더 많은 전문 지식이 필요하다. 다시 말해, 교육과정 단원의 진행에 따라 개념이 더 정확해지면서 이해의 깊이를 더하게 된다. 이것에 대해 생각해 보라. 한 분야의 초보자와 전문가를 구분하는 것은 무엇인가? 그것은 더 많은 마이크로 개념에 대한 이해이며, 더 높은 전문성을 필요로 한다.

이것이 4학년에서 10학년까지 어떻게 나타날지 살펴보자. 〈표 5-2〉에서 매크로 개념인 인물이 일정하게 유지되는 방식에 주목해 보라. 각 학년에 대해 더 많은 구체성을 추가하기 위해 마이크로 개념이 제시된다. 우리는 4학년의 인물 특성과 같은 마이크로 개념에서 7학년의 역동적이고 정적 인물, 10학년의 내적 동기와 외적 동기로 이동한다. 학생은 학년이 올라감에 따라 인물 개념에 대한 점점 더 정교한 이해를 밝혀낼 것으로 기대된다.

〈표 5-2〉 **매크로 개념에서 더 많은 마이크로 개념으로**

	4학년	7학년	10학년
매크로 개념	인물	인물	인물
마이크로 개념	인물 특성	역동적 인물 정적 인물	복잡한 인물, 내재적 동기 및 외재적 동기, 내부 및 외부 갈등, 인물 관계
일반화	독자는 인물의 생각과 행동, 대화, 관계 등을 통해 인물의 특성을 발견하게 된다.	작가는 이야기의 요소와 정적 인물을 사용하여 역동적 인물의 변화를 암시한다.	작가는 구성(plot)을 발전시키고 이야기의 주제를 전개하기 위해 다양하고 상충되는 동기, 내부 및 외부 갈등, 다른 인물과의 관계를 가진 복잡한 인물을 만든다.

교사는 의도적으로 설계된 진행 과정을 통해 매년 학생이 해당 교과에 중요한 개념을 더 깊고 정확하게 이해할 것이라고 확신할 수 있다. 일반화는 앞에서 보여 준 것처럼 마이크로 개념을 의도적으로 포함함으로써 학년별로 복잡성이 증가한다. 잘

고안된 수직적으로 연계된 개념 기반 교육과정은 교사에게 학생이 학문적 전문성을 지속적으로 개발하도록 안내하는 명확한 종합 계획을 제공한다.

8. 개념 기반 교실에서 평가의 역할은 무엇인가

개념 기반 교실에서는 학생을 세 가지 영역, 즉 ① 내용 지식, ② 이해, ③ 과정에 대해 평가한다.

실제적 형성평가와 총괄평가를 통해 우리는 다음을 고려한다.

- 학생이 학업 성취기준(과정 및 기능)을 얼마나 잘 습득하고 있는가?
- 학습 중인 주요 개념과 일반화에 대한 학생의 이해는 얼마나 깊은가?
- 학생은 배우는 내용과 학교 밖 삶의 관련성을 인식하고 있는가?

모든 학습 경험은 교사에게 학습 목표를 향한 학생의 진행 상황에 대해 귀중한 정보를 제공할 잠재력이 있다. 학생의 대화 관찰, 출구권, 개별 화이트보드에 적힌 답변, 공식적 글쓰기 과제, 독서 콘퍼런스, 접착 메모지 성찰 등은 모두 학생 학습에 대한 정보를 얻고 그 데이터를 사용하여 향후 지도에 반영하기 위한 평가 역할을 한다.

개념 기반 교사는 학업 성취기준을 향한 학생의 진행 상황을 지속적으로 평가하는 동시에 다양한 방법을 통해 학생의 발전하는 개념적 이해를 모니터링하기 위한 데이터를 수집한다. 이것은 다른 유형의 교육과정 설계 프레임워크와의 주요 차이점이다. 교사는 종종 학생이 해당 분야에 중요한 개념과 일반화를 이해한다고 가정하지만, 개념 기반 교사는 실제로 학생을 평가하여 개념적 이해와 전이가 이루어졌는지 확인한다.

예를 들어, 8학년 학생이 개인적 이야기를 읽고 쓰는 동안 감각 언어와 경험 및 사건 전달 간의 관계를 탐구한다고 상상해 보라. 전체적 관점에서, 평가 기준표의 서술적 글쓰기 점수를 넘어, 여러 유형의 데이터 지점을 통해 개념적 이해를 평가할 때 얻을 수 있는 정보를 살펴보자.

- 멘토 텍스트를 분석하는 소규모 그룹 토론에 대한 학생의 참여에 대한 교사의 관찰
- 학생이 개인 초고에서 감각적 언어를 사용하는 것에 대한 글쓰기 콘퍼런스[2] 중 교사가 기록한 메모
- 동료 글쓰기 콘퍼런스 중 학생 대화에 대한 관찰 데이터
- 저자의 감각 언어 사용과 독립적 소설 읽기와의 개인적 연관성에 대해 논의하는 독서 콘퍼런스 중 교사가 기록한 메모
- 개념 분류 후 학생의 접착 메모지 성찰
- 학생 삶 밖의 학습 관련성을 평가하는 인식 설문 조사에 대한 학생의 응답
- 의미 있는 삶의 경험을 공유하는 학생의 개인적 이야기
- 사용된 글쓰기 기법과 그 이유를 설명하는 최종 글쓰기와 함께 제공되는 학생의 창작 보고서
- 목표 과정 일반화에 대한 학생의 설명

이러한 모든 예는 전통적으로 할당된 기능 기반(skill-based) 글쓰기 점수와 함께 학생의 성장하는 개념적 이해에 대한 풍부한 통찰력을 제공한다. 또한 실제 문맥을 통해 학생을 평가하는 것은 학생이 학습이 특정 수업을 넘어 어떻게 전이되는지 확인하는 데 중요하다. 〈자료 C-1〉은 개념 기반 문해력 수업에서 학생 자기 성찰과 자기 평가의 역할을 더 자세히 설명한다. 〈자료 C-2〉는 교사가 창작 보고서를 개념적 이해 평가로 어떻게 사용할 수 있는지 개요를 설명한다.

9. 학생은 개념 기반 수업에 어떻게 반응하는가

물론, 결국 교사들이 매일 교실에서 하는 힘든 노력은 학생에게 미치는 영향에 관한 것이다. 그래서 개념 기반 문해력 교실로의 전환을 경험한 한 학생의 의견을 마지

2) 글쓰기 콘퍼런스는 학생이 작성한 글에 대해 학생과 교사 간의 1:1 대면 또는 소규모 피드백을 주고받는 과정을 말한다. – 역자 주

막으로 소개한다.

저의 8학년 국어(ELA) 수업 경험은 정말 놀라웠어요! 제 학습은 이전 그리고 현재 국어 수업과 매우 달랐습니다. 저와 제 친구들은 질문하고 탐구하도록 격려받았습니다. 탐구는 제가 텍스트를 더 깊이 이해하는 데 정말 도움이 되었고, 훨씬 더 몰입감을 느꼈습니다. 이제 고등학교에서 다른 학습 상황에도 제 학습을 적용할 수 있게 되었습니다. 개념 기반 교육을 통해 배울 때 수업에 매우 몰입했습니다. 밤 프로젝트(night project)를 할 때 저는 큰 아이디어를 정말 이해하고 있다는 것을 느꼈고, 그것을 하는 것이 매우 재미있었습니다. 저는 모든 것에 정말 몰입했고, 그것은 제가 정말 노력하고 싶게 만들었습니다. 저는 그 학습에 대한 제 이해가 제게 도움이 되었다고 생각합니다.

이전 국어 수업에서는 거의 또는 전혀 협업을 하지 않았습니다. 주로 에세이 작성과 올바른 쓰기 규칙의 사용에 중점을 두었습니다. 이 국어 수업에서는 급우들과 협업하면서 에세이를 조사하고 작성했습니다. 저희의 협업에는 소크라테스 세미나와 어항 토론(fish bowls)이 포함되었습니다. 저희의 주요 목표는 텍스트를 더 깊이 파고들어 개념적으로 무엇에 관한 것인지 정말 이해하는 것이었습니다. 전반적으로 제 중학교 국어 수업은 독자이자 작가로서 저에게 정말 영향을 미쳤습니다. 저는 이제 제 학습을 유사한 내용에 적용할 수 있습니다. 저희가 배운 모든 것을 반추하면서 저는 개념 기반 학습 경험에 감사하고 있습니다. 저는 제 학습이 얼마나 훌륭했는지 깨달았습니다. 브라운 선생님, 감사합니다!

–멕켄지(Makenzie)

제2부

자료

자료 A: 모델 CBCI 교육과정 단원

자료 B: 그래픽 조직자 표본

자료 C: 과정에 대한 학생 성찰 및 자기평가

자료 D: 개념 기반 문해력 교실 설계를 지원하는 기타 도구

자료 E: 개념 기반 교사 및 학생 루브릭 개발하기

자료 A 모델 CBCI 교육과정 단원

자료 A-1 모델 단원 개요

모델 단원 계획에서 배우기

제3장에서는 개념 기반 수업 계획에 대해 더 많은 것을 공유하는 방법으로 모델 수업 계획을 분석하고 성찰했다. 이 자료의 모델 단원은 이해를 더욱 심화시키는 도구로도 활용된다.

5개의 모델 단원 모두 개념 기반 교육과정 단원의 필수 구성 요소에 대한 예를 제공한다.

- 단원명
- 개념적 렌즈
- 단원 개요
- 단원 그물
- 일반화
- 안내 질문
- 중요한 내용과 핵심 기능
- 학습 경험
- 최종 평가
- 채점 가이드

모델 단원 1에서는 제2장에서 제시한 문해력(literacy) 수업 계획 작성 과정에서 참고한 10학년 개념 기반 교육과정 단원을 보여 주고 있다. 이것은 완전히 완성된 개념 기반 교육과정 문해력 단원의 예이다.

모델 단원 2-5는 학습 경험과 채점 기준 일부를 제외하고 각각 완성된 개념 기반 단원의 모든 요소를 제공한다는 점에서 특별하다. 이 '거의 완성된' 모델 단원 2-5는 학생을 위한 개념 기반 문해력 교육과정 단원의 작문 수업을 배울 수 있는 교수 도구 역할을 한다. 모델 단원 2-5의 학습 경험 지면은 서로 연계되어 있으며 생각을 한 걸음 더 발전시키기 위한 새로운 질문을 던진다.

모델 단원 3-5의 채점 가이드 또한 서로 연계되며 새로운 질문으로 생각을 촉진하도록 구성되어 있다. 각 모델 단원에는 고려할 만한 채점 가이드의 새로운 변형이 추가된다. 이는 학교 환경에서 학습자의 요구를 가장 잘 충족할 수 있는 광범위한 가능성을 확인하는 데 도움이 될 것이다.

모델 단원은 예가 될 뿐만 아니라 개념 기반 교육과정 및 수업 교사로서의 전문성을 구축하도록 설계되었다. 모든 모델 단원은 함께 이해를 심화하고 기능을 향상하기 위한 풍부한 정보를 제공한다.

- **자료 A-2 모델 단원 1**

  10학년

  단원명: 논증(argumentation)의 기술

- **자료 A-3 모델 단원 2**

  8학년

  단원명: 디스토피아 사회: 정말 우리의 미래일까?

- **자료 A-4 모델 단원 3**

  7학년

  단원명: 모든 목소리는 소중하다: 형평성을 위한 투쟁

- **자료 A-5 모델 단원 4**

  9학년

  단원명: 오, 저자가 직면한 선택!

- **자료 A-6 모델 단원 5**

  5학년

  단원명: 개인 내러티브: 제 이야기입니다

자료 A-2 10학년 논증의 기술

- 학년 수준: 10
- 단원 번호: 4
- 단원명: 논증의 기술
- 개념적 렌즈: 논증
- 단원 길이: 약 6~7주

단원 개요

여러분이 마지막으로 논증에 참여했거나 논증을 들었던 때를 생각해 보세요. 무슨 일이 있었는지 설명해 보세요. 논점은 효과적으로 전달되었나요? 그러한 논증은 개인적인 의견과 감정에 더 기반을 두었나요, 혹은 주장에 관한 뒷받침이 논리적으로 구성되고 (양측으로부터) 명확하게 조사되었으며, 사실적 증거로 입증되었나요? 논증을 부정적인 것으로 볼 필요는 없습니다. 논증이 누구 목소리가 가장 큰가 대결하는 것이 될 필요는 없습니다! 효과적인 논거를 만드는 것은 기술입니다. 매일 정보와 주장이 넘쳐 나는 세상에서 무엇을 생각할지, 우리가 하는 일을 왜 생각하는지, 어떻게 논증을 효과적으로 펼치는지 아는 것은 중요합니다. 그것이 바로 이 단원의 내용입니다. 논쟁할 준비가 되었나요?

기술 활용

- 멀티미디어
- 인터넷

이 단원에서 다루는 성취기준 또는 국가 교육과정

CCSS.ELA-LITERACY.RI9-10.1
CCSS.ELA-LITERACY.R19-10.2
CCSS.ELA-LITERACY.RI9-10.3
CCSS.ELA-LITERACY.RI.9-10.5
CCSS.ELA-LITERACY.RI.9-10.6
CCSS.ELA-LITERACY.RI.9-10.8
CCSS.ELA-LITERACY.W.9-10.1a
CCSS.ELA-LITERACY.W.9-10.1b
CCSS.ELA-LITERACY.W.9-10.1c
CCSS.ELA-LITERACY.W.9-10.1d
CCSS.ELA-LITERACY.SL9-10.1a
CCSS.ELA-LITERACY.SL9-10.1c
CCSS.ELA-LITERACY.SL9-10.3

- 단원명: 논증의 기술
- 개념적 렌즈: 논증
- 학년 수준: 10

스트랜드 1: 텍스트 이해하기

- 논증의 구성 요소
- 비판적 읽기 전략
- 추론
- 자세히 읽기
- 저자의 의도
- 주장
- 근거
- 증거
- 수사학(rhetoric)

스트랜드 2: 텍스트에 반응하기

- 근거에 관한 토론 및 뒷받침이나 증거의 유형
- 연결
- 그룹 구성원 책임
- 관련 질문
- 성찰
- 관점

단원명:
논증의 기술

스트랜드 4: 텍스트 생산하기

- 목표 청중의 특성
- 논증 기술
- 반박 논거
- 정교화
- 간결한 주장
- 텍스트 응집성

스트랜드 3: 텍스트 비평하기

- 효과적인 논증의 준거
- 신뢰도
- 자료(sources)의 질과 신뢰성
- 관련성
- 타당성
- 타당한 추론 vs. 잘못된 추론
- 반론

- 단원명: 논증의 기술
- 개념적 렌즈: 논증
- 학년 수준: 10

일반화	안내 질문(F: 사실적, C: 개념적, D: 논쟁적)
1. 논증 구성 요소의 효과적 조직은 저자의 주장을 발전시킨다.	1a. 논증의 구성 요소는 무엇인가요? (F) 1b. 논증에 제시된 근거를 뒷받침하기 위해 어떤 유형의 증거를 사용할 수 있나요? (구체적인 사례, 통계, 데이터, 증언, 반론 등) (F) 1c. ___의 저자(또는 화자)는 무슨 주장을 하고 있나요? (F) 1d. 강력한 주장 진술은 왜 중요한가요? (C) 1e. 저자는 텍스트에 제시된 논증을 어떻게 조직했나요? (F) 1f. 저자의 논증 조직은 주장을 이해하는 데 어떤 영향을 미쳤나요? (F) 1g. 논증의 구성 요소 조직은 저자의 주장에 어떤 영향을 미치나요? (C)
2. 비판적으로 읽는 사람(질문, 도전, 정보 검증 등)은 잘못된 정보에 속지 않는다.	2a. 비판적 읽기란 무엇인가요? (F) 2b. 잘못된 정보에 속으면 어떤 결과가 발생하나요? (F) 2c. 논증을 평가하기 위해 독자는 어떤 전략을 사용하나요? (F) 2d. 논증에서 잘못된 추론이나 약한 증거를 찾아내는 것은 왜 중요한가요? (C) 2e. 사람은 비판적 문해력 기능으로 어떻게 주도성을 갖게 되나요? (C) 2f. '가짜 뉴스'를 피하는 데 있어서 독자의 책임은 얼마나 되나요? (D)
3. 효과적인 그룹 구성원 책임은 모두를 위한 더 깊이 있는 이해를 촉진한다.	3a. 그룹 구성원의 중요한 책임은 무엇인가요? (F) 3b. 다른 사람의 통찰력, 반응, 다른 관점을 고려하는 것이 모두의 이해를 깊이 있도록 하는 데 어떤 도움이 될 수 있나요? (C) 3c. 각 그룹 구성원의 준비가 전체 그룹의 효과성에 중요한 이유는 무엇인가요? (C)
4. 텍스트에 인용된 자료의 질과 신뢰성을 분석하는 것은 주장이 신뢰할 수 있는지 여부를 판단하는 데 도움이 된다.	4a. 누가 여러분의 텍스트를 출판했나요? 저자는 누구인가요? (F) 4b. 여러분의 텍스트에 있는 주장은 타당한 증거에 의해 뒷받침되나요? (F) 4c. 왜 1차 자료가 2차 자료보다 신뢰성이 더 높나요? (C) 4d. (자료가 출판되었을 때) 최신성은 왜 중요한 고려 사항인가요? (C) 4e. 저자의 신뢰도는 그의 신뢰성을 어떻게 높이나요? (C)
5. 저자는 청중에 대한 지식으로 더욱 신뢰할 수 있고 설득력 있는 논증을 전개한다.	5a. 주장에 대한 근거를 선택할 때 저자는 청중에 대해 무엇을 고려해야 하나요? (F) 5b. 반론은 논증에 어떻게 기여하나요? (C) 5c. 저자는 목표 청중의 공통적 특성을 어떻게 배우나요? (C)

중요한 내용과 핵심 기능

스트랜드에 따른 중요한 내용	핵심 기능
학생은 다음을 알 것이다	**학생은 다음을 할 수 있을 것이다**
스트랜드 1: 텍스트 이해하기 • 주장을 뒷받침하는 확실한 증거의 준거 • 중심 생각 vs. 구체적 설명 • 논증의 구성 요소 • 증거의 유형	CCSS.ELA-LITERACY.RI9-10.1: 확실하고 철저한 텍스트 증거를 인용하여 텍스트가 명시적으로 말하는 것의 분석뿐 아니라 텍스트에서 도출한 추론을 뒷받침한다. CCSS.ELA-LITERACY.R19-10.2: 어떻게 중심 생각이 나타나며 세부 사항에 의해 다듬어지는지 텍스트의 중심 생각을 알아내고 텍스트 전반에서 그 전개를 분석한다.
스트랜드 2: 텍스트에 반응하기 • 관련 질문 • 그룹 구성원 책임 • 대화를 촉진하는 문장 줄기(아이디어 명확화, 검증, 도전)	CCSS.ELA-LITERACY.SL9-10.1C: 현재 토론에 더 넓은 주제나 더 큰 아이디어와 관련짓는 질문을 제기하고 응답하며 대화를 촉진하고, 다른 사람을 토론에 적극적으로 참여시키며 아이디어와 결론을 명확히 하고 검증하며 도전한다. CCSS.ELA-LITERACY.SL.9-10.1a: 학습 중인 자료를 읽고 조사하여 준비된 상태로 토론에 참석하고, 사려 깊고 논리정연한 생각 교환을 촉진하기 위해 주제나 쟁점에 대한 텍스트 및 다른 연구 증거를 참고하여 토론 준비에 명시적으로 활용한다.
스트랜드 3: 텍스트 비평하기 • 논증을 분석하고 평가하는 데 사용되는 기술 • 잘못된 추론, 과장되거나 왜곡된 증거 • 논증 구성 요소의 효과적 조직 • 타당한 증거 및 추론 • 수사학적 언어	CCSS.ELA-SL.9-10.3: 화자의 관점, 추론, 증거 및 수사 사용을 평가하여 잘못된 추론 또는 과장되거나 왜곡된 증거를 식별한다. CCSS.ELA-LITERACY.RI.9-10.8: 추론이 타당하며 증거가 적절하고 충분한지 가늠하여 논증과 구체적 주장을 기술하고 평가한다. 거짓 진술과 잘못된 추론을 밝혀낸다.
스트랜드 4: 텍스트 생산하기 • 주장, 반론의 의미 • 목표 청중의 특성 • 다양한 논증적 기술 • 다양한 유형의 매체, 시각 자료, 멀티미디어 • 효과적 비유의 특징	CCSS.ELA-LITERACY.RI.9-10.5: 특정한 문장, 문단 또는 텍스트의 더욱 큰 부분(예: 장의 섹션)에서 저자의 생각과 주장이 어떻게 전개되고 다듬어지는지 자세히 분석한다. CCSS.ELA-LITERACY.W.9-10.1a: 정확한 주장을 내놓으며 대안적이거나 반대되는 주장과 구별하고, 주장, 반론, 근거 간의 명확한 관계를 설정하는 조직을 만든다. CCSS.ELA-LITERACY.W.9-10.1b: 청중의 지식 수준과 관심사를 예상하는 방식으로 양측의 강점과 한계점을 짚어 내고 각 주장에 대한 증거를 제공하며 주장을 공평하게 전개한다. CCSS.ELA-LITERACY.W.9-10.c: 단어, 구, 절을 사용하여 텍스트의 주요 부분을 연결하고 일관성을 만들며 주장과 근거, 근거와 증거, 주장과 반론 간의 관계를 명확하게 한다. CCSS-ELA. W.11-12.2.D: 주제의 복잡성을 다루기 위해 정확한 언어, 특정 분야의 용어, 은유, 직유, 유추와 같은 기술을 사용한다.

- 단원명: 논증의 기술
- 학년 수준: 10

권장 타임라인	제안된 학습 경험 (참고: G#=목표 일반화, GQ=안내 질문)	평가	개별화	자료
1~2 주차	도입: 논증에 대한 흥미로운 개념적 도입 질문을 제시한다. 청중, 영향이라는 제목으로 T차트에 학생 응답을 기록한다. 단원 전체에 걸쳐 갱신한다. **탐구 1: 조직과 영향 탐색하기** [참고: 〈표 2-6〉 완성된 수업 계획안 참조] • 논증이 어떻게 조직되었는지 학생이 발견할 수 있도록 서로 다른 논증 텍스트 모델을 사용한 귀납적 활동을 설계한다. • 새로운 텍스트 사례와 GQ#1a-1g를 사용하여 학생이 논증의 효과성을 평가하도록 안내한다. • 학생은 소그룹 차트에서 얻은 정보를 종합하고 논증의 구성 요소 조직과 저자 주장의 영향 간 관계를 표현하는 비유를 개별적으로 만든다(G#1).	학생 응답의 질과 관찰 그룹 관찰과 회의 소그룹 차트 검토 G#1의 개별 비유	소그룹 구성	인공물 상자: 효과적인 논증의 필수 구성 요소를 예시하는 서로 다른 텍스트 자료(기사, 만화, 광고 등)에서 5~7개의 발췌문을 포함한다.

3주차	**탐구 2: 주장과 신뢰성 탐색하기** • 학생이 탐구#1에서 사용한 텍스트로 돌아가게 한다. • GQ#4a-e를 사용하여 자신의 인공물 파일에 있는 각 텍스트에서 인용된 자료의 질과 신뢰성을 조사하게 한다. • 조사가 끝나면 각 그룹은 "우리는 ……을/를 이해한다."라는 문장을 완성한다.	G#4에 대한 그룹 표현	서로 다른 읽기 수준과 다양한 유형의 텍스트 사례	
	탐구 3: 비판적 읽기와 잘못된 정보 탐색하기 • 최신 사건 주제에 대한 주장을 제시하는 논증적 기사를 비판적 읽기(사고 구술)로 시범 보인다.	학생 응답	소그룹 구성	사고 구술 텍스트
	• 학생은 개별적으로 첫 번째 기사에서 다룬 이슈의 반대측 주장을 제시하는 두 번째 논증 기사를 자세히 읽는다.	교사 관찰	필요에 따라 교사 지원 또는 확장	
	• 어항 기법을 사용하여 안쪽 원에 있는 학생이 질문을 제기하고 두 기사 내용을 토론하며 주장, 추론, 증거, 반론을 평가한다. 안쪽 원에 있는 학생은 토론하고 의견을 나누며, 바깥쪽 원에 있는 학생은 듣고 관찰하며 기록한다. • 학생은 자리를 바꾸어 새로운 안쪽 원에 있는 학생이 토론을 진행하고 바깥쪽 원에 있는 학생은 관찰한다.	학생 성찰	대화를 촉진하는 문장 줄기(아이디어의 명확화, 검증, 도전)	
	• 토론 후 학생은 3명씩 조를 이루어 텍스트를 비판적으로 읽는 과정에 대해 성찰한다. GQ #2b-2e를 제시한다.	관찰과 학생 응답의 질		

4~5 주차	**탐구 4: 협업 탐색하기와 텍스트 이해하기** 전체 학급에 그룹 구성원의 책임과 각 책임에 대한 근거를 검토하게 한다. • G#3에 대한 안내 질문을 사용하여 학생의 사고를 G#3으로 끌어낸다. • 학생에게 글쓰기 저널을 사용하여 탐구 작업 중 토론의 효과에 대한 성찰을 작성하게 한다. • 학생 사고를 G#3으로 안내한다.	그룹 관찰과 회의	소그룹 구성	
6~7 주차	**인기 주제(hot topics) 주간: 질문하고 도전하며 검증하기** • 소그룹은 뉴스에서 인기 주제를 파악하고 (그 이슈의 각 측면을 보여 주는) 두 기사를 찾기 위한 조사를 수행한다. 학생은 후보 기사를 평가할 때 G#1, G#2, G#3, G#4에 대한 이해를 적용한다. • 그룹은 돌아가며 학급이 그들의 기사를 자세히 읽는 과정을 거치도록 이끈다. 이때가 학생이 비판적 사고와 학문적 담화 기능에 참여하는 시간이다. • 학생은 GQ# 2e에 대해 개별적으로 성찰하고 GQ# 2f에 대한 견해를 밝힌다. (G#2) **최종 단원 평가를 부여한다.**	관찰과 학생 응답의 질 G#2에 대한 공동의 학급 표현 채점 가이드	학생 필요에 따라 시각 자료, 영상 또는 추가적 스캐폴딩으로 서면 텍스트 지원 대화를 촉진하는 문장 줄기	조사를 위한 인터넷 접근

최종 단원 평가

- 단원명: 논증의 기술
- 개념적 렌즈: 논증
- 학년 수준: 10

무엇(단원 초점): 학생은 논증을 만드는 기술을 조사할 것이다.

왜(일반화 한 개 또는 여러 개): 다음을 이해하기 위함이다.

저자는 청중에 대한 지식으로 더욱 신뢰할 수 있고 설득력 있는 논증을 전개한다.

어떻게(학생을 위한 참여 시나리오): 이번 단원에서 우리는 논증의 많은 구성 요소와 그 구성 요소를 효과적으로 조직하여 저자가 주장을 전개하는 방법을 탐구했습니다. 또한 주장이 신뢰할 수 있는지를 판단하기 위해 논증에서 사용된 자료의 질과 신뢰성을 분석했습니다.

이제 여러분의 과제는 지난 몇 주 동안 배운 내용을 적용하여 여러분이 설득력 있게 느끼는 주장을 기반으로 논거를 만드는 것입니다. 먼저 여러분의 논증을 읽을 청중의 유형(노인, 청소년, 지역사회 또는 비즈니스 리더, 유권자, 학교 관계자, 젊은 어머니 등)을 파악해야 합니다. 여러분 주장의 설득력(예: 양질의 건강 관리는 노인에게 보장된 권리여야 한다.)은 청중을 얼마나 잘 이해하고 그들의 우려를 예상하여 반론(예: 노인을 위한 양질의 건강 관리 보장은 가족의 책임이다.)을 다루느냐에 달려 있습니다.

1단계: 청중을 선택하고(학급 목록의 지역사회 구성원 명단이나 자원봉사 학급 독자 중에서) 여러분이 내놓으려는 주장의 첫 번째 초안을 작성하세요.

2단계: 주제를 철저히 조사(예: 주장을 뒷받침하는 근거, 신뢰할 수 있는 증거, 반론 등)하고 청중의 우려를 예상하세요.

3단계: 타당한 추론과 적절하고 충분한 증거를 사용하여 여러분의 주장을 뒷받침하는 논증 초안을 작성하세요. 주장과 근거, 근거와 증거, 주장과 반론 간의 관계를 명확히 하고 일관성을 만들도록 여러분의 글을 수정하세요. 과제를 완료하는 데는 2주가 주어집니다.

4단계: 논증을 작성한 후 독자로 지원한 목표 청중 구성원과 여러분의 글을 공유할 것입니다.

성찰 보고서: 다음 내용에 응답하세요.

1. 목표 청중의 특징에 대해 무엇을 배웠나요?
2. 여러분의 목표 청중에 대한 지식이 어떻게 더욱 신뢰할 수 있고 설득력 있는 논증을 할 수 있도록 만들었는지 설명하세요.
3. 이번 단원에서 배운 내용을 바탕으로 논증을 전개하는 데 사용한 과정을 생각해 보세요. 앞으로 여러분의 삶에서 누군가에게 논증을 제시할 때 이전과 어떻게 다르게 접근할 것이라고 예상하나요?

성적 등급을 위한 채점 가이드

• 과제: ______________________________

	채점 준거	가능한 점수 또는 백분율	자기평가	교사 평가
기준	**이해**			
	성찰 보고서의 1번과 2번에 대한 응답은 청중에 대한 지식이 어떻게 효과적인 논증 전개를 형성하는 데 사용되었는지 보여 준다.	40		
	내용			
	목표 청중의 일반적 특성을 포함한다.	15		
	주장, 반론, 근거, 증거와 관련된 정확한 정보	15		
	과정			
	효과적인 논증의 구성 요소를 조직하는 능력을 보여 준다.	30		
	단어, 구, 절을 사용하여 텍스트의 주요 부분을 연결하고 일관성을 만들며 주장과 근거, 근거와 증거, 주장과 반론 간의 관계를 명확하게 한다.	100	______	______
	채점 범례 A= B= C= I=			

자료 A-3 8학년 디스토피아 사회: 정말 우리의 미래일까

- 학년 수준: 8
- 단원 번호: 4
- 단원명: 디스토피아 사회: 정말 우리의 미래일까?
- 개념적 렌즈: 주제, 비판적 분석
- 단원 길이: 약 8~10주

단원 개요

완벽한 사회를 상상해 보세요. 여러분이 생각하는 완벽한 사회는 어떤 모습인가요? 현재 우리가 겪고 있는 갈등과 고난이 없는 사회인가요? 그런데 만약 그 완벽해 보이는 사회가 사실 완벽하지 않다면 어떻게 될까요? 발견되지 않길 바라는 숨겨진 어두운 면이 있다면 어떻게 될까요? 그런 사회가 미래에 정말 존재할 수 있을까요? 이번 단원에서는 이상적인 사회나 디스토피아 사회를 다룬 소설을 비판적으로 읽으며 우리가 마주하는 주변 세상을 더 비판적으로 바라보는 능력을 기를 것입니다. 또한 여러분은 사변 소설(speculative fiction) 장르의 특별한 특성과 요소에 대한 이해를 구축할 것입니다. 우리는 여러 가지 소규모 탐구와 협력적 토론을 통해 이 장르의 다양한 요소를 탐구할 것입니다. 여러분은 비판적 문학 분석 에세이를 통해 저자의 메시지와 디스토피아 문학의 요소에 대한 이해를 보여 주게 될 것입니다.

기술 활용

- 문서 작성(워드 작업)
- 학습 지원 디지털 영상

이 단원에 제시된 성취기준 또는 국가 교육과정

CCSS.ELA-LITERACY.RL.8.1	CCSS.ELA-LITERACY.W.8.1C
CCSS.ELA-LITERACY.RL.8.2	CCSS.ELA-LITERACY.W.8.1E
CCSS.ELA-LITERACY.RL.8.3	CCSS.ELA-LITERACY.W.8.3A-E
CCSS.ELA-LITERACY.RL.8.4	CCSS.ELA-LITERACY.SL.8.1A
CCSS.ELA-LITERACY.RL.8.9	CCSS.ELA-LITERACY.SL.8.1B
CCSS.ELA-LITERACY.W.8.1	CCSS.ELA-LITERACY.SL.8.1C
CCSS.ELA-LITERACY.W.8.10A	CCSS.ELA-LITERACY.SL.8.1D
CCSS.ELA-LITERACY.W.8.1B	CCSS.ELA-LITERACY.L.8.5

- 단원명: 디스토피아 사회: 정말 우리의 미래일까?
- 개념적 렌즈: 주제, 비판적 분석
- 학년 수준: 8

스트랜드 1: 텍스트 이해하기

- 디스토피아 사회의 요소: 통제, 갈등
- 시회적 가치
- 배경 또는 시대
- 주제: 사회적 통제, 부패, 억압, 공포, 조종, 생존, 희망, 저항
- 추론
- 심층 텍스트 분석
- 인유

스트랜드 2: 텍스트에 반응하기

- 토의 프로토콜
- 언걸
- 개인적 성찰(나는 어떻게 할 것인가?)
- 영향
- 관점, 해석
- 탐색 질문

단원명:

디스토피아 사회: 정말 우리의 미래일까?

스트랜드 3: 텍스트 비평하기

- 그럴듯함, 저자의 의도
- 장르의 공통 요소
- 개별 권리 vs. 공익 (사회과 개념과의 연결 및 적용)
- 중심 인물(사실주의 소설 vs. 공상과학 및 사변 소설)
- 호소
- 세뇌 vs. 자각
- 텍스트 증거
- 함축

스트랜드 4: 텍스트 생산하기

- 문해력 분석
- 논지
- 증거
- 정교화
- 사실주의
- 내러티브 요소

- 단원명: 디스토피아 사회: 정말 우리의 미래일까?
- 개념적 렌즈: 주제, 비판적 분석
- 학년 수준: 8

일반화	안내 질문(F: 사실적, C: 개념적, D: 논쟁적)
1. 이야기의 주제는 인물, 배경, 줄거리의 상호작용과 관계를 통해 텍스트 전반에 걸쳐 전개된다.	1a. 여러분이 맡은 텍스트의 주제는 무엇인가요? 어떻게 알았나요? (F) 1b. 이야기의 초반, 중반, 후반부에서 주제를 이해하는 데 도움이 되는 어떤 일이 일어났나요? (F) 1c. 이야기의 주제를 더 깊이 이해하는 데 도움이 된 세부사항이나 참고 자료는 무엇인가요? (F) 1d. 저자는 이야기의 주제를 어떻게 전개하나요? (C) 1e. 이야기의 인물과 배경 사이에는 어떤 관계가 있나요(예: 배경이 인물의 선택에 미치는 영향)? (C) 1f. 이야기의 인물과 줄거리 사이에는 어떤 관계가 있나요(예: 인물 간 상호작용이 줄거리를 이끄는 방법)? (C)
2. 디스토피아 이야기는 보편적 인간 경험에 대한 특별한 질문이나 딜레마를 탐색한다.	2a. 보편적 인간 경험은 무엇인가요? (F) 2b. 텍스트 속 인물의 어떤 경험이 보편적 인간 경험일까요? (F) 2c. 디스토피아 문학은 사실주의 소설과 어떻게 비슷하거나 다른가요? (F) 2d. 소설에서 해당 장르만이 가질 법한 특별한 요소는 어떤 것이 있나요? (F) 2e. 문학은 어떻게 보편적 인간 경험과 세계 사회 현실에 대한 통찰을 제공하나요? (C) 2f. 디스토피아 소설은 왜 청소년에게 인기가 많을까요? (D)
3. 독자는 중심 인물의 투쟁에 공감하면서 디스토피아 사회의 부정적 요소를 발견한다.	**디스토피아 사회의 '부정적' 요소에 대한 이해 발달에 초기 초점을 맞춘다.** 3a. 유토피아는 무엇인가요? 디스토피아는 무엇인가요? (F) 3b. 디스토피아는 어떻게 만들어지고 어떻게 탄생할까요? (F) 3c. 사회의 부정적 요소는 무엇인가요? 여러분의 텍스트에 나온 사회의 부정적 요소는 무엇인가요? (F) 3d. 사회적 통제는 무엇인가요? 사회적 통제의 예는 무엇인가요? (F) 3e. 사회적 통제와 갈등, 선택 사이의 관계는 무엇인가요? (C) 3f. 사회를 좋게 만들거나 나쁘게 만드는 것은 무엇인가요? (D)

(계속)

	독자가 텍스트를 이해하는 데 초점을 맞춘다. 3g. 이야기 속 어떤 특정 대화나 사건이 여러분과 중심 인물의 투쟁 사이에 연결을 만들었나요? (F) 3h. 디스토피아 문학 속 중심 인물의 공통적 투쟁은 무엇인가요? (C) 3i. 이야기 속 중심 인물의 투쟁에 대한 공감은 독자가 디스토피아 사회의 부정적인 요소를 파악하는 데 어떤 도움을 주나요? (C)
4. 협력적 심층 텍스트 분석은 새로운 통찰력을 제공하고 이해를 확장함으로써 인유를 인식하고 파악하도록 한다.	4a. 심층 텍스트 분석이란 무엇인가요? (F) 4b. 다른 사람과 협력하여 심층 텍스트 분석을 할 때 어떤 전략이 중요하나요? (F) 4c. 인유는 무엇인가요? (F) 4d. 저자가 인유를 사용하면 읽기 기대치는 어떻게 변화하나요? (C) 4e. 협력적 심층 텍스트 분석은 이전에 발견되지 않았던 의미를 발견하는 데 어떤 도움이 되나요? (C) 4f. 협력적 심층 텍스트 분석은 어떻게 새로운 통찰력을 제공하고 이해를 확장할 수 있나요? (C) 4g. 일부 텍스트가 다른 텍스트보다 협력적 심층 분석에 더 적합한 이유는 무엇인가요? (C) 4h. 복잡한 텍스트를 깊이 분석하지 않으면 어떤 결과가 발생할 수 있나요? (D)
5.. 텍스트 기반 증거는 문학 분석의 신뢰성을 높인다.	5a. 문학 분석이란 무엇인가요? (F) 5b. 자신의 글에서 분석을 깊이 있게 하기 위한 전략은 어떤 것들이 있나요? (F) 5c. 증거는 어떻게 문학 분석의 신뢰성을 높이나요? (F) 5d. 명시적 텍스트 증거가 부족하면 문학 분석에 어떤 영향을 미치나요? (C) 5e. 저자는 문학 분석 에세이가 효과적이라는 것을 어떻게 보장할 수 있나요? (C)
6. 새로운 세계의 사실적 요소와 비현실적 요소가 공존할 때 공상 과학 사변 소설 이야기의 그럴듯함이 높아진다.	6a. 사실적 묘사는 무엇인가요? (F) 6b. ____장면에서 배경에 관한 사실적 묘사는 무엇이고, 비현실적 묘사는 무엇인가요? (F) 6c. 여러분의 텍스트 속 배경 묘사는 새로운 세계를 이해하는 데 어떤 도움을 주나요? (F) 6d. 디스토피아 문학 저자는 새로운 세계의 현실을 어떻게 창조하고 발전시키나요? (C)

(계속)

	6e. 저자는 공상 과학 사변 소설 이야기를 어떻게 그럴듯하게 만드나요? (C) 6f. 디스토피아 문학에 묘사된 새로운 세계가 아무리 비현실적이어도, 독자인 여러분이 여전히 믿을 만하게 느껴질 수 있을까요? (D)
7. 디스토피아 문학 저자는 최악의 시나리오를 만들어 독자가 사회적 가치를 비판하게 한다.	7a. 사회적 가치란 무엇인가요? (F) 7b. 여러분 소설의 저자는 어떤 사회적 가치를 비판하나요? 어떻게 알 수 있나요? (F) 7c. 여러분이 탐색한 소설 속 사회적 가치와 과거 혹은 현재의 정치 상황을 반영한 사회적 가치 사이에는 어떤 관계가 있나요? (F) 7d. 디스토피아 문학 저자는 왜 사회에 대한 최악의 시나리오를 묘사할까요? (C) 7e. 저자가 디스토피아 문학을 쓰는 이유는 무엇일까요? (D)

중요한 내용과 핵심 기능

스트랜드에 따른 중요한 내용	핵심 기능
학생은 다음을 알 것이다	학생은 다음을 할 수 있을 것이다
스트랜드 1: 텍스트 이해하기 • 디스토피아 사회의 요소 • 사회적 가치의 정의 • 사회의 부정적 측면 • 이야기의 배경 또는 시대 • 이야기의 주제 • 사회적 통제의 종류와 그에 대한 반응: 부패, 억압, 공포, 조종, 생존, 희망, 저항 • 추론 • 이야기 속 갈등 • 인유의 정의 • 심층 텍스트 분석을 위한 전략	CCSS.ELA-LITARACY.RL.8.1: 텍스트가 명시적으로 말하는 내용에 대한 분석과 텍스트에서 도출된 추론을 가장 강력하게 뒷받침하는 텍스트 증거를 인용한다. CCSS.ELA-LITERACY.RL.8.2: 텍스트의 주제 또는 중심 생각을 파악한다. 또한 텍스트 전반에 걸친 전개, 예컨대 인물, 배경, 사건의 관계를 분석하고 텍스트의 객관적 요약문을 제시한다. CCSS.EAL-LITERACY.RL.8.3: 이야기나 극(drama)의 특정 대화나 사건이 어떻게 인물의 면모를 드러내거나 결정을 유도하는 행동을 촉진하는지 분석한다. CCSS.ELA-LITERACY.RL.8.9: 현대 소설 작품이 신화, 전통 이야기 또는 성경과 같은 종교 작품에서 주제, 사건 패턴 또는 인물 유형을 어떻게 활용하는지 분석한다. 예컨대, 소재가 새롭게 표현되는 방식을 서술한다.
스트랜드 2: 텍스트에 반응하기 • 협력적 토의 프로토콜 • 독자 연결의 유형 • 개인적 성찰의 질 • 추론 • 관점, 해석 • 탐색 질문	CCSS.ELA-LITERACY.SL.8.1.A: 학습 중인 자료를 읽고 조사하여 준비된 상태로 토의에 참석한다. 토의 중인 아이디어를 성찰하고 탐색하기 위해 소재, 텍스트, 쟁점에 대한 증거를 참고하여 토의 준비에 명시적으로 활용한다. CCSS.ELA-LITERACY.SL.8.1B: 협력적 토의와 의사 결정을 위한 규칙을 따르고 특정 목표와 기한에 대해 진행 상황을 추적하며 필요에 따라 개인 역할을 명확히 한다. CCSS.ELA-LITERACY.SL.8.1C: 여러 발언자의 생각을 연결하는 질문을 제기하고 다른 사람의 질문과 발언에 관련 증거나 관찰, 생각으로 응답한다. CCSS.ELA-LITERACY.SL.8.1D: 다른 사람이 표현한 새로운 정보를 인정하고, 필요할 경우 제시된 증거에 비추어 자신의 견해를 수정하거나 정당화한다.

스트랜드 3: 텍스트 비평하기 • 그럴듯함의 특징 • 저자의 의도 • 내포 • 장르의 공통 요소 • 중심 인물(사실주의 소설 vs. 공상 과학 및 사변 소설) • 독자에게 호소하기 • 디스토피아와 관련된 중요 어휘: 세뇌 vs. 자각	CCSS.ELA-LITERACY.RL.8.4: 비유적 의미와 함축적 의미를 포함하여 텍스트에 사용된 단어와 구절의 의미를 파악하고, 다른 텍스트의 비유나 인유와 같은 특정 단어 선택이 의미와 어조에 미치는 영향을 분석한다. CCSS.ELA-LITERACY.L.8.5: 비유적 언어, 단어 관계, 단어 의미의 뉘앙스에 대한 이해를 보여 준다. CCSS.ELA-LITERACY.W.8.1: 분명한 근거와 관련 증거를 사용하여 주장을 뒷받침하는 논거를 작성한다.
스트랜드 4: 텍스트에 생산하기 • 글쓰기 과정 • 문학 분석 과정 • 주장 • 텍스트 증거 • 정교화 • 사실주의 • 내러티브 요소 • 질 높은 내러티브 글쓰기 기법	CCSS.ELA-LITERACY.W.8.1A: 주장을 제시하고 그 주장에 대안적이거나 반대되는 주장을 구별하고 인정하며 근거와 증거를 논리적으로 조직한다. CCSS.ELA-LITERACY.W.8.1B: 해당 주제나 텍스트에 대한 이해를 보여 주고 정확하고 신뢰성 높은 자료를 사용하며, 논리적 추론과 관련된 증거를 들어 주장을 뒷받침한다. CCSS.ELA-LITERACY.W.8.1C: 주장, 반론, 근거와 증거 사이의 관계를 명확히 하고 일관성을 갖추기 위해 단어, 구, 절을 사용한다. CCSS.ELA-LITERACY.W.8.1E: 제시된 논거를 뒷받침하고 뒤따르는 결론 문장 또는 결론 부분을 작성한다. CCSS.ELA-LITERACY.W.8.3A-E: 효과적 기법, 관련 묘사적 상세 설명, 구조화가 잘 된 사건 순서를 사용하여 실제 또는 가상의 경험이나 사건을 전개하는 내러티브를 작성한다.

- 단원명: 디스토피아 사회: 정말 우리의 미래일까?
- 학년 수준: 8

권장 타임 라인	제안된 학습 경험 (참고: G#=목표 일반화)	평가	개별화	자료

학습 경험에 대해 생각하기

이제 여러분은 수업 설계에 대해 배우고 여러 모델 수업을 분석하며 다양한 개념 기반 문해력 교실 수업 장면을 탐구했으니, 여러분이라면 어떻게…….

- 학습 경험을 구조화하고 계열성 있게 배치하여 학생을 단원 일반화로 안내하며 단원 최종 평가를 준비하도록 하겠는가?
- 탐구와 개념적 사고를 위한 기회를 지원하겠는가?
- 모든 학습자가 공평하게 접근할 수 있도록 개별화 교육을 제공하겠는가?
- 학생의 지식, 기능, 이해가 발전하는 과정을 지속적으로 평가하겠는가?

최종 단원 평가

- 단원명: 디스토피아 사회: 정말 우리의 미래일까?
- 개념적 렌즈: 주제, 비판적 분석
- 학년 수준: 8

선택 1: 무엇을(단원 초점): 학생은 디스토피아 사회를 조사할 것이다.

왜(일반화 하나 또는 여러 개): 다음을 이해하기 위함이다.
디스토피아 문학 저자는 최악의 시나리오를 만들어 독자가 사회적 가치를 비판하게 한다.

어떻게(학생 참여 시나리오): 미래의 잠재적인 억압적 사회에 대해 저자가 그려낸 그림을 읽고 난 후 어떤 느낌이 들었나요? 유토피아 문학으로 넘어갈 준비가 되었나요? 우리의 읽기를 더 긍정적인 생각으로 전환하기 전에 마지막 평가를 완료해야 합니다.

여러분이 읽은 디스토피아 소설을 바탕으로 마지막 과제는 문학 분석 에세이를 작성하는 것입니다. 여러분의 분석에는 다음 사항들이 포함되어야 합니다.
- 여러분이 읽은 소설의 주제
- 저자가 텍스트 전반에 걸쳐 최악의 시나리오에서 어떻게 그 주제를 발전시켰는지
- 마지막으로 저자가 어떻게 독자인 여러분이 최악의 시나리오를 바탕으로 사회적 가치에 대해 비판하도록 만들었는지

분석을 뒷받침하기 위해 반드시 텍스트에서 구체적인 증거를 인용하세요.

선택 2: 내러티브 글쓰기에 초점을 맞춘 대체 최종 평가

어떻게(학생 참여 시나리오):

미래의 잠재적인 억압적 사회에 대해 저자가 그려낸 그림을 읽고 난 후 어떤 느낌이 들었나요? 우리의 현재 사회를 생각해 보세요. 어떤 사회적 가치나 문제를 최악의 시나리오로 탐색해 보고 싶나요? 사회적 가치나 문제를 나타내는 뉴스 기사를 찾아보세요. 독자에게 전달하고 싶은 메시지나 주제를 생각해 보세요. 이번 단원에서 배운 저자가 디스토피아 문학을 창작하는 방식을 활용하여 해당 뉴스 기사에서 영감을 받은 짧은 이야기를 작성하세요. 동료 검토를 포함한 공식적 글쓰기 과정을 따르세요.

짧은 이야기가 완성되면 다음 사항을 반영하여 작문 보고서를 완성하세요.
- 여러분의 이야기가 뉴스 기사에서 다룬 가치나 문제를 어떻게 반영하는지
- 주제를 전달하기 위해 디스토피아 문학 저자로서 내린 선택

여러분의 이야기로부터 구체적인 예를 들어 성찰을 뒷받침하세요.

---

* 이 변형된 과제에 맞는 새로운 채점 가이드를 만든다.

채점 가이드[1)]

4 기준 준거를 충족하고 초과함

충족된 설명에 표시하시오.

3 기준

이해

문학 분석 에세이는 저자가 독자에게 사회적 가치를 비판하게 만든 방식을 충분한 세부 사항을 통해 설명하며, 목표 일반화에 대한 개념적 이해를 보여 준다.

내용

- 에세이는 소설의 주제를 전달한다.
- 소설에서 비판하는 사회적 가치에 대한 저자의 입장을 보여 주는 구체적인 증거를 소설 속에서 찾아 제시한다.

과정

문학 분석 에세이:

- 효과적인 서론: 독자의 관심을 끌고 주장이 분명하게 전달된다.
- 주장과 논증을 뒷받침하는 철저하고 설득력 있는 근거 및 증거를 제시하며 자료(사실 및 세부 사항)를 효과적으로 활용한다.
- 정교한 기법의 효과적 사용을 보여 준다.
- 의도, 청중, 과제에 대한 초점을 명확하게 유지한다.
- 전환어는 아이디어를 논리적으로 전개해서 구축하도록 도와 준다.
- 명확하고 효과적으로 아이디어를 표현하며 정확한 언어를 사용한다.
- 에세이가 상당한 깊이를 지니며 논지를 철저하게 설명한다.
- 자료는 자연스럽게 통합되고 적절하게 인용된다.
- 결론은 에세이를 효과적으로 마무리하고 독자에게 생각할 거리를 남겨 준다.
- 격식 있는 문체를 반영한다.
- 학년 수준에 맞는 문법과 규칙을 구사하여 보여 준다.

* Smarter Balanced Assessment 채점 루브릭[1)]에 기반한 언어

2 과정 기준에서 11개 준거 중 7개를 충족함. 내용 기준에서 2개 준거 중 1개를 충족함. 이해 기준을 충족함

1 채점 불가: 아직 기준에 근접하지 못함

1) Smarter Balanced Assesment 채점 루브릭은 미국의 주 연합 표준화 평가 컨소시엄인 Smarter Balanced Assesment Consortium(SBAC)에서 개발한 루브릭이다. - 역자 주

자료 A-4 7학년 모든 목소리는 소중하다: 형평성을 위한 투쟁

- 학년 수준: 7
- 단원 번호: 1
- 단원명: 모든 목소리는 소중하다: 형평성을 위한 투쟁
- 개념적 렌즈: 의사소통, 명확성
- 단원 길이: 약 9~10주
- 저자: Nolan Harron, Helen Hollister, Jim Palmer(미국 워싱턴주 벨링턴 소재 벨링턴 에디슨 학교구)에서 설계한 단원을 바탕으로 수정됨

단원 개요

여기 질문이 하나 있습니다. "중요한 문제에 대한 인식을 높이기 위해 어떻게 목소리를 사용할 수 있을까요?" 중학생인 여러분의 마음은 연민으로 가득 차 있고 다른 사람을 돕는 것을 좋아하며 공유할 아이디어가 정말 많습니다. 이 단원에서는 교육, 물, 쉼터, 음식, 가족, 사랑, 경제적 기회 등 전 세계의 형평성을 위한 투쟁에 대해 배우면서 효과적인 의사소통과 명확성 간의 관계를 탐구할 것입니다. 여러분은 특정 형평성 문제를 중심으로 탐구 그룹을 구성합니다. 매주 주제에 대한 이해를 구축하기 위해 자료를 읽고 분석하면서 독자에게 정보를 명확히 전달하는 텍스트의 특성과 질에 대한 더 깊이 있는 이해를 얻게 될 것입니다. 이 단원에서는 많은 이야기를 나눌 수 있을 것입니다! 여러분은 탐구 그룹과 전체 학급에서 학문적 대화에 참여합니다. 우리의 탐구 활동은 여러분의 쟁점에 대해 다른 사람에게 가르쳐 주는 디지털 잡지를 만들어 주요 개념에 대한 여러분의 이해를 보여 주는 것으로 마무리됩니다. 디지털 잡지는 온라인에 게시되어 여러분의 아이디어를 지역사회, 나아가 전 세계에 전달할 수 있습니다!

기술 활용

- 글쓰기 디지털 협업
- 웹 기반 연구
- 차트, 그래프 및 시각 자료 제작
- 디지털 잡지를 위한 디자인 및 배치

본 단원에서 다루는 국가 성취기준

CCSS.ELA-LITERACY.RI.7.1	CCSS.ELA-LITERACY.W.7.8
CCSS.ELA-LITERACY.RI.7.2	CCSS.ELALITERACY.SL.7.1
CCSS.ELA-LITERACY.RI.7.5	CCSS.ELA-LITERACY.SL.7.1B
CCSS.ELA-LITERACY.RI.7.9	CCSS.ELA-LITERACY.SL.7.1C
CCSS.ELA-LiTERACY.W.7.2	CCSS.ELA-LITERACY.SL.7.1D
CCSS.ELA-LITERACY.W.7.2A	CCSS.ELA-LITERACY.SL.7.2
CCSS.ELA-LITERACY.W.7.2B	CCSS.ELA-LITERACY.SL.7.5
CCSS.ELA-LITERACY.W.7.2C	CCCSS.ELA-LITERACY.L.7.4A

- 단원명: 모든 목소리는 소중하다: 형평성을 위한 투쟁
- 개념적 렌즈: 의사소통, 명확성
- 학년 수준: 7

스트랜드 1: 텍스트 이해하기

- 중심 생각
- 뒷받침하는 세부 사항
- 요약
- 조직
- 텍스트 구조(예: 원인과 결과, 비교와 대조)
- 텍스트 특징 및 형식(예: 제목), 그래픽(차트, 표, 삽화 등)
- 추론
- 문맥 단서
- 증거
- 저자의 목적

스트랜드 2: 텍스트에 반응하기

- 질문
- 관찰
- 명확한 의사소통
- 관점
- 성찰
- 적절한 피드백
- 소크라테스 세미나 절차
- 정교화
- 협업
- 연결

단원명:
모든 목소리는 소중하다

스트랜드 4: 텍스트 생산하기

- 설명 조직
- 관련 내용
- 주제 문장
- 마무리 문장
- 세부 사항
- 정교화
- 텍스트 구조
- 텍스트 특징 및 형식
- 전환어
- 청중 의식
- 명확성
- 연구

스트랜드 3: 텍스트 비평하기

- 강조
- 관점
- 사실 vs. 허구
- 효과적인 텍스트 구조
- 저자의 기법
- 자료
- 신뢰성
- 최신성
- 관련성
- 정확성
- 멀티미디어의 가치

- 단원명: 모든 목소리는 소중하다: 형평성을 위한 투쟁
- 개념적 렌즈: 의사소통, 명확성
- 학년 수준: 7

일반화	안내 질문(F: 사실적, C: 개념적, D: 논쟁적)
1. 효과적인 의사소통은 다른 사람이 중요한 쟁점을 명확하게 이해할 수 있도록 해 준다.	1a. 효과적인 의사소통이란 무엇인가요? (F) 1b. 효과적인 의사소통의 요소(정보에 근거한 목소리, 메시지의 명확성)는 무엇인가요? (F) 1c. 정보에 근거한다는 것은 무엇을 의미하나요? (F) 1d. 정보에 근거한 목소리는 어떻게 다른 사람을 가르칠 수 있나요? (C) 1e. 효과적인 의사소통과 청중 이해 사이의 관계는 무엇인가요? (C) 1f. 글이나 발표가 명확하지 않을 때 어떤 일이 발생하나요? (C) 1g. 중요한 생각을 정확하고 효과적으로 전달하는 것에 대해 사람들은 어떤 책임을 가져야 할까요? (D)
2. 독자는 객관적 요약문을 작성하기 위해 텍스트의 중심 생각 전개를 분석한다.	2a. 이 텍스트의 중심 생각은 무엇인가요? 증거로 뒷받침해 보세요. (F) 2b. 중심 생각을 결정하는 데 어떤 읽기 전략이 도움이 되었나요? (F) 2c. 이 텍스트의 저자는 중심 생각을 어떻게 전개했나요? (F) 2d. 텍스트의 '객관적 요약문'이란 무엇인가요? (F) 2e. 텍스트의 객관적 요약문을 작성하는 데 도움이 되는 기능은 무엇인가요? (F) 2f. 단순히 텍스트의 중심 생각을 식별하는 것에 비해 중심 생각이 어떻게 전개되는지 분석하는 것은 요약문을 객관적으로 만드는 데 어떻게 도움이 되나요? (C) 2g. 텍스트의 객관적 요약문이 중요한 이유는 무엇인가요? (C)
3. 담화 참가자는 담화를 통해 주제, 아이디어 또는 개념에 대한 현재 이해를 수정하고 심화할 수 있다.	3a. 존중하는 대화는 어떤 모습이고 어떻게 들리나요? (F) 3b. 그룹 대화 중 말한 어떤 내용으로 인해 주제에 대해 다르게 생각하게 되었나요? (F) 3c. 담화는 텍스트를 이해하는 데 어떤 역할을 하나요? (C) 3d. 왜 사고를 수정해야 하나요? (C) 3e. 우리는 항상 다른 사람의 생각을 받아들여야 하나요? (D)
4. 연구자는 정보의 신뢰도를 보장하기 위해 자료의 신뢰성과 정확성을 평가한다.	4a. 무엇이 자료의 신뢰성을 결정하나요? (F) 4b. ___(자료)는 신뢰할 만한 정보를 제공하나요? 어떻게 알 수 있나요? (F) 4c. 연구자는 정보 자료가 신뢰할 수 있는지 어떻게 판단하나요? (C) 4d. 연구 논문에서 신뢰할 만한 자료의 정보만 사용하는 것은 왜 중요한가요? (C) 4e. 신뢰성(credibility), 정확성, 신뢰도(reliability) 간의 관계는 무엇인가요? (C)

(계속)

5. 저자는 독자에게 아이디어가 가장 명확하게 전달되도록 텍스트 구조와 특정 텍스트 요소를 선택한다.	5a. 다양한 텍스트 구조의 예는 무엇인가요? (F) 5b. 다양한 텍스트 특징의 예는 무엇인가요? (F) 5c. ____(저자)는 정보와 아이디어를 조직하기 위해 어떤 텍스트 구조를 사용했나요? (F) 5d. 이 저자는 어떤 텍스트 특징을 사용했나요? (F) 5e. 텍스트 구조와 텍스트 특징이 독자로서 여러분에게 어떤 영향을 미쳤나요? (F) 5f. 정보 텍스트의 조직은 다른 유형의 글쓰기와 어떻게 다른가요? (C) 5g. 정보 전달 텍스트의 저자는 아이디어를 효과적으로 전달하기 위해 가장 적절한 구조를 어떻게 결정하나요? (C) 5h. 텍스트 특징과 명확한 아이디어 전달 사이의 관계는 무엇인가요? (C)
6. 저자는 아이디어를 뒷받침하고 사고의 정확성을 더하기 위해 관련된 사실, 정의, 구체적 세부 사항, 인용문 또는 기타 정보와 사례를 활용하여 주제를 전개한다.	6a. ____(텍스트)의 저자는 주제를 전개하기 위해 어떤 기법을 사용했나요? [관련된 사실, 정의, 구체적 세부 사항, 인용문, 사례 등] (F) 6b. '사고의 정확성'이란 무엇인가요? (F) 6c. 저자가 주제를 전개하는 방식은 어떻게 아이디어를 뒷받침하고 사고의 정확성을 더해 주나요? (F) 6d. 저자가 주제를 잘 전개하는 것은 왜 중요한가요? (C) 6e. 저자가 전략적으로 주제를 전개하지 않으면 어떤 일이 발생하나요? (D)
7. 발표자는 정보를 명확히 하고 주장을 뒷받침하며 중요한 점을 강조하기 위해 멀티미디어 요소와 시각적 자료를 활용한다.	7a. 발표에서 멀티미디어 사용에 대해 무엇을 관찰했나요? (F) 7b. 멀티미디어의 목적은 무엇인가요? (F) 7c. 발표자는 활용하기에 가장 효과적인 멀티미디어를 어떻게 판단하나요? (C) 7d. 발표자가 선택한 멀티미디어는 그/그녀의 의도를 달성하는 데 어떤 역할을 하나요? (C)
8. 모든 사람의 목소리를 존중하고 포용하는 것은 형평성을 위한 전 세계적 투쟁을 다루는 데 도움이 될 것이다.	8a. 형평성이란 무엇인가요? (F) 8b. 형평성을 위한 보편적 투쟁에는 어떤 것들이 있나요? (F) 8c. 기술 발전과 세계화는 어떻게 형평성을 증진하거나 저해하나요? (C) 8d. 서로 다른 문화에서는 어떻게 목소리가 소외되나요? (C) 8e. 공평하다는 것은 모두가 똑같은 것을 얻어야 한다는 의미일까요? (D)

중요한 내용과 핵심 기능

스트랜드에 따른 중요한 내용	핵심 기능
학생은 다음을 알 것이다	**학생은 다음을 할 수 있을 것이다**
스트랜드 1: 텍스트 이해하기 • 중요 어휘: 분투와 번영 • 텍스트 구조의 유형(원인과 결과, 비교와 대조 등) • 텍스트 특징 및 형식(제목, 굵은 글씨, 이탤릭체, 용어집 등), 그래픽(차트, 표, 삽화 등) • 문맥 단서의 가치	CCSS.ELA-LITERACY.RI.7.1: 텍스트에서 명시적으로 말하는 내용과 텍스트에서 도출한 추론 분석을 뒷받침하기 위해 여러 개의 텍스트 증거를 인용한다. CCSS.ELA-LITERACY.RI.7.2: 텍스트에서 두 개 이상의 중심 생각을 결정하고 텍스트 전반에서 그 전개를 분석한다. 본문의 객관적 요약문을 제공한다. CCSS.ELA-LITERACY.RI.7.5: 저자가 텍스트를 조직하는 데 사용하는 구조를 분석하고 주요 부분이 전체와 아이디어 전개에 어떻게 기여하는지 분석한다. CCSS.ELA-LITERACY.L.7.4A: 문맥(예: 문장이나 문단의 전체적 의미, 문장에서 단어의 위치나 기능)을 단서로 사용하여 단어 또는 구의 의미를 파악한다.
스트랜드 2: 텍스트에 반응하기 • 동료 소크라테스 토의 절차 • 관련성 높고 다양한 유형의 질문 • 사고를 정교화하는 문장 시작자 • 협업을 위한 전략 • 적절한 피드백을 위한 지침	CCSS.ELA-LITERACY.SL.7.1B: 동료 토의를 위한 규칙을 따르고 구체적 목표와 기한을 향한 진행 상황을 추적하며 필요에 따라 개별 역할을 정의한다. CCSS.ELA-LITERACY.SL.7.1C: 정교화하는 질문을 제기하고 필요에 따라 주제에 대한 토의를 다시 가져오는 관련 관찰 및 아이디어로 다른 사람의 질문과 의견에 응답한다. CCSS.ELA-LITERACY.SL.7.1D: 다른 사람이 표현한 새로운 정보를 인정하고 필요할 경우 자신의 견해를 수정한다.
스트랜드 3: 텍스트 비평하기 • 자료를 평가하는 기법 • 서로 다른 의사소통 방식의 장점 • 다양한 발표 매체 형식과 시각적 가치	CCSS.ELA-LITERACY.RI.7.9: 동일한 주제에 대해 글을 쓰는 두 명 이상의 저자가 서로 다른 증거를 강조하거나 사실에 대해 서로 다른 해석을 주장함으로써 중요 정보를 어떻게 형성하는지 분석한다. CCSS.ELA-LITERACY.SL.7.2: 다양한 미디어 및 형식(시각적, 양적, 구두로 제시된)의 주요 아이디어와 뒷받침하는 세부 정보를 분석하고 아이디어가 어떻게 학습 중인 주제, 텍스트 또는 쟁점을 명확하게 하는지 설명한다. CCSS.ELA-LITERACY.W.7.8: 여러 인쇄물 및 디지털 자료에서 관련 정보를 수집하고 검색어를 효과적으로 사용한다. 각 자료의 신뢰성과 정확성을 평가하며 표절을 피하고 표준 인용 형식을 따르면서 다른 사람의 데이터와 결론을 인용하거나 재구성한다.

스트랜드 4: 텍스트 생산하기 • 멀티미디어 통합 도구 • 전환 단어와 구절 • 관련 사실, 구체적 세부 사항 등 • 정보 텍스트를 위한 서로 다른 텍스트 구조와 요소	CCSS.ELA-LITERACY.W.7.2: 주제를 검토하고 관련 내용의 선택, 구성, 분석을 통하여 아이디어, 개념, 정보를 전달하기 위해 정보를 주거나 설명하는 텍스트를 작성한다. CCSS.ELA-LITERACY.W.7.2A: 뒤따르는 내용을 미리 보여 주며 주제를 명확하게 소개하고 정의, 분류, 비교와 대조, 원인과 결과와 같은 전략을 사용하여 아이디어, 개념, 정보를 구성한다. 필요에 따라 이해를 돕기 위해 형식(예: 제목), 그래픽(예: 차트, 표), 멀티미디어도 전략에 포함한다. CCSS.ELA-LITERACY.W.7.2B: 관련된 사실, 정의, 구체적 세부 정보, 인용문 또는 기타 정보와 사례를 사용하여 주제를 전개한다. CCSS.ELA-LITERACY.W.7.2C: 적절한 전환어를 사용하여 아이디어와 개념 간의 관계를 명확히 하고 일관성을 형성한다. CCSS.ELA-LITERACY.SL.7.5: 주장과 탐구 결과를 명확히 하고 중요한 요점을 강조하기 위해 발표에서 멀티미디어 요소와 시각 자료를 활용한다.

- 단원명: 모든 목소리는 소중하다: 형평성을 위한 투쟁
- 개념적 렌즈: 의사소통, 명확성
- 학년 수준: 7

권장 타임 라인	제안된 학습 경험 (참고: G#=목표 일반화)	평가	개별화	자료

학습 경험에 대해 생각하기

모델 단원 2 '디스토피아 사회: 정말 우리의 미래일까?'에서 우리는 여러분에게 다음의 질문을 했다.

여러분이라면 어떻게……

- 학습 경험을 구조화하고 계열성 있게 배치하여 학생을 단원 일반화로 안내하며 단원 최종 평가를 준비하도록 하겠는가?
- 모든 학습자가 공평하게 접근할 수 있도록 개별화 교육을 제공하겠는가?
- 학생의 지식, 기능, 이해를 평가하겠는가?

이제 우리의 사고를 한 걸음 더 나가 보자.

이 단원을 위한 학습 경험을 설계한다면 여러분은 귀납적 탐구를 통한 학습 과정과 명시적 기능 교수를 어떻게 균형 있게 조화시키겠는가?

- 탐구를 통해 어떤 지식, 기능, 이해를 가장 잘 가르칠 수 있는가?
- 탐구가 진행되는 과정에서 명시적 교수를 통해 가장 잘 가르칠 수 있는 것은 무엇인가?
- 정지 및 확대를 해야 할 기능, 내용, 개념이 있는가?
- 다가오는 명시적 교수를 위해 진행 중인 탐구를 어떻게 활용하여 긴박감, 관련성 또는 시의성을 느끼게 할 것인가?

최종 단원 평가

- 단원명: 모든 목소리는 소중하다: 형평성을 위한 투쟁
- 개념적 렌즈: 의사소통, 명확성
- 학년 수준: 7

무엇을(단원 초점): 학생은 형평성을 위한 투쟁에서 목소리가 어떻게 중요한 역할을 하는지 조사할 것이다.

왜(일반화 하나 또는 여러 개): 다음을 이해하기 위함이다.

- 발표자는 정보를 명확히 하고 주장을 뒷받침하며 중요한 점을 강조하기 위해 멀티미디어 요소와 시각 자료를 포함시킨다.
- 모든 사람의 목소리를 존중하고 포용하는 것은 형평성을 위한 전 세계적 투쟁을 다루는 데 도움이 될 것이다.

어떻게(학생 참여 시나리오):

여러분은 팀으로 작업하여 교육용 디지털 잡지를 제작할 것입니다. 잡지에는 여러분이 고른 전 세계적 형평성 투쟁과 관련된 쟁점에 대해 독자를 교육할 수 있는 기사, 이미지, 차트, 시각 자료 및 기타 선택한 것이 포함됩니다. 각 그룹은 하나의 기사를 발행하고 그 기사에는 최소 하나의 멀티미디어 요소가 포함되어야 합니다.

형평성을 위한 투쟁 사례

- 교육에 대한 접근
- 가족과 사랑에 대한 접근
- 물에 대한 접근
- 음식에 대한 접근
- 주거에 대한 접근
- 경제적 기회에 대한 접근

디지털 잡지는 더 넓은 독자층에 다가가기 위해 공개 웹페이지에 게시될 것입니다.
발행물이 게시된 후 여러분은 다음을 설명하는 세 문단 구성의 보고서를 작성할 것입니다.

- 멀티미디어 요소와 시각 자료가 전 세계적 형평성 문제에 대한 정보를 명확히 하는 데 어떻게 도움을 주었는지
- 멀티미디어 요소와 시각 자료가 전 세계적 형평성 문제에 대한 여러분의 주장을 뒷받침하는 데 어떻게 도움을 주었는지
- 멀티미디어 요소와 시각 자료가 모든 사람의 목소리를 존중하고 포용하는 것에 대한 중요성을 강조하는 데 어떻게 도움을 주었는지

성적 등급을 위한 채점 가이드

	채점 준거	가능한 점수 또는 백분율	자기평가	교사 평가
기준	이해			
	내용			
	과정			
	채점 범 A= B= C= I=			

채점 가이드에 대해 생각하기

모델 단원 1. '설득의 도구로서 언어'와 모델 단원 2. '디스토피아 사회: 정말 우리의 미래일까?'는 최종 평가를 위한 평가 도구의 두 가지 다른 사례를 제공한다. 이러한 사례는 전통적 루브릭에 대한 대안이다. 각각의 사례는 다차원적이며 학생이 평가를 이해하기 쉽게 하고 교사가 학생의 학습을 일관성 있게 평가할 수 있도록 도와 준다.

'설득의 도구로서 언어'는 100점 만점 기반의 채점 가이드를 보여 주며 이는 성적 등급 체계로 쉽게 변환될 수 있다. 또한 이 채점 가이드는 학생 자기평가와 교사 평가를 동일한 과제에서 둘 다 가능하게 한다. 이는 교사와 학생이 학습 파트너로서 협력적 관계를 형성하는 강력한 방법이다.

'디스토피아 사회: 정말 우리의 미래일까?'는 4점 척도 기반의 채점 가이드를 보여 준다. 이 유형은 성취기준 기반 평가 시스템을 지원한다. 과정 부분에서는 학생 글쓰기의 특성을 평가하기 위한 언어 기대치가 명확하게 설명되며 이는 특정 글쓰기 기법을 목표로 하고 있다.

두 단원 모두 학생이 교육과정 단원의 마지막에 무엇을 **알고**(내용), **이해하고**(일반화), **할 수 있는지**(과정/전략/기능) 3차원적 학습을 평가하는 개념 기반 채점 가이드의 사례를 제공한다. 이는 주제에 대한 지식이나 학생의 기능 시연 능력만을 평가하는 2차원 채점 가이드와 다르다. 세 가지 차원을 개별적으로 평가하면 특정 단원에 맞게 채점을 조정할 수 있으며 중점 사항에 유연성을 부여한다.

이제 여러분의 차례이다! '모든 목소리는 소중하다: 형평성을 위한 투쟁' 단원의 최종 평가를 다시 읽어 보라. 이 평가를 위한 채점 가이드를 만든다면 학생이 알 것(Know), 이해할 것(Understand), 할 수 있을 것(be able to Do), 또는 이 KUD를 측정하기 위해 어떤 준거나 기술어를 포함하겠는가?

자료 A-5 9학년 오, 저자가 직면한 선택!

- 학년 수준: 9
- 단원 번호: 2
- 단원명: 오, 저자가 직면한 선택!
- 개념적 렌즈: 저자의 기법, 선택
- 단원 기간: 약 4~6주

단원 개요

오, 저자가 직면한 선택! 그 선택이 우리를 어디로 데려갈 수 있는지. 저자가 등장인물, 줄거리, 배경, 언어, 조직, 장르, 표현, 참고 문헌 등에 관해 내리는 모든 선택에 대해 생각해 보세요. 이 단원에서 우리는 저자가 내리는 독특한 선택 중 일부를 조사할 것입니다. 때로는 그의 선택이 더 흥미로운 작품을 만들어 내기도 합니다. 때로는 선택으로 인해 독자가 잠시 멈추거나 궁금해 하기도 하고 이해하는 데 어려움을 겪기도 합니다. 때로는 선택이 관습과 윤리의 한계를 넘습니다. 저자는 우리의 글쓰기 멘토입니다. 저자의 선택을 분석하면서 여러분은 여러분의 글쓰기 선택지를 확장하게 됩니다. 마지막으로, 올해의 우리 지역 오픈 하우스(community open house)에서 여러분은 저자로서 내리는 선택을 선보일 것입니다!

기술 활용

- 디지털 미디어
- 워드 프로세싱

이 단원에서 다루는 성취기준 또는 국가 교육과정

CCSS.ELA-LITERACY.RL.9-10.4

CCSS.ELA.LITERACY.RL9-10.5

CCSS.ELA-LITERACY.RL.9-10.7

CCSS.ELA-LITERACY.RI9-10.7

CCSS.ELA-LITERACY.W.9-10.4

CCSS.ELA-LITERACY.W.9-10.6

CCSS.ELA-LITERACY.SL.9-10.1.A

CCSS.ELA-LITERACY.SL.9-10.1d

CCSS.ELA-LITERACY.L.8.3

- **단원명:** 오, 저자가 직면한 선택!
- **개념적 렌즈:** 저자의 기법, 선택
- **학년 수준:** 9

스트랜드 1: 텍스트 이해하기

- 읽기 전략
- 저자의 목적
- 저자의 기법 요소
  - 단어 선택
  - 문체
  - 텍스트 매체
  - 텍스트 구조
  - 텍스트 유형(장르)
  - 반전
  - 문학적 장치

스트랜드 2: 텍스트에 반응하기

- 명확한 목표
- 다름에 대한 존중
- 성찰
- 증거
- 개인과 집단의 책임
- 연결
- 협업

단원명:

오, 저자가 직면한 선택!

스트랜드 4: 텍스트 생산하기

- 쓰기 규범
- 다양한 맥락의 언어
- 단어 의미 속 뉘앙스
- 매체 및 메시지
- 다양한 매체
- 어조
- 목적

스트랜드 3: 텍스트 비평하기

- 저자의 선택의 효과성
  - 매체
  - 문체
  - 단어 선택
- 메시지의 힘
- 문학적/창의적 허용
- 청중에게 미치는 영향
- 모순
- 증거

- 단원명: 오, 저자가 직면한 선택!
- 개념적 렌즈: 저자의 기법, 선택
- 학년 수준: 9

일반화	안내 질문(F: 사실적, C: 개념적, D: 논쟁적)
1. 저자는 청중이 텍스트를 받아들이고, 반응하고, 이해하는 방식을 형성하는 선택을 한다.	1a. 저자가 내리는 선택을 지시하는 요소에는 어떤 것이 있나요? (F) (장르, 관색, 복석, 수제 등) 1b. 저자가 자신의 글에 대해 내리는 일반적인 선택은 무엇인가요? (F) 1c. 텍스트를 이해하기 위해 더 많은 집중이 필요한 저자의 선택은 무엇인가요? (F) 1d. 당신의 저자는 당신이 그의 메시지를 받거나 이해하는 데 어떤 도움을 주었나요? 당신의 반응은 무엇이었나요(텍스트 증거를 사용하여 설명한다)? (F) 1e. 저자의 선택이 청중에게 어떤 영향을 미치나요? (C) 1f. 저자가 글쓰기 선택과 독자 간의 관계를 이해하는 것이 왜 중요하나요? (C) 1g. 저자는 왜 그런 선택을 하나요? (D)
2. 읽기 및 보기 전략과 저자의 기법에 대한 이해는 저자가 내리는 선택을 발견하고 설명하는 데 도움이 된다.	2a. 모리슨(T. Morrison)의 『Beloved』의 모티프를 이해하기 위해 어떤 읽기 전략을 사용하였나요? (F) 2b. 청중이 시각적 소통에서 저자가 선택한 것을 보는 데 도움이 되는 시청 전략은 무엇인가요? (F) 2b. 저자의 기법에 대한 지식이 저자의 선택 분석을 어떻게 지원할 수 있나요? (C) 2c. 저자의 선택을 분석하는 것이 어떻게 자신의 글쓰기 능력을 향상시킬 수 있나요? (C)
3. 협업은 각 참가자의 사고와 새로운 아이디어의 생성을 확장한다.	3a. 협업은 어떤 모습이고, 어떤 소리가 나며, 어떤 느낌일까요? (F) 3b. 협업이 실패하는 요인은 무엇인가요? (F) 3c. 협업이 관련된 모든 사람에게 중요한 이유는 무엇인가요? (C) 3d. 협업은 협조와 어떻게 다를까요? (C) 3e. 그룹에서 누군가가 한 말이나 행동 중 나의 사고를 확장시킨 것은 무엇이었나요? (D)

(계속)

4. 저자는 목적, 청중, 메시지에 따라 최선의 의사소통 매체를 선택할 수 있다.	4a. 다양한 유형의 의사소통 매체의 예는 무엇인가요? (F) 4b. 첫 번째 매체(예: 인쇄물)의 예에서 나타난 주제 ______에 대한 세부 정보는 무엇인가요? 동일한 주제가 다른 매체(예: 영상)에 표현될 때 어떤 세부 정보가 동일하게 유지되거나 변경되나요? (F) 4c. 다양한 매체는 주제가 표현되는 방식을 어떻게 형성하나요? (C) 4d. 저자의 목적은 매체 선택에 어떻게 반영되나요? (C) 4e. 주제를 정확하게 표현하기 위해 한 매체를 다른 매체보다 더 많이 사용할 수 있나요? (D)
5. 테크놀로지는 저자의 독자층을 확장하고 메시지의 힘을 강화할 수 있다.	5a. 청중의 관심을 끄는 디지털 매체의 특징은 무엇인가요? (F) 5b. 어떤 테크놀로지가 당신의 글쓰기에 도움이 되나요? (F) 5c. 테크놀로지가 어떻게 저자의 독자층을 확장할 수 있나요? (C) 5d. 테크놀로지 도구는 어떻게 저자의 메시지를 강화하거나 희석시킬 수 있나요? (C) 5e. 시각적 문해력이 왜 이토록 보편화되었나요? (C)

중요한 내용과 핵심 기능

스트랜드에 따른 중요한 내용	핵심 기능
학생은 다음을 알 것이다	**학생은 다음을 할 수 있을 것이다**
스트랜드 1: 텍스트 이해하기 • 저자의 기법 요소 및 다양한 쓰기 기법 • 효과적인 독서 전략 • 저자의 목적	CCSS.ELA-LITERACY.RL.9-10.4: 비유적 의미 및 기술적 의미를 포함하여 텍스트에 사용된 단어 및 어구의 의미를 결정한다. 특정 단어 선택이 의미와 어조에 미치는 누적 영향을 분석한다.
스트랜드 2: 텍스트에 반응하기 • 효과적인 토론을 위한 프로토콜 그룹 구성원의 책임 • 협력을 위한 요구 사항	CCSS.ELA-LITERACY.SL.9-10.1.A: 연구 중인 자료를 읽고 조사한 후 준비된 토론에 참석한다. 사려 깊고 합리적인 아이디어 교환을 격려하기 위해 주제나 문제에 대한 텍스트 및 기타 연구의 증거를 참조하여 해당 준비를 명시적으로 이끌어 낸다. CCSS.ELA-LITERACY.SL.9-10.1D: 다양한 관점에 신중하게 대응하고 동의와 비동의의 요점을 요약하며 정당한 경우 자신의 견해와 이해를 검증하거나 정당화하고 제시된 증거와 추론에 비추어 새로운 연결을 만든다.
스트랜드 3: 텍스트 비평하기 • 저자가 내리는 다양한 선택의 영향 • 메시지의 강도 및 명확성 • 다양한 유형의 매체의 영향	CCSS.ELA-LITERACY.RL.9-10.7: 각 과정에서 강조되거나 없는 내용을 포함하여 두 가지 다른 예술적 매체에서 주제 또는 주요 장면의 표현을 분석한다. CCSS.ELA-LITERACY.RI.9-10.7: 다양한 매체에서 전달되는 주제에 대한 다양한 설명(예: 인쇄물과 다중매체 모두에서 개인의 인생 이야기)을 분석하여 각 설명에서 강조되는 표현을 결정한다. CCSS.ELA-LITERACY.RL9-10.5: 텍스트를 조직하고 텍스트 내에서 사건의 순서를 정하며(예: 병렬 플롯), 시간을 조작하는 방법(예: 전개 속도, 회상)과 관련된 저자의 선택이 어떻게 미스터리, 긴장감, 놀라움 등과 같은 효과를 생성하는지 분석한다.
스트랜드 4: 텍스트 생산하기 • 다양한 테크놀로지 도구 • 명확하고 일관된 글쓰기의 질 • 청중 • 다양한 매체의 언어 규범	CCSS.ELA-LITERACY.W.9-10.6: 인터넷을 포함한 테크놀로지를 활용해 개별 또는 공유 쓰기 작품을 제작 · 게시 · 수정하고, 다른 정보에 연결하고 정보를 유연하고 동적으로 보여 주는 테크놀로지의 역량을 활용한다. CCSS.ELA-LITERACY.W.9-10.4: 개발, 구성 및 문체가 작업, 목적 및 청중에 적합하고 명확하며 일관성 있는 글을 작성한다. CCSS.ELA-LITERACY.L.8.3: 쓰기, 말하기, 읽기 또는 듣기 시 언어 지식과 그 규범을 사용한다.

- 단원명: 오, 저자가 직면한 선택!
- 개념적 렌즈: 저자의 기법, 선택
- 학년 수준: 9

제안된 시간	제안된 학습 경험	평가	개별화 수업 전략	자료

학습 경험에 관한 생각

모델 단원 3 '모든 목소리는 소중하다: 형평성을 위한 투쟁'에서 귀납적 탐구를 통한 교수와 명시적 기능 교수의 균형을 고려해 달라고 요청하였다.

당신은 다음 질문에 대해 생각해 보았다.
교사에서 학생으로 학습에 대한 책임과 주인의식이 점진적으로 이양되는 것이 균형 잡힌 문해력 교실의 핵심이라는 점을 고려할 때, 이를 이 단원의 기반으로 어떻게 구축할 수 있는가?

- 탐구를 통해 가장 잘 가르칠 수 있는 지식, 기능, 이해는 무엇인가?
- 진행 중인 탐구의 맥락에서 명시적 교수를 통해 가장 잘 가르칠 수 있는 것은 무엇인가?
- 정지 및 확대할 수 있는 기능, 내용 또는 개념이 있는가?
- 진행 중인 탐구를 사용하여 다가올 명시적 교수에 대한 긴박감, 관련성 또는 시의성을 어떻게 조성할 것인가?

이제는 다음에 대해 생각해 보자.
학생이 다가올 학습 경험에서 활용하기를 기대하는 기능, 전략 또는 문제 해결 유형을 사고 구술을 통해 모델링하기 위하여, 학습 목표를 반영한 어떤 멘토 텍스트 또는 예를 사용할 수 있는가?

- 점진적 책임 이양(Gradual Release of Responsibility: GRR)을 통해 어떤 기능, 전략 또는 문제 해결 유형을 가르치는 것이 가장 좋은가?
- 학습 목표를 반영하는 어떤 멘토 텍스트 또는 예를 사용하여 학생이 다가올 학습 경험에서 활용할 것으로 기대되는 기능, 전략 또는 문제 해결 유형을 사고 구술을 통해 모델링할 수 있는가?
- 학생이 개별 연습(independent practice)을 할 준비가 되었는지 어떻게 알 수 있는가?

최종 단원 평가

- 단원명: 오, 저자가 직면한 선택!
- 개념적 렌즈: 저자의 기법, 선택
- 학년 수준: 9

무엇을(단원의 초점): 학생은 저자의 선택에 따른 결과를 조사한다.

왜(일반화 한 개 또는 여러 개): 저자는 청중이 텍스트를 받아들이고 반응하며 이해하는 방식을 형성하는 선택을 한다.

어떻게(학생을 위한 흥미로운 시나리오):
여러분은 이 단원에서 엄청나게 다양한 유형의 텍스트를 읽었습니다. 저자가 한 선택에 대한 미니 탐구를 통해 선택이 이루어진 이유와 그것이 독자, 시청자 또는 청취자로서 여러분에게 미친 영향에 대한 몇 가지 흥미로운 이론을 발견했습니다. 여러분이 분석한 다양한 텍스트 매체(인쇄물과 비인쇄물)의 콘텐츠 대부분에는 다양한 '-주의(isms)'라는 주제가 담겨 있었습니다. 예를 들어, 인종차별주의, 행동주의, 이타주의, 성차별주의, 체형주의(sizeism), 자원봉사주의(volunteerism) 등이 있습니다. 다양한 -주의를 다루는 여러 가지 짧은 텍스트 목록을 정리해 보았습니다. 이제 청중에게 영향을 미칠 차례입니다!
여러분은 우리 지역 오픈 하우스에서 전시될 여러분의 공감을 불러일으키는 -주의에 대한 성명을 표현하는 작품을 만들게 됩니다. 여러분의 마음에는 무엇이 있나요? 의도한 결과는 무엇인가요? 이를 청중과 어떻게 소통할 것인가요? 저자로서 어떤 기법을 선택할건가요? 우리는 이 단원에서 고전 문학, 시, 예술, 사진 등을 탐구했습니다. 당신은 '-주의'에 대한 메시지를 생생하게 전달하기 위해 어떤 매체를 선택할건가요?

최종 평가는 다음과 같습니다.

1부

1. 여러분이 공감되는 '-주의'에 관한 짧은 텍스트나 발췌문을 선택하여 읽으세요.
2. 텍스트의 저자가 선택한 특정 기법을 확인하세요.
3. 글쓰기 짝과 함께 선택에 대해 이야기하고 저자가 왜 이런 선택을 했는지, 그리고 이 선택이 텍스트에 대한 여러분의 반응과 이해에 어떻게 영향을 미쳤는지 브레인스토밍하세요. 이번 주말에 제출될 네 부분으로 구성된 성찰 학습지의 1번(#1)에 여러분의 생각을 기록하세요.
4. 작품에 이름을 지정하고 이를 성찰 학습지의 2번(#2)에 기록하세요.
5. 이러한 작품이 사용된 것을 본 다른 예를 생각하고 3번(#3)에 응답을 기록하세요.

2부

6. 우리 지역 오픈 하우스를 위한 여러분의 작품을 만들어 보세요. 목적과 청중에 따라 기법을 선택하고 매체를 선택하세요. 또한 작품의 본질을 포착하는 창의적인 제목을 생각해 보세요.
7. 성찰 학습지의 4번(#4)에서는 청중이 메시지를 받고, 반응하고, 이해하는 방식을 형성하기 위해 여러분이 어떤 기법을 선택하고 사용하였는지 공유하세요(학급 루브릭을 사용하여 자기 평가합니다).

채점 가이드

	기대 초과 (4)	기대 충족 (3)	아직은 아니지만 곧! (2)
이해			
과정			
내용			

채점 가이드에 관한 생각

모델 단원 3 '모든 목소리는 소중하다: 형평성을 위한 투쟁'의 채점 가이드에 관한 생각에서 개념 기반 채점 가이드에는 항상 이해, 과정 및 내용에 대한 평가가 포함된다는 것을 배웠다. 또한 점수 기반이거나 기준 기반 평가 체계(standards-based reporting system)로 채점 가이드의 형식을 만들 수 있다는 것을 배웠다. 여기서 중요한 점은 학교의 고유한 시스템 내에서 작동하는 동시에 학생의 이해, 과정 및 내용에 대한 귀중한 피드백을 제공하는 채점 가이드를 만드는 것이다.

또 다른 변형이 있다. 이 채점 가이드의 경우 교사는 '기대 충족' 열에 대한 설명만 입력한다. 이는 기대에 부응하기 위해 학생이 무엇을 알고, 이해하고, 무엇을 할 수 있는지를 명확하게 정의한다. 교사는 나머지 두 열('기대 초과'와 '아직은 아니지만 곧!')은 비워 둔 채로 개별 학생에게 구체적인 피드백을 제공할 수 있다. 기대치를 초과하는 데 대한 상한선이나 제한선 없이 최종 평가를 제작할 때 채점 가이드는 기대치를 초과하는 모습을 정의하려고 해서는 안 된다. 학생이 기대 충족 이상으로 나아갈 수 있는 모든 방법을 실제로 예측할 수 없지 않겠는가?

'아직은 아니지만 곧!'이라는 언어는 성장 마인드셋의 정신을 담아낸 것으로 학생이 아직 기대에 부응하지 못하더라도 그렇게 될 것이라는 점을 깨닫도록 돕는다. 이 열을 비워두면 교사는 학생이 기대치를 충족하기 위해 무엇을 할 수 있는지에 대한 개별화된 피드백을 제공할 수 있다.

이제 여러분 차례이다! 여러분이라면 이 단원 '오, 저자가 직면한 선택!'의 최종 평가로 어떤 유형의 채점 가이드를 작성하겠는가? 다른 어떤 유형보다 그 유형을 선택한 이유는 무엇인가?

점수: ______/4

1: 점수를 매길 만큼 완성도가 높지 않음

자료 A-6 5학년 개인 내러티브: 제 이야기입니다

- 학년 수준: 5
- 단원 번호: 1
- 단원명: 개인 내러티브: 제 이야기입니다
- 개념적 렌즈: 장르, 작가의 기법
- 단원 기간: 약 8~10주

단원 개요

정말 재미있는 이야기를 했는데 나밖에 웃는 사람이 없다는 걸 깨달은 적이 있나요? 아무도 그 이야기를 이해하지 못했습니다! 아, 이런! 아무래도 당신이 거기 '존재'했어야 했던 것 같아요. 개인적인 이야기를 공유하는 작가는 자신의 기법과 단어 선택을 통해 독자가 '존재'하도록 어떻게 도울 수 있을까요? 이 작가들은 독자들이 자신의 이야기의 요점을 이해하도록 어떻게 도울까요? 이 단원에서 우리는 효과적인 개인 내러티브와 이야기 뒤에 숨은 기법 사이의 관계를 탐구할 것입니다. 우리는 개인 내러티브의 중심인물인 여러분이 어떻게 독자의 마음과 상상을 사로잡는 이야기를 만들 수 있는지를 파고들어 고민할 것입니다. 여러분은 여러분의 이야기를 통해 독자를 여러분과 함께 웃고 함께 울게 만드는 방법, 여러분이 선택하는 그 어떤 것이든 배우게 될 것입니다. 추억의 길을 따라 여행을 떠날 준비를 하세요!

기법 활용

- 워드 프로세싱
- 구글 독스(Google Docs)를 통한 협력적 글쓰기

이 단원에서 다루는 성취기준 또는 국가 교육과정

CCSS.ELA-LITERACY.RL.5.1	CCSS.ELA-LITERACY.RL.5.2
CCSS.ELA-LITERACY.RL.5.6	CCSS.ELA-LITERACY.RL.5.9
CCSS.ELA-LITERACY.W.5.1C	CCSS.ELA-LITERACY.W.5.3
CCSS.ELA-LITERACY.W.5.3A	CCSS.ELA-LITERACY.W.5.3B
CCSS.ELA-LITERACY.W.5.3A	CCSS.ELA-LITERACY.W.5.3 C
CCSS.ELA-LITERACY.W.5.3D	CCSS.ELA-LITERACY.W.5.3E
CCSS.ELA-LITERACY.SL.5.1	CCSS.ELA-LITERACY.SL.5.1BA
CCSS.ELA-LITERACY.SL.5.1C	CCSS.ELA-LITERACY.SL.5.1.D
CCSS.ELA-LITERACY.SL.5.2	CCSS.ELA-LITERACY.L.5.2
CCSS.ELA-LITERACY.L.5.3.A	

- 단원명: 개인 내러티브: 제 이야기입니다
- 개념적 렌즈: 장르, 작가의 기법
- 학년 수준: 5

스트랜드 1: 텍스트 이해하기

- 이야기 요소: 인물, 줄거리, 배경, 갈등, 해결 등
- 개인 내러티브의 텍스트 구조
- 정신적 이미지 및 형상
- 추론
- 단어 선택
- 문학적 장치
- 소품(vignettes)
- 주제(theme)
- 서술자(narrator)
- 관점
- 요약

스트랜드 2: 텍스트에 반응하기

- 연결
- 학문적 대화
- 독자 반응
- 해석
- 성찰
- 질문
- 정확한 표현
- 집단 책임
- 적극적 듣기
- 적절한 피드백

단원명:

개인 내러티브: 제 이야기입니다

스트랜드 4: 텍스트 생산하기

- 내러티브 기법
- 정확한 언어
- 감각적 세부 정보
- 단어 선택
- 문장 구조
- 전환어(transitional words) 및 어구
- 글쓰기 과정

스트랜드 3: 텍스트 비평하기

- 개인 내러티브의 요소, 기법(technique)
- 단어 선택의 효율성
- 저자의 기법 수준
- 사람, 장소, 경험의 개발
- 언어 정확성
- 영향력
- 호소력
- 명확성

- 단원명: 개인 내러티브: 제 이야기입니다
- 개념적 렌즈: 장르, 작가의 기법
- 학년 수준: 5

일반화	안내 질문(F: 사실적, C: 개념적, D: 토론적)
1. 작가는 독자가 동일한 경험을 공유했다고 느낄 수 있도록 개인 내러티브를 만든다.	1a. 이 이야기 ______에 묘사된 사건은 무엇이었나요? (F) 1b. 작가는 그 경험을 당신과 어떻게 공유했나요? (F) 1c. 세부 정보와 단어는 독자가 작가가 설명하는 경험을 공유하고 있다고 느끼는 데 어떻게 도움이 되나요? (C) 1d. 사람들은 왜 개인 내러티브를 나누는 걸까요? (C) 1e. 독자는 다른 사람들의 이야기를 통해 어떻게 학습하나요? (C) 1f. 작가는 자신의 개인적인 이야기를 위한 이야기를 어떻게 결정합니까? (C)
2. 독자는 사건과 경험이 이야기에서 어떻게 해석되고 묘사되는지 이해하기 위해 서술자의 관점을 확인한다.	2a. 서술자는 무엇인가요? 관점이란 무엇인가요? (F) 2b. __(서술자)__와/과 이야기______에서 그의 관점 ______에 대해 무엇을 알고 있나요? 여러분의 답변을 뒷받침하는 증거를 제시하세요. (F) 2c. __(서술자)__은/는 이야기 속의 특정 사건을 어떻게 해석(또는 이에 반응하여 생각하고 느끼거나 행동)하나요? (F) 2d. 독자는 서술자의 관점을 식별하기 위해 어떤 전략을 사용하나요? (F) 2e. 사람들은 이야기 속의 동일한 사건을 어떻게 다르게 해석할 수 있나요? (C) 2f. 서술자의 관점은 이야기에 대한 독자의 해석에 어떤 영향을 미치나요? (C) 2g. 모든 이야기에는 양면이 있나요? (D)
3. 독자는 추론을 뒷받침하고 이야기의 해석을 구성하기 위해 텍스트 증거를 정확하게 인용한다.	3a. 텍스트 증거를 정확하게 인용한다는 것은 무엇을 의미하나요? (F) 3b. 명시적으로 언급되지 않은 정보를 추론하기 위해 독자는 어떤 전략을 사용하나요? (F) 3c. 이야기 속의 인물(character) 및 사람(person), 배경, 사건에 대해 어떤 추론을 하였나요? (F) 3d. 텍스트 증거를 정확하게 인용하는 것이 왜 중요한가요? (C) 3e. 텍스트 증거를 정확하게 인용하는 것과 독자의 해석 사이에는 어떤 관계가 있나요? (C) 3f. 이야기에 대한 독자의 추론과 해석이 텍스트 증거에 의해 뒷받침되지 않으면 이야기가 타당하다고 볼 수 있나요? (D)

(계속)

4. 특정 질문을 제기하고 이에 응답하는 것은 다른 사람의 아이디어를 명확히 하고 수집함으로써 학술적 대화의 성공에 기여한다.	4a. 어떤 유형의 질문이 다른 사람의 생각을 명확히 하는 데 도움이 되나요? (F) 4b. 어떤 유형의 질문이 다른 사람들이 자신의 생각을 공유하는 데 도움이 되나요? (F) 4c. 다른 사람의 질문에 대한 적절한 답변은 무엇인가요? (F) 4d. 학문적 대화를 성공적으로 이끄는 이유는 무엇인가요? (F) 4e. 학문적 대화는 모든 사람의 학습에 어떻게 도움이 되나요? (C) 4f. 학문적 대화는 친구들과의 일상적인 대화와 어떻게 다르나요? (C)
5. 작가는 특정 단어와 세부 정보를 통해 독자의 마음속에 있는 사람, 장소 및 사건에 대한 정확한 이미지를 만든다.	5a. 여러분의 이야기에서 (작가) ______은/는 사람, 장소, 사건을 어떻게 묘사하였나요? (F) 5b. 작가가 보여 주는 것과 말하는 것은 무엇을 의미하나요? (F) 5c. 여러분 책의 작가가 독자의 감각에 호소하는 방법은 무엇인가요? (F) 5d. 작가의 단어 선택이 독자에게 이미지를 만들어 내는 방법은 무엇인가요? (C) 5e. 개인 내러티브는 작가가 독자에게 정확한 이미지를 더욱 쉽게 만들어 내도록 어떻게 돕나요? (C)
6. 작가는 독자에게 흥미롭고 즐거운 경험을 선사하기 위해 대화, 설명, 속도와 같은 내러티브 기법을 사용한다.	6a. 당신의 이야기와 연결되는 이유는 무엇인가요? (F) 6b. 다양한 내러티브 기법에는 어떤 것이 있나요? (F) 6c. 당신의 작가는 독자로서 당신의 이야기를 생생하게 전달하기 위해 어떤 내러티브 기법을 사용했나요? (F) 6d. 이야기 속 대화 또는 설명을 통해 무엇을 배웠나요? (F) 6e. 속도는 어떻게 이야기를 흥미롭게 유지하나요? (C) 6f. 이야기에서 내러티브 기법은 어떻게 남용될 수 있나요? (C) 6f. 무엇이 이야기를 즐겁게 만드나요? (D)
7. 작가는 독자의 관심, 취향, 의미 생성을 고려하여 문장을 확장, 결합, 축소한다.	7a. 작가마다 사용하는 문장 구조의 다양한 스타일에서 무엇을 발견했나요? (F) 7b. 문장을 확장하고 결합하고 축소한다는 것은 무엇을 의미하나요? (F) 7c. 다양한 스타일의 문장이 어떻게 작가의 글을 흥미롭게 유지하나요? (F) 7d. 문장 구조가 독자에게 의미를 어떻게 지원하나요(예를 통해 아이디어를 명확히 하기, 간결하고 명백하게 하기, 다양한 아이디어 연결하기 등)? (C) 7e. 닥터 수스(Dr. Seuss)와 같은 일부 작가는 왜 그만의 독특한 문장 스타일로 인정받나요? (C)

중요한 내용과 핵심 기능

스트랜드에 따른 중요한 내용	핵심 기능
학생은 다음을 알 것이다	**학생은 다음을 할 수 있을 것이다**
스트랜드 1: 텍스트 이해하기 • 이해도 모니터링 전략 • 이야기 요소(인물, 플롯, 설정, 갈등, 해결, 중요한 사건 등) • 관점의 정의 • 관점의 종류 • 다양한 유형의 이야기 구조	CCSS.ELA-LITERACY.RL.5.1: 텍스트가 명시적으로 말하는 내용을 설명할 때와 텍스트에서 추론을 이끌어 낼 때 텍스트를 정확하게 인용한다. CCSS.ELA-LITERACY.RL.5.2: 이야기나 드라마의 등장인물이 도전에 어떻게 반응하는지, 시의 화자가 주제에 대해 어떻게 생각하는지 등을 포함하여 텍스트의 세부 정보에서 이야기, 드라마 또는 시의 주제를 결정하고 본문을 요약한다. CCSS.ELA-LITERACY.RL.5.6: 화자 또는 화자의 관점이 사건이 설명되는 방식에 어떻게 영향을 미치는지 설명한다. CCSS.ELA-LITERACY.SL5.2: 소리 내어 읽은 서면 텍스트 또는 시각적·양적, 구두를 포함한 다양한 매체 및 형식으로 제시된 정보를 요약한다.
스트랜드 2: 텍스트에 반응하기 • 아이디어를 명확하게 하고 강화하며 확장하는 질문 • 그룹 책임(규칙 준수, 준비 등) • 적극적인 듣기를 위한 전략과 응답 • 연결 유형	CCSS.ELA-LITERACY.SL.5.1.A: 필요한 자료를 읽거나 공부한 후 준비한 토론에 참석한다. 해당 주제에 대해 알려진 준비 사항이나 기타 정보를 명시적으로 활용하여 논의 중인 아이디어를 탐색한다. CCSS.ELA-LITERACY.SL.5.1B: 합의된 토론 규칙을 따르고 할당된 역할을 수행한다. CCSS.ELA-LITERACY.SL.5.1C: 토론에 기여하고 다른 사람의 의견을 자세히 설명하는 의견을 제시하여 특정 질문을 제기하고 응답한다. S.ELA-LITERACY.SL.5.1D: 표현된 핵심 아이디어를 검토하고 토론에서 얻은 정보와 지식을 바탕으로 결론을 도출한다.
스트랜드 3: 텍스트 비평하기 • 단어 선택의 효율성 • 개인 내러티브에 있어서 작가의 기법 수준 • 정확한 언어의 정의 • 개인 내러티브의 요소	CCSS.ELA-LITERACY.RL.5.9: 동일한 장르(예: 미스터리 및 모험 이야기)의 이야기를 비슷한 주제와 주제에 대한 접근 방식으로 비교하고 대조한다. CCSS.ELA-LITERACY.W.5.1C: 단어, 어구, 절(예: 결과적으로, 구체적으로)을 사용하여 의견과 이유를 연결한다.

(계속)

스트랜드 4. 텍스트 생산하기 • 글쓰기 과정의 단계 • 전환어 및 어구 • 장르의 공통 요소 • 효과적인 내러티브 기법 • 텍스트 구성 • 전환어 • 정확하게 쓴다는 것의 의미 • 쓰기 규범 • 정확한 언어, 구체적인 단어와 구문, 감각적 세부 정보의 정의	CCSS.ELA-LITERACY.W.5.3: 효과적인 기법, 감각적 세부 정보 및 명확한 사건 순서를 사용하여 실제 또는 상상의 경험이나 사건을 전개하는 내러티브를 작성한다. CCSS.ELA-LITERACY.W.5.3A: 상황을 설정하고 서술자 및 등장인물을 소개하여 독자의 방향을 잡는다. 자연스럽게 펼쳐지는 사건의 순서를 구성한다. CCSS.ELA-LITERACY.W.5.3B: 대화, 묘사, 전개 속도(pacing)와 같은 내러티브 기법을 사용하여 경험과 사건을 전개하거나 상황에 대한 등장인물의 반응을 보여 준다. CCSS.ELA-LITERACY.W.5.3C: 다양한 전환어, 어구 및 절을 사용하여 사건의 순서를 관리한다. CCSS.ELA-LITERACY.W.5.3D: 구체적인 단어와 어구, 감각적 세부 정보를 사용하여 경험과 사건을 정확하게 전달한다. CCSS.ELA-LITERACY.W.5.3E: 서술된 경험이나 사건을 바탕으로 결론을 제시한다. CCSS.ELA-LITERACY.L.5.2: 글을 쓸 때 표준 영어 대문자 사용, 구두점 및 철자법을 구사하는 방법을 보여 준다. CCSS.ELA-LITERACY.L.5.3: 의미, 독자 및 청취자의 관심 및 문체에 맞게 문장을 확장, 결합 및 축소한다.

- 단원명: 개인 내러티브: 제 이야기입니다
- 개념적 렌즈: 장르, 작가의 기법
- 학년 수준: 5

제안된 시간	제안된 학습 경험	평가	개별화 수업 전략	자료

학습 경험에 관한 생각

모델 단원 4 '오, 저자가 직면한 선택!'에서 교사로부터 학생에게로 학습에 대한 책임과 주인의식을 점진적으로 이양하는 것을 고려해 달라고 요청하였다.
당신은 다음 질문에 대해 생각해 보았다.

- 점진적 책임 이양(GRR)을 통해 가장 잘 배울 수 있는 문제 해결 기능, 전략 또는 유형은 무엇인가?
- 학생이 다가올 학습 경험에서 활용하기를 기대하는 기능, 전략 또는 문제 해결 유형을 사고 구술을 통해 모델링하기 위하여, 학습 목표를 반영한 어떤 멘토 텍스트 또는 예를 사용할 수 있는가?
- 학생이 개별 연습을 할 준비가 되었는지 어떻게 알 수 있는가?

이제는 다음에 대해 생각해 본다.
학생의 선택은 개념 기반 문해력의 핵심 요소이다. 다시 말하지만 학생에게 제한 없는 선택권을 주겠다는 것이 아니다. 우리는 학생에게 학습자로서 힘을 실어 주고 영감을 주는 결정에 학생이 참여할 수 있는 방법을 찾고자 한다.
학생을 위한 학습을 설계할 때 학생이 다음 사항에 대해 선택할 수 있는 기회를 어떻게 제공할 것인가?

- 그들이 읽을 텍스트는?
- 그들이 만들어 낼 결과물은?
- 달성하고자 하는 학습 목표는?
- 그들이 쓰고 싶은 주제는?

최종 단원 평가

- 단원명: 개인 내러티브: 제 이야기입니다
- 개념적 렌즈: 장르, 작가의 기법
- 학년 수준: 5

무엇을(단원의 초점): 학생은 개인 내러티브에 관해 조사할 것이다.

왜(일반화 한 개 또는 여러 개): 독자들이 같은 경험을 공유했다고 느낄 수 있도록 작가는 개인 내러티브를 구성한다는 점을 이해하기 위하여

어떻게(학생을 위한 흥미로운 시나리오):
나의 이야기 프로젝트는 다음과 같습니다.

이제 다양한 작가가 개인 이야기를 어떻게 구성하는지 이해하게 된 5학년으로서 여러분은 자신의 이야기를 공유할 준비가 되었습니다.
먼저, 당신이 쓰려는 인생 경험을 드러내는 제목을 브레인스토밍합니다. 이 단원에서 작가가 사용한 제목(새 학교에서의 첫날, 가장 친한 친구를 만난 방법 등)에 대해 생각해 보세요.
이야기(텍스트 구조)를 어떻게 구성할지 생각해 보세요. 예를 들어, 사건이 일어난 순서대로 쓸 것인가요 아니면 문제 및 해결책 구조를 사용할 것인가요?
다음으로, 이 단원에서 배운 이야기 요소(캐릭터, 배경, 줄거리, 속도, 변화, 의미)를 계획해야 합니다. 이제 개인 내러티브의 첫 번째 초안을 시작할 준비가 되었습니다. 독자가 여러분이 설명하는 것과 동일한 경험을 공유한다고 느낄 수 있도록 이야기를 만드는 게 목표임을 기억하세요. 작가가 이를 수행하는 방식에 대해 배웠으므로 글쓰기 일지, 멘토 텍스트, 과제, 수업 앵커 차트 등을 되돌아보는 것이 도움이 될 수 있습니다. 여러분의 내러티브가 글쓰기 과정의 모든 단계를 거치면 여러분의 출판된 작품이 제본되어 학교 도서관에서 열리는 출판 축하 행사에서 전시됩니다. 여러분의 개인 내러티브는 다른 사람들이 즐길 수 있도록 1개월 동안 전시됩니다.

또한 여러분의 이야기가 출판된 후에 개별 글쓰기 콘퍼런스를 가질 예정입니다. 콘퍼런스 동안 여러분은 독자가 여러분의 경험을 공유했다고 느낄 수 있도록 이야기 구성에 사용한 기법과 내러티브의 예를 인용하면서 설명할 것입니다.

채점 가이드

준거	4	3	2	1
이해				
내용 A.				
B.				
C.				
과정 A.				
B.				
C.				

채점 가이드에 관한 생각

채점 가이드를 설계하는 방법에 있어서 정답이 없다는 것을 지금쯤 깨달았을 것이다. 학생을 KUD, 즉 알고 있는 것(Knowledge, 내용 지식), 이해하는 것(Understand, 일반화), 할 수 있는 것(Do, 과정, 전략 및 기능)의 측면에서 평가하는 한 채점 도구의 스타일과 구조는 달라질 수 있다.

일부 학교 시스템에서는 학년 수준, 과목 영역 또는 학교 전반에 걸쳐 채점 도구에 일관된 형식을 만드는 것이 가치 있다고 생각한다. 이렇게 하면 학생은 형식에 익숙해지기 때문에 자기평가에 더욱 능숙해질 수 있다. 또한 가족은 일관된 의사소통 방법을 높이 평가할 것이다.

보다 상세한 루브릭을 설계하든 간소화된 채점 도구를 설계하든 상관없이 중요한 것은 이것이 최종 단원 평가(culminating unit assessment)의 기대치에 부합하고 학생이 자신이 잘한 부분과 개선이 필요한 부분을 파악하는 데 도움이 된다는 것이다.

자료 B 그래픽 조직자 표본

자료 B-1 텍스트 심층 분석을 위한 그래픽 조직자 표본

텍스트 심층 분석 탐구하기

텍스트의 제목과 저자: ______________________________

텍스트 심층 분석을 통해 소설에서 무엇을 발견했나요?

작가의 기법: (   )
빈칸에는 특정 기법에 대한 질문을 삽입할 것. 예를 들어, "작가는 역사적 · 성서적(bibilcal) · 문학적 · 문화적 인유 중 어떤 종류의 인유를 사용하였는가?"

독자의 기법: (   )
빈칸에는 특정 기법에 대한 독자의 반응에 대한 질문을 삽입할 것. 예를 들어, "이 인유를 이해하기 위하여 독자로서 어떤 전략과 기법을 사용하였는가?"

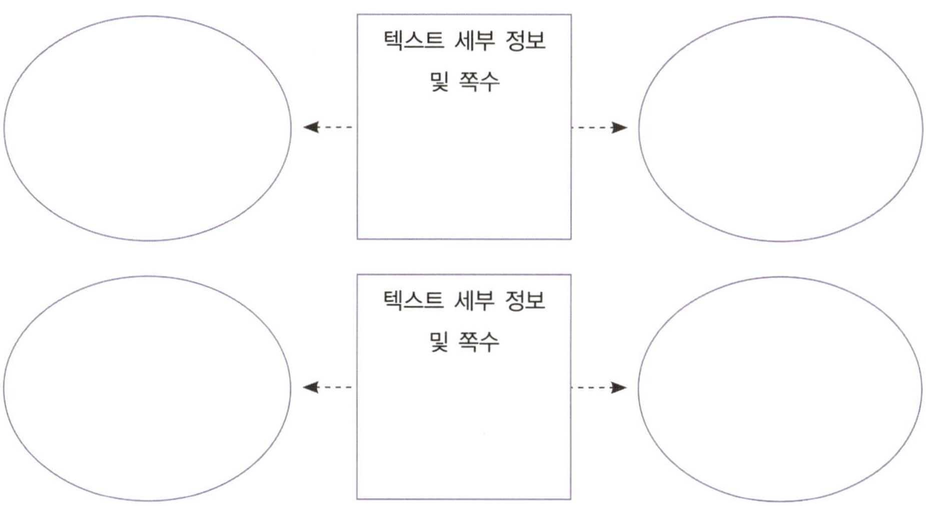

자료 B: 그래픽 조직자 표본

텍스트 세부 정보 및 쪽수

작가의 기법: (학생을 목표 일반화로 이끄는 데 도움이 되는 기술에 대한 질문을 작성한다. 예: 문학의 인유는 독자에게 어떤 영향을 미치는가?")

일반화를 작성하여 여러분이 ________(예: 작가가 인유를 사용하는 이유)에 관해 이해하는 것을 나타내시오. "나는 ……을/를 이해한다."로 진술문을 완성하시오.

독자의 기법: (학생에게 앞의 답변을 검토하도록 요청한다. 예: 여러분이 발견한 인유를 찾기 위해 사용한 전략과 기술을 검토하라.)

일반화를 작성하여 _________ 할 때(의미가 암시될 때) 독자와 작가의 관계를 나타내시오. "나는 ……을/를 이해한다."로 진술문을 완성하시오.

자료 B-2 다중 텍스트의 패턴 발견하기(A 버전)

여러분이 고른 책의 저자가 독자의 감각에 호소하는 방법은 무엇인가요?

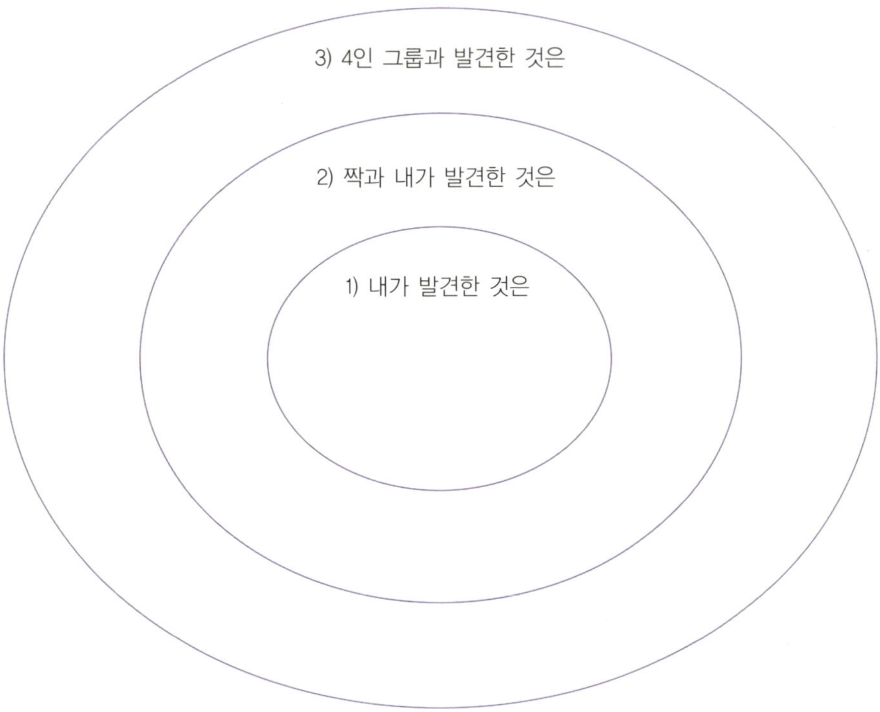

단계:

1. 가운데 원에 안내 질문에 대한 답을 적는다.
2. 친구를 찾는다. 짝을 이루어 안내 질문에 대한 답을 토의한다. 두 책의 공통점은 무엇인가? 두 번째 원에 유사점을 적는다.
3. 다른 상대를 찾아 짝을 이룬다. 4명으로 구성된 그룹에서 각 쌍이 발견한 유사점에 대해 토의한다. 그룹에서 어떤 패턴을 발견했는가? 세 번째 원에 유사점을 적는다.
4. 각자 다음 상자에 일반화를 작성한다.

일반화: 이제 저자의 단어 선택과 독자를 위한 이미지 생성 간의 관계에 대해 무엇을 이해하고 있는가? 나는 ……을/를 이해한다.

자료 B-3 다중 텍스트의 패턴 발견하기(B 버전)

안내 질문: ______________________________

텍스트 1

텍스트 2

모든 텍스트

텍스트 3

텍스트 4

우리가 발견한 것을 바탕으로 ____________에 대해 이해하게 된 것은 무엇인가?

자료 B-4 사고 추적 프로토콜

나의 생각 추적하기

탐구하면서 깊어지는 이해를 포착하기 위한 그물(web)을 만드시오.

초기 이해:
_________와/과 _________ 사이의 관계에 대해
무엇을 이해하나요?

단계:

- 초반에 이해했던 내용을 연필로 기록한다.
- 첫 번째 사례 연구 후 파란색 색연필로 새로운 아이디어 및 개념을 추가한다.
- 두 번째 사례 연구 후 녹색 색연필로 새로운 아이디어 및 개념을 추가한다.
- 세 번째 사례 연구 후 빨간색 색연필로 새로운 아이디어 및 개념을 추가한다.
- 탐구가 끝나면 그물을 검토하고 시간이 지남에 따라 생각이 어떻게 깊어졌는지 생각해 본다. 내가 지금 이해하고 있는 것을 표현하기 위해 일반화를 만들어 본다.

나의 일반화
이제 나는
____
____
을/를 이해한다.

자료 C 과정에 대한 학생 성찰 및 자기평가

자료 C-1 학생 성찰 및 자기평가

개념 기반 문해력 교실에서 학생 자기 성찰과 자기평가

대부분의 문해력 교실에서 학생에게 자기 성찰과 자기평가(self-assess)의 기회를 제공하는 것은 일반적인 관행이다. 교사는 학생에게 자신의 작업을 되돌아보고 결과의 전반적인 품질을 자기평가하도록 요청한다(루브릭이나 기타 채점 도구를 주로 사용한다). 예를 들어, 학생이 자신의 글을 자기평가할 때 글의 장점과 개선할 수 있는 부분을 더 잘 이해하게 된다. 이는 귀중한 학습이다! 그러나 학생은 과정이 아닌 결과물에만 대해 자기 성찰과 자기평가를 일상적으로 적용하는 경우가 비일비재하다. 이 경우 학생이 자신이 하는 과제의 이유나 질을 높이기 위해 어떤 전략과 기능이 필요한지에 대해 이해하는 것에는 집중하지 않는다.

개념 기반 문해력 수업을 통해 학생은 자기 성찰과 자기평가에 관한 마음가짐(habits of mind)을 개발할 수 있다. 문해력은 과정 중심의 분야이기 때문에 학생은 의도한 결과(이해력, 수준 높은 글쓰기, 효과적인 말하기 등)를 달성하는 데 필요한 필수 전략과 기능에 대한 이해가 필요하다. 이는 교사가 학생에게 독자, 저자, 화자, 청취자, 시청자로서 무엇을 했는지 그리고 왜 그렇게 하였는지를 고려하도록 독려해야 함을 뜻한다. 다음은 CBCI(Concept-based Curriculum and Instractions) 교사가 학생의 문해력과 관련하여 마음가짐의 개발을 지원하는 두 가지 방법이다.

귀납적 성찰과 자기평가

학생은 목표 일반화로 이어지는 학습 경험 중 자신의 선택을 성찰한다. 즉, 학생은 잠시 멈춰서 독자, 저자, 화자, 청취자, 시청자로서 자신이 하고 있는 일을 왜 하고 있는지 설명한다. 과정(작문 과정, 듣기 과정, 이해 과정 등)에 필요한 전략과 기능에 중점을 둔다. 주기적으로 학생에게 자신의 행동을 설명하도록 요청함으로써 학생은 자신의 선택을 더욱 의식하고 그 선택이 얼마나 잘 작동하는지 귀납적으로 배운다.

연역적 자기 성찰과 자기평가

이러한 상황에서 학생은 이미 신중하게 구조화되고 순차적인 교사의 안내 질문 및 학습 경험을 통해 목표 일반화를 구축했다. 이제 학생은 뒤로 물러나 전반적인 결과가 어떻게 달성되었는지 생각해 본다. 달성된 내용은 목표 일반화의 표현 방식에 따라 달라진다. 이제 학생은 돌아가서 자신이 (정해진 기준에 따라) 얼마나 잘했는지, 그리고 이 결과를 얻기 위해 무엇을 했는지 성찰하고 평가하도록 요청한다.

일반화	**귀납적 접근** 목표 일반화의 구성으로 이어지는 학습 경험 중에 이루어진다.	**연역적 접근** 목표 일반화가 실현된 후에 이루어진다.
설명	학생은 자신의 사고를 목표 일반화로 이끌기 위해 고안된 학습 경험에 적용하는 과정, 전략, 기능을 성찰한다. 주기적으로 교사는 학생의 작업을 정지하고 과정을 확인한다. 즉, 학생에게 무엇을 해야 하는지 알려 주는 것이 아니라 학생이 자신이 하고 있는 일을 왜 하고 있는지 명확히 설명하도록 요구하는 개념적 질문을 던진다.	학생은 일반화(학습 경험에서 파생됨)와 목표한 이해에 도달하기 위해 사용한 과정, 전략, 기능에 대해 성찰한다. 학생은 일반화를 새로운 상황에 적용할 수 있다는 증거로서 자신의 과제에서 예를 들어 자신의 성찰을 뒷받침한다.

학생이 성찰하고 평가하도록 하는 질문의 예	"회고록 저자로서 당신은 어떻게 독자들을 당신의 이야기에 참여시켜 그들이 이 순간 당신과 함께 있다고 느낄 수 있도록 할 수 있나요?" "당신이 사용하고 있는 전략과 기능이 얼마나 잘 작동하고 있나요? 또 무엇을 시도해 볼 수 있나요?" "이 텍스트를 어려워하는군요. 어떤 전략을 시도해 볼 수 있을까요?" "그룹 참여도에 대해 어떤 점을 발견했나요?"	"여러분의 과제에서 일반화의 증거는 어디에 있나요? 아니면 여러분의 과제는 일반화에 대한 이해를 어떻게 반영하나요?" "일반화를 성공적으로 구성하는 데 어떤 전략과 기능이 도움이 되었나요?" "다음번에는 무엇을 다르게 하고 싶나요?" "내가 잘하고 있는지 어떻게 알 수 있었나요?" "새로운 상황에서 이러한 전략과 기능을 어떻게 사용할까요?"

자료 C-2 개념적 이해의 평가로서 교사가 할당한 창작 보고서

창작 보고서(craft reports)는 주로 학생의 문해력 선택에 대한 글로 된 성찰을 포함하지만, 거기서 한 단계 더 나아간다. 창작 보고서는 학생에게 할당된 과제물에 표현된 중요하고 전이 가능한 아이디어를 반영하는 개념적 이해를 구성하고 표현하도록 요청한다.

교사는 학생의 사실적 지식과 기능을 평가하는 데 매우 능숙하며 대부분의 평가는 여기서 끝난다. 이해에 대한 평가가 누락되는 경우가 많다. 창작 보고서의 주요 목적은 교사가 학생이 목표 일반화에 도달했는지에 대해 막연한 가정을 하지 않도록 하는 것이다. 창작 보고서는 형성평가 또는 총괄평가의 역할을 할 수 있다. 교사가 일반화의 언어를 지시 사항에 포함하면, 학생의 사고가 더 명확하고 집중된 방식으로 안내되어 그들의 개념적 이해를 분명하게 보여 주는 근거를 제공한다.

다음 예에서 창작 보고서 지침이 목표 일반화에서 언어(밑줄 친 부분)를 선택하는 방법을 확인하라. 지금은 학생이 수업이나 단원 전체에서 배운 모든 내용을 포함하기 위해 길게 글을 쓰거나 방향을 바꾸도록 할 때가 아니다. 이는 우리가 놓치지 않아야 할 특정한 개념적 이해에 대한 평가이다.

예:

목표 일반화
단편 소설 작가는 이야기의 전개를 빠르게 하기 위해 의도적으로 대화와 설명을 제한한다.

창작 보고서를 통한 평가 방향
단편 소설을 완성한 후 <u>이야기의 전개가 신속하게 진행되도록 저자로서 의도적으로 대화와 설명을 제한한 방법</u>을 설명하는 창작 보고서 문단을 작성하세요. 여러분의 소설에서 예를 인용하세요.

목표 일반화
정치 만화가는 더 큰 아이디어를 전달하거나 의견을 발전시킬 목적으로 특정 기법(상징, 과장, 꼬리표 붙이기)을 사용한다.

창작 보고서를 통한 평가 방향
정치 만화를 그려 보세요. 다음, 창작 보고서를 작성하여 여러분이 사용한 구체적인 기법과 만화의 목적을 설명하세요. 마지막으로, 개념 간의 관계를 표현하는 일반화를 작성합니다. 정치 만화가 – 기법 – 목적

다음의 비예(nonexample)는 개념적 이해에 대한 평가가 아니다. 학생이 잘 구성된 추리소설을 쓴다고 해서 그 결과물로 이해가 내면화되었다고 가정할 수는 없기 때문이다. 개념적 이해를 평가하려면 학생의 적극적인 언어적이고 인지적인 반응이 필요하다. 우리는 시간이 지남에 따라 학생의 이해가 어떻게 발전하는지 '들을' 수 있다. 진정으로 이해한 사람이라면 이해한 내용을 명확하게 표현할 수 있어야 한다. 그렇지 못할 경우 학습 기대 수준이 더 복잡하고 어려워질 때 학생의 성과가 저하될 가능성이 크다. 이는 진정한 이해가 이루어지지 않았기 때문이다.

비예:

목표 일반화

추리 소설 작가는 줄거리의 흐름을 중심인물과 용의자에 집중시키고, 갈등 속에 단서나 거짓 단서를 넣어 긴장감을 고조시킴으로써 흥미롭고 긴장감 넘치는 문학 작품을 만들어 낸다.

평가 방향

이 단원에서 우리는 많은 추리 소설을 읽었습니다. 이제 여러분의 차례입니다! 반 친구들과 공유할 "누가 그것을 했을까!" 이야기를 쓰세요.

창작 보고서에서 발췌

"나는 상대측의 의견을 보여 주기 위해 글에서 반론을 사용했다. 그런 다음 반론에 대한 응답으로 그들의 주장이 내 주장에 대해 유효하지 않은 이유를 설명했다. 이것이 내 주장을 더욱 강력하게 만들었다."

–8학년 개념 기반 학생–

자료 C-3 성찰과 자기평가 표본

소크라테스 세미나 자기 성찰과 자기평가

파트 A. 소크라테스 세미나에서 진행 과정 되돌아보기

1. 이번 소크라테스 세미나에서 나의 참여는 어땠나요? 지난번보다 더 적극적으로 참여했나요?

2. 더 하고 싶었던 말이 있나요?

3. 그룹 대화에서 누군가의 말로 인해 주제에 대해 다르게 생각하게 된 부분이 있나요?

4. 담화는 텍스트를 이해하는 데 어떤 역할을 하나요?

5. 생각을 수정하는 것이 왜 필요할까요?

파트 B. 자기평가

다음 평가 기준의 각 열에 있는 특징을 형광펜, 밑줄 또는 동그라미로 표시하여 점수를 매겨 보시오. 자신의 응답이 가장 많이 포함된 열을 확인하시오. 다음번에는 어떤 점을 달리할 계획인가?

기대를 충족하는	진전하는	발전하는
______나는 광범위한 증거와 고차원적인 질문을 준비했다.	______나는 질문과 몇 가지 증거를 준비했다.	______나는 최소한의 준비를 했다.
______나는 적어도 하나의 질문을 던져 토론을 자극하거나 새로운 주제를 시작하여 우리의 사고를 진전시켰다.	______나는 적어도 하나의 질문을 하거나 새로운 주제를 시작했다.	______나는 토의 내내 조용했고 다른 사람들이 기여하도록 놔두었다.
______나는 토의에 기여했고 우리의 사고를 심화시키는 데 도움을 주었으며 다른 사람들의 아이디어를 토대로 발전해 나갔다.	______나는 토의에 몇 번 관련 기여를 했다.	______토의에 집중할 때도 있었지만 집중력을 잃거나 잡담하는 경우가 많았다.
______나는 내가 공유하고 다른 사람들이 공유하는 동안 읽은 내용의 증거를 참조했다.	______때때로 나는 내가 공유할 때 그리고 다른 사람들이 공유할 때 증거를 참조했다.	
______나는 친구가 아이디어를 공유하도록 함으로써 토의에서 모든 목소리가 들리도록 했다.	______토의할 때 대체로 잘 집중하였는데 한두 번 집중력을 잃었을 수도 있다.	
______나는 토의에 세심한 주의를 기울였고 전체 시간 동안 잘 집중하였다.		

자료 D 개념 기반 문해력 수업 설계를 지원하는 기타 도구

자료 D-1 문해력 교과 개념 표본

Lois A. Lanning 박사와 Tiffanee Brown이 편집한 문해력 교과 개념 예시(2018)

텍스트의 내 개념(인쇄물, 영화, 멀티미디어, 연설, 삽화)	수용적 개념(Receptive Concepts) (독자, 청자, 시청자의 기법)		표현적 개념(Expressive Concepts) (저자, 연사, 발표자의 기법)	
힘	**텍스트에 대한 이해**	**텍스트에 대한 반응**	**텍스트의 생산**	
정체성	(Understanding/	질문	목소리	
생존	Comprehension)	연결 지점	어조	문학적 장치
두려움	주요 아이디어/중심	관점	분위기	별칭(epithets)
내적/외적 갈등	생각	성찰	방언	경구(epigrams)
용기	요약문	담화 프로토콜	문체	두운
사랑	전략/기법	협동	조직	과장법
관계	방향성	관점	논지	형상
상실	음운 인식	결론	접속어	우화
우정	파닉스	개인적 성찰	텍스트 구조	은유
배려/나눔	자기 조절	해석	서론	인유
질투	문제 해결	텍스트 증거	세부 사항	비유적 언어
관용	메타인지	문화적 이해	정교화	직유
이상주의	자기 교정	동기부여/호소	유창성	의성어
고독주의	독서율	적극적 경청	리듬	상징주의
탐욕	텍스트 언어/어휘	피드백	운율	쓰기 과정
희생	추론	정확한 표현	흐름	브레인스톰
타협	문맥 단서	독자 반응	문장 구조	초안
조절	연결 지점	개인적 및 집단적 책임	구문론	편집
정의	형상	배경 지식	쓰기/말하기	반응
인간성/비인간성	조직	의역	규범	수정
장르의 요소	텍스트 구조		문법	출판 성찰
	원인/결과			
	문제/해결 방안			

(계속)

자료 D: 개념 기반 문해력 수업 설계를 지원하는 기타 도구

개념적 렌즈의 표본			
	연대순	**텍스트 비평하기**	공식적/비공식적 언어
	내러티브	저자의 기법	표기 규칙
관계	텍스트 기능	비판적 입장	형식
갈등	텍스트 매체	문학적 비평	시각적 표현/그래픽
추론	배경지식	평가	다중매체
텍스트 구조	목적	판단	매체
의도	미적 즐거움	신뢰성	레이아웃
입론	정보	저자의 기법에 대한	폰트
주제	오락	감상/인지	내러티브 구성 요소
텍스트 기능	설명	관련성	성격 묘사
언어	연구	중요성	단어 선택/사용
관점	주제	신뢰성	정확한 언어
성격 묘사	심층 텍스트 분석	최신성	구체적 묘사
기법	주장	관련성	감각적 묘사
장르	이야기의 구성 요소	타당성	내포
연구	인물	정확성	청중 의식
패턴	주동 인물	증거	호소
해체	반동 인물	추리	설득기법
과정	특징	논리	논증
영향	서술자	에토스	반대 논거
설득	줄거리	파토스	웅변력/연사
목소리	배경	로고스	음조
정체성	갈등	허위	정지
선택	외부	편향	음량
표현	내부	설명이나 논증의 효과성	리듬
분위기	대화문	정확한 언어	억양
형태	해결	영향	수사적 장치
	관점	명쾌함	
	텍스트 유형(장르)	문체	
	문학적 분석	유사점/차이점	

구체성에 따른 개념의 범위

광범위한

저자의 기법

문학적 장치

인유

구체적인

마이크로 개념은 깊이와 정확성을 더한다.

자료 D-2 2차원 vs. 3차원 문해력 한눈에 보기

2차원적 문해력의 공통된 특징		3차원적 문해력의 특징
모든 학생이 동일한 텍스트를 읽는다.	←-----→	교사는 학생에게 선택권을 주고 학생이 텍스트 전체의 패턴을 식별하도록 장려하며 적절한 가독성과 관심 수준으로 텍스트에 접근하도록 여러 개의 텍스트를 제공한다.
기능, 전략, 과정의 습득에 중점을 둔다.	←-----→	기능, 전략, 과정을 숙달하는 동시에 표준을 뛰어넘어 해당 분야에 중요한 개념에 대한 이해를 발전시키는 데 중점을 둔다. 학생은 단순히 기능을 '실행'하는 것에서 나아가 연습 이면의 '이유'와 '방법'을 이해하게 된다.
질문이 사실 또는 지식 수준에 머무른다.	←-----→	사실적 · 개념적 질문, 때로는 논쟁적 질문은 시너지를 내는 사고를 유도하고 일반화를 이해하도록 학생의 사고를 안내한다.
단원과 수업에 개념적 렌즈가 없다.	←-----→	개념적 렌즈는 생각의 초점을 맞추고 생각을 지시한다.
학습은 특정 텍스트 또는 특정 활동에 제한한다.	←-----→	개념적 이해가 다른 상황으로 전이되므로 학습은 특정 텍스트나 과제에 국한되지 않는다. 개념을 통한 학습은 새로운 학습을 위한 구성 요소 역할을 하는 뇌의 스키마(schemata)를 개발한다.
기능을 주로 분절시켜 가르친다. 학습은 종종 단절된 활동의 연속이다.	←-----→	일관성 있는 교육과정 단원에서 도출된 학습 경험은 학생이 반드시 알고 이해하며 할 수 있어야 하는 것(기능)을 다루면서 안내형 탐구 접근 방식을 나타낸다. 필요에 따라 특정 기능을 정지하고 확대할 수도 있지만 기능이 적용되는 더 복잡하고 실제적인 학습 경험은 결코 오랫동안 눈에 띄지 않는다.

수업에 참여하기 전에 학습 목표를 직접 명시한다.	↔	수업은 호기심을 유발하거나 학생의 시너지를 내는 사고를 활성화하기 위해 고안된 개념적 질문이나 시나리오로 시작되는 경우가 많다.
작품의 작가, 내용, 형식에 집중하여 텍스트를 가르친다.	↔	독자, 작가, 청자, 화자 및 시청자가 텍스트와 지속적으로 교류하거나 상호작용하고 언어가 작동하는 방식에 대한 이해를 발전시키는 데 중점을 두어 가르친다.
주로 연역적 학습 설계를 한다.	↔	귀납적 학습과 연역적 학습 설계를 혼합한다.
성찰은 종종 목표 설정이나 결과물에 대한 성찰로 제한된다.	↔	학생은 자신의 개인 발달 과정, 자신이 사용하는 기능, 과정 및 전략 그리고 국어(ELA) 교과에 필수적인 주요 개념과 아이디어에 대한 이해 발전에 대해 성찰한다.

자료 D-3 교수 전 신속 점검

개념 기반 수업 신속 점검

수업 시작

- 매력적인 개요는 이전 학습을 연결하고 확장한다.
- 학생의 마음과 관심을 즉시 사로잡는다.
- 개념적 질문이나 렌즈를 통해 학생에게 배우게 될 지식 또는 기능을 고려하도록 요청하여 시너지를 내는 사고를 촉발한다.

수업 중

- 교수 기법과 생각을 자극하는 사례를 통해 시너지를 내는 사고를 창출한다.
- 학생 과제는 학생이 일반화의 실현으로 이어지는 관련 맥락에서 학습 중인 지식, 기능, 개념을 인지적으로 씨름하고 종합하도록 요구한다.
- 학습 경험과 자료(resources)를 통해 더 깊은 개념적 이해를 얻을 수 있다.
- 학습의 전이와 이해의 심화를 지원하기 위해 다양한 기능을 사용하여 가르친다(예: 질문하기, 동일한 개념 또는 일반화의 다른 예 또는 비예 요청하기, 지속적인 피드백하기, 학생에게 자신의 추론에 대한 분석을 뒷받침하는 증거와 함께 표현하도록 요청하기 등).
- 교사에서 학생으로 학습에 대한 책임과 주인의식의 점진적 이양이 분명하다.
- 시기적절하고 관련성 있는 피드백과 학습 과정을 촉진하고 중재하는 질문을 통해 학생의 독립적이고 협력적인 그룹 작업을 지속적으로 모니터링한다.

수업 마무리

- 수업의 목표 지식, 기능, 이해를 향한 학생의 진행 상황에 대한 학습의 증거(형성 또는 총괄)를 수집한다.
- 교사와 학생은 학습(과정 및 결과물)의 성공 여부를 성찰하고 분석한다.
- 학생은 향후 학습 목표를 향해 학습이 어떻게 진행되는지 배운다.

* 각색 출처: The Developing Concept-Based Teacher: Concept-Based Instruction Rubric (Lanning, 2013)

자료 E 개념 기반 교사 및 학생 루브릭 개발하기

자료 E-1 개념 기반 교육과정 및 수업 루브릭의 이해

성장하는 개념 기반 교사: 개념 기반 교육과정 및 수업(CBCI)에 대한 이해

	초보	발전	숙련
개념 기반을 위한 지원	• 개념 기반 교수-학습을 해야 하는 이유 한두 가지를 말한다.	• 개념 기반 교수-학습의 주요 이유를 설명한다.	• 관련된 근거 연구를 인용하여 개념 기반 교육과정 및 수업에 대한 이유를 기법한다.
개념 기반의 구성 요소: (매크로-마이크로) 개념적 렌즈 시너지를 내는 사고 일반화 안내 질문 수준에 맞고 일반화에 부합됨 중요한 내용 및 핵심 기능 수행 평가와 활동	• 2차원 모델과 비교하여 3차원의 개념 기반 교육과정 모델의 일부 요소를 정의할 수 있다. • 개념 목록에서 매크로 개념과 마이크로 개념을 구분한다. • 시너지를 내는 사고를 정의할 수 있지만 학생 사이에서 시너지를 일으키는 사고를 만들어 내는 방법을 설명하지 못한다.	• 정확한 개념 기반 용어를 사용하지만 각 구성 요소에 대한 근거가 명확하지 않을 수 있다. • 개념 기반 교육과정 및 수업을 검토할 때 3차원의 요소들을 인식한다. • 매크로 개념과 마이크로 개념의 차이를 설명하고 그 차이를 아는 것의 중요성을 설명한다.	• 개념 기반 교육과정의 다양한 구성 요소를 정확한 용어와 각각의 근거를 사용하여 설명한다. • 2차원 교육과정 및 수업을 검토할 때 교육과정 및 수업을 3차원으로 전환 할 수 있는 변화를 제안한다. • 개념 기반 교육과정 및 수업에서 정확하고 효과적으로 사용하는 방법을 설명하여 매크로 개념과 마이크로 개념에 대한 확실한 이해를 보여 준다.

(계속)

		• 시너지를 내는 사고를 정의하고 학생의 시너지를 내는 사고를 유도하기 위한 교수법 및 전략의 예를 하나 이상 제시한다.	• 시너지를 내는 사고의 가치를 설명하고 학생의 시너지를 내는 사고를 명확하게 유도하는 개인적으로 창작한 교수법 및 전략의 사례를 하나 이상 제시할 수 있다.
지속적인 학습을 위한 노력	• 개념 기반 발표에 참여하고 2차원 수업을 3차원 수업에 적용하는 단계를 시도한다.	• 개념 기반에 대한 전문성을 개발하는 발표에 참여하고 새로운 학습을 실천에 옮기는 후속 조치를 취한다. • 공식 또는 비공식 코칭 및 멘토링 지원을 수락한다. • 개념 기반 교육과정 및 수업에 관한 텍스트를 독립적으로 읽는다.	• 발표나 도서 연구 그룹에 적극적으로 참여하고 다른 사람과의 지속적인 소통 및 공동 작업(예: 코칭 및 멘토링)을 포함하는 후속 조치의 실행에 의해 입증된 개념 기반에 열정적으로 지원한다. • 학습 공유 및 선도적인 전문성 개발을 통해 이해를 심화하기 위한 지속적인 노력을 보여 준다. • 실행을 지속적으로 성찰하고 개선한다.

자료 E-2 개념 기반 수업 계획 루브릭

성장하는 개념 기반 교사: 개념 기반 수업(lesson) 계획

수업 계획의 구성 요소	초보	발전	숙련
수업 시작: 시너지를 내는 사고를 끌어내기 위해 성취해야 할 작업에 관한 명확하고 흥미로운 요약	• 학생이 수업에서 경험하게 될 활동을 명시하여 시작하며, 수업에서 가르칠 일반화를 언급하는 것을 포함할 수 있다.	• 수업의 시작은 개념적 렌즈를 포함하지만 내용과의 연결이 약해서 시너지 사고를 유발하지 못한다.	• 수업의 시작은 학생에게 개념적 질문이나 렌즈를 통해 학습할 지식 및 기능을 고려하도록 요청함으로써 시너지를 내는 사고를 불러일으킨다.
학습 목표: 학생이 알 것(사실적 지식), 이해할 것(일반화), 할 수 있을 것(기능)	• 학생이 알 것 또는 할 수 있을 것이 수업 계획에 나열되어 있다.	• 학생이 알 것, 이해할 것(일반화), 할 수 있을 것을 파악하지만 수업 시간 안에 깊이 있게 달성할 수 있는 것보다 더 많은 학습 목표가 있을 수 있다.	• 학습 목표는 학생이 알 것, 이해할 것, 할 수 있는 것을 나타내며, 적은 수의 학습 목표를 통해 깊이 있고 집중적인 교수-학습이 가능하다.
안내 질문: 세 가지 유형의 질문(사실적 · 개념적 · 논쟁적)은 개념적 사고와 문제해결을 위한 가교 역할을 한다.	• 수업 계획 안의 질문은 대체로 사실적인 지식과 통상적인 기능에 중점을 둔다.	• 수업 질문은 다양한 유형(사실적 · 개념적 · 논쟁적 질문)을 반영하고 학생이 가진 오개념을 예상한다.	• 가능한 질문은 다양한 유형(사실적 · 개념적 · 논쟁적)으로 구성되며 계획 전체에 걸쳐 열거되어 있다. • 수업 계획은 학생이 사실적인 수준의 이해에서 개념적 수준으로 나아갈 수 있도록 질문을 사용하려는 의도적인 노력을 보여 준다.

(계속)

학습 경험: 학습을 연습하고 목표 일반화(개념적 이해)에 도달할 수 있는 기회를 제공하는 지적으로 매력적인 학생의 과제	• 목표 지식 및 기능은 계획에 명시되어 있지만 학습 경험은 학생이 배운 내용을 관련된 맥락에 적용하도록 요구하지 않기 때문에, 명확하게 개념적 이해와 다양한 학습 상황에서의 전이를 이끌어 내지 못한다. • 수업에서 요구되는 학생 과제는 주로 학습지, 단절된 기능 및 학생에게 진정성이 없거나 지적 또는 정서적으로 흥미를 끌지 못하는 사실에 의존한다.	• 학생의 작품이 개념적인 이해를 추구하지만 학생이 개념적 이해(일반화)를 실현할 수 있는 충분한 예시나 발판이 있는 명확한 경로를 제공하지 않을 수 있다. • 수업 계획은 학생의 흥미를 끌 수 있도록 학생 과제를 설계하고 학생에게 선택권을 제공하려는 노력을 보여 준다. • 과제는 지적 및 정서적으로 매력적이지만 모든 학생에게 적절한 수준의 도전 과제는 아니다.	• 학생의 과제는 학생이 학습 중인 지식, 기능 및 개념을 관련된 맥락에서 인지적으로 씨름하고 종합하여 일반화의 실현으로 이어지도록 해야 한다. • 학생의 과제는 적절한 수준의 도전 과제이며 지적 및 정서적으로 매력적이고, 의미 있고, 학문과 관련이 있으며, 또한 학생에게 적절한 선택권을 제공해야 한다. • 학습 경험은 다른 분야와 상황에 걸쳐 학습의 전이를 향상시키기 위해 의도적으로 설계되었다.
평가 방법: 평가 유형은 학생의 학습(과정 및 결과물)의 증거를 수집하기 위해서 수업의 학습 목표(알기, 이해하기, 수행하기)와 평가 목적(형성 및 총괄)에 따라 선택되며, 이후에 수업에 정보를 제공한다.	• 평가 유형이 제한되어 있어서 학생의 학습 정도 및 개념적 이해의 진척을 파악하기 어렵다.	• 평가 유형은 다양하며 학생의 지식 및 기능 개발을 관찰하는 데 도움이 된다. • 목표 일반화에 따른 이해도 평가가 명확하지 않다.	• 평가 유형이 다양하여 학생의 지식, 기능 및 이해(일반화) 발달을 평가하고 적시에 피드백을 제공할 수 있다. • 평가는 학생의 학습 과정과 학습 결과물에 대해 관련된 정보를 제공한다. • 학생의 자기평가가 중요시된다.

(계속)

개별화: 학생이 습득해야 하는 내용, 그것을 다루기 위해 학생이 사용하는 과정 및 학생이 학습한 내용을 보여 주기 위해 만들어 낼 결과물에 대해 필요한 경우 수업을 조정할 수 있다. 모든 학생이 깨달아야 하는 개념적 이해(일반화)는 모든 학생에게 일관되게 유지된다.	• 개별화 계획이 명시되어 있지만, 개별적인 학생의 학습 요구에 관한 관련성은 부족할 수 있다.	• 내용 과정 및 결과물의 영역에서 지원이 필요한 학생(특수 교육, ELL 등)을 위한 개별화 계획이 포함되어 있다. • 오개념은 일반적으로 반 전체적으로 다루어진다.	• 모든 학습자의 요구를 충족하기 위한 개별화 계획이 포함되어 있으며 모든 학생이 공통된 개념적 이해(일반화)를 충족할 수 있도록 지원한다. • 개별화는 개별 학생의 학습 요구를 드러내는 여러 데이터 분석을 기반으로 한다. • 예상되는 학생의 오개념과 요구에 따라 특정한 활동에 참여할 수 있다.
수업 설계: 연역적 수업 설계에서는 교사가 수업을 시작할 때 학습자에게 학습 목표(일반화 포함)를 명시한다. 귀납적 설계에서는 학생이 탐구 과정을 통해 이해를 구성한다.	• 수업이 연역적으로 설계된다(예: 목표에서 예시로, 예시에서 일반화로).	• 귀납적 교수법을 사용하려는 수업 설계를 시도하지만 제시된 예는 목표한 개념적 이해를 모호하게 드러낸다. • 기초적인 사실과 기능 학습을 지원하기 위해 연역적 설계도 포함될 수 있다.	• 수업 설계는 주로 귀납적으로 이루어지며, 학생이 다각적인 탐구 과정에 참여하고 제시된 사례들 간의 연관성을 성찰하여 자신의 일반화를 도출하고 그것을 논증할 수 있도록 한다. • 기초적인 사실과 기능 학습을 지원하기 위해 연역적 설계도 포함될 수 있다.

(계속)

수업 닫기: 다음 학습의 방향을 설정하기 전에 과정, 결과물, 전이에 대한 성찰의 기회를 통해 수업을 종합적으로 요약하는 방법을 계획한다.	• 수업 요약문이 계획되어 있다.	• 수업에 관한 요약문이 계획되어 있다. • 수업에 관한 지식과 기능을 연습하기 위한 과제가 만들어진다. • 학습의 다음 단계가 결정된다.	• 수업을 공동으로 요약하고 이전의 학습과 연결하며 전이를 설명하기 위한 계획이 있다. • 학생에게 자신의 결과물과 과정을 돌아볼 수 있는 시간이 할당된다. • 학습의 다음 단계가 결정된다. • 수업의 학습 목표를 확장하거나 강화하는 과제를 생성할 수 있다.

자료 E-3 개념 기반 수업 루브릭

성장하는 개념 기반 교사: 개념 기반 수업(Instruction)

	초보	발전	숙련
수업 시작:	• 개요나 명확한 방향을 제공하지 않고 바로 활동으로 시작하여 수업을 시작한다. • 수업의 목표 일반화가 수업 전반에 걸쳐 학생으로부터 도출되지 않고 수업 시작 부분에 게시되거나 명시되어 있다. • 수업 시작은 정확하지만 단조롭고 학생이 흥미를 잃게 만든다.	• 수업 시작은 학생의 개념 이해를 이끌어 낼 수 있는 귀납적 교수법을 위한 단계를 설정하지만(예: 예시 게시, 흥미로운 질문 제시, 흥미로운 시나리오 공유, 관련 개념 제시 등) 시작이 지나치게 상세하고 너무 길다.	• 시작은 이전 학습을 연결하고 확장하는 수업의 매력적이고 매혹적인 개요를 명확하게 전달한다. • 수업이 학생의 마음과 흥미를 즉시 끌어당긴다.
수업 전개: 수업은 모델링, 촉진하기 및 개념적 이해 숙고하기를 반영한다.	• 수업은 작성된 수업 계획을 따르지만, 계획이 효과적인 개념 기반 수업의 모든 요소를 다루고 있지 않기 때문에 수업이 부족하다. • 수업에서 개념은 어느 정도 명확하지만 개념을 사용하여 지적 참여를 유도하고 학생의 이해를 심화시키는 방법에 대한 관심이 거의 없다. • 학습의 전달보다는 과제 완수에 더 중점을 둔다. • 학습의 전이를 장려하기 위한 주요 도구로 다양한	• 개념 기반 수업 계획을 규범적으로 따른다. • 학생의 흥미와 관심사에 공감하고 더 깊은 지적 참여를 유도하는 예시와 자료를 사용하여 학생의 정서적 참여를 유지하지만, 학생에게 부여된 과제와 교수 기법이 사례들을 개념으로 이동시키는 학생의 시너지를 내는 사고를 명확하게 유도하지 못한다. • 수업은 학생의 수준 높은 사고에 어느 정도 반응하지만, 더 깊은 개념적 이해 및 전이를 장려하고 안내	• 수업 계획의 실행은 예상되는 학생의 요구와 수업 중에 발생하는 요구에 유연하게 대응하면서 적절한 속도로 진행된다. • 교육 기법과 생각을 자극하는 예시, 더 깊은 개념적 아이디어(이해)로 연결되는 학습 경험 및 자료를 통해 학생의 시너지를 내는 사고를 의식적이고 일관성 있게 개발한다. • 교수법은 학습의 전이와 이해의 심화를 지원하기 위해 다양한 기법을 사용한다(예: 질문, 같은 개념

(계속)

	종류의 질문을 사용하지만 여전히 사실적인 질문에 지나치게 의존한다. • 수업은 주로 교사 중심으로 진행된다. • 학생 참여는 주로 교사의 질문과 평가에 대한 반응으로 이루어진다.	하는 데는 제한된 전략을 사용한다. • 학습에 대한 책임이 교사에게서 학생에게 점진적으로 옮겨지지만, 교사가 대부분의 인지적 작업을 담당하고 있다. • 대부분의 학생이 학습에 참여하고 있지만, 일부 학생은 비효율적인 도전 수준이나 관련성 부족으로 인해 학습에 집중하지 않거나 무관심할 수 있다.	또는 일반화에 대한 다른 예 또는 비예 요청, 피드백, 학생에게 근거를 제시하며 추론을 분석하도록 요청). • 학습 과정을 촉진하고 조율하는 시의적절한 피드백 및 질문을 통해 학생의 독립적이고 협력적인 그룹 작업을 지속적으로 모니터링 한다.
수업 마무리:	• 교사가 수업에서 학습한 내용을 요약한다.	• 학생이 학습한 지식, 기법에 대한 마무리 평가(형성 또는 총괄)가 있으며 학생의 개념적 이해 수준을 파악하기 위한 시도가 있다. • 수업 이외의 관련된 연습이 주어진다.	• 수업의 목표 지식, 기법 및 이해에 대한 학습 증거(형성 또는 총괄)를 수집한다. • 교사와 학생이 협력하여 학습의 성공 여부(과정 및 결과물)를 반영하고 분석한다. • 학습이 향후 학습 목표를 달성하는 데 어떻게 기여하는지 배운다.

자료 E-4 성장하는 개념 기반 학생 루브릭

성장하는 개념 기반 학생 루브릭

특성	초보	발전	전문가
과제 참여	• 과제를 의무 이행으로 여기고 주인 의식이 부족하다. • 과제를 서로 무관한 별개의 것으로 간주한다. • 조급해지고 쉽게 좌절할 수 있다. • 과제의 지침 내에서만 일을 처리한다.	• 할당된 과제의 학습 관련성을 확인한다. • 과제를 수행하는 동안 명확한 집중력과 자기 통제력을 유지한다. • 감당할 수 있는 수준의 도전에도 인내심을 가지고 견뎌낸다. • 과제에 대한 책임감을 받아들인다. • 공동 작업 그룹에 적극적으로 참여한다. • 새로운 방향이나 접근 방식을 도입할 수 있다.	• 주어진 과제를 스스로 해결하고자 노력한다. • 과제에 대한 도전에 열정과 진정한 관심을 표현한다. • 장기적이고 복잡한 과제에 대한 자기 훈련과 끈기를 보여 준다. • 과제 완료를 위해 협업을 중시하고 추구한다. • 우수한 결과를 만들어 내는 것만큼이나 학습 과정에 관심이 있다.
시너지를 내는 사고	• 아이디어 또는 해결책이 제시되었을 때 그 연결과 패턴을 인식한다. • 제시된 사례와 개념을 일관성 있게 연결하지 못한다. • 지나치게 단순화된 일반화를 만든다.	• 정보를 일관된 일반화로 통합한다. • 최소 두 가지 이상의 정확한 예를 통해 일반화를 지원한다. • 제시된 개념에 사실적 예를 연결한다.	• 예와 아이디어를 더 높은 수준의 일반화로 변환한다. • 일반화를 명확하게 표현하고 여러 예를 통해 명확하게 뒷받침한다. • 사실적인 예를 관련 개념 및 일반화에 독립적으로 연결한다. • 개념의 예와 비예를 독립적으로 제공한다. • 사고 과정이 일반화, 개념, 사례, 산출물 간의 독특하고 창의적인 연결을 보여 준다.

(계속)

이해의 깊이	• 학습 목표, 사고 및 일반화를 설명하려는 시도에 대한 지원이 필요하다. • 관련 질문을 생성하지만 대부분 사실 수준에 머물러 있다.	• 개인적 입장을 명확히 설명하고 다른 관점을 인정한다. • 사려 깊고 세심한 결과물을 만들어 낸다. • 관련 질문을 구성한다. • 이전 학습을 현재 맥락에 통합한다. • 몇 가지 구체적인 예를 들며 일반화를 전이한다. • 설명할 때 개념적 언어의 사용을 확대한다. • 개념의 비예를 인식한다.	• 관련 증거를 통해 체계적이고 주도면밀하게 이해를 설명한다. • 새로운 결과물을 만든다. • 아이디어를 확장하고, 결과물에 대한 지침을 바탕으로 새로운 시도를 하며, 다양한 학습 전략을 적용하여 새로운 지식을 창출한다. • 예의 관련성에 대해 우선순위를 정하고 비평하는 능력을 보여 준다. • 더 복잡한 여러 예에 걸쳐 일반화를 전이한다. • 자신감 있고 정확하게 개념적 언어를 사용한다. • 개념의 예와 비예를 독립적으로 제공한다.

참고문헌

Bransford, J. D., Brown, A. L., & Cocking, R. R. (Eds.). (1999). *How people learn: Brain, mind, experience, and school*. National Academies Press.

Erickson, H. L. (2008). *Stirring the head, heart, and soul: Redefining curriculum, instruction, and concept-based learning* (3rd ed.). Corwin.

Erickson, H. L., & Lanning, L. A. (2014) *Transitioning to concept-based curriculum and instruction: How to bring content and process together*. Corwin.

Erickson, H. L., Lanning, L. A., & French, R. (2017). *Concept-based curriculum and instruction for the thinking classroom* (2nd ed.). Corwin.

Fisher, D., Frey, N., & Hattie, J. (2016). *Visible learning for literacy*. Corwin.

Fisher, D., Frey, N., Hattie, J., & Thayre, M. (2017). *Teaching literacy in the visible learning classroom, grades 6–12*. Corwin.

Gallagher, K. (2003). *Reading reasons: Motivational mini-lessons for middle and high school*. Stenhouse.

Hammond, Z. (2015). *Culturally responsive teaching and the brain: Promoting authentic engagement and rigor among culturally and linguistically diverse students*. Corwin.

Hattie, J. A. (2009). *Visible learning: A synthesis of over 800 meta-analyses relating to achievement*. Routledge.

Killian, S. (2017, January 18). Hattie effect size 2016 update. http://servelearn.co/wp-content/uploads/2017/02/evidencebasedteaching.org.au-Hattie-Effect-Size-2016-

Update-Service-Learning.pdf

Lanning, L. A. (2009). *Four powerful strategies for struggling readers, grades 3-8: Small group instruction that improves comprehension*. Corwin.

Lanning, L. A. (2011). Gradual release to accelerate progress. In L. Laud (Ed.), *The best of Corwin: Differentiated instruction in literacy, math, and science* (pp. 23-30). Corwin.

Lanning, L. A. (2013). *Designing a concept-based curriculum for English language arts: Meeting the Common Core with intellectual integrity, K-12*. Corwin.

Marschall, C., & French, R. (2018). *Concept-based inquiry in action*. Corwin.

McLuhan, M. (1964). *Understanding the media: The extensions of man*. McGraw-Hill.

Means, B., & Knapp, M. S. (1991). Rethinking teaching for disadvantaged students. In B. Means, C. Chelemar, & M. S. Knapp (Eds.), *Teaching advanced skills to at-risk students: Views from research and practice* (pp. 1-26). Josey Bass.

Perkins, D. N., & Salomon, G. (1988). Teaching for transfer. *Educational Leadership, 46*(1), 22-32.

Smarter Balanced Assessment Consortium. (2015). *Assessment writing rubrics, grades 6-11*. UC Santa Cruz: The Regents of the University of California.

찾아보기

인명

내용

저자 소개

로이스 A. 래닝(Lois A. Lanning)

전 초등학교장, 겸임교수, 부교육감 역임
현 PhD 및 교육 컨설턴트

〈저서〉
언어 교과 개념 기반 교육과정 설계하기(공저, 학지사, 2025)
개념 기반 교육과정 및 수업(공저, 학지사, 2019)

티파니 브라운(Tiffanee Brown)

현 MS SpEd 및 교육 컨설턴트
교수 설계 컨설턴트 교사
개념 기반 교육과정과 수업(CBCI) 공인 트레이너 및 프리젠터

tiffaneebrown01@gmail.com
www.tiffaneebrown.com

역자 소개

김규대(Kyudae Kim)

대구교육대학교 교육대학원 교육학 국제교육(IB) 석사 수료

개념 기반 교육과정과 수업(CBCI) 공인 트레이너

현 경상북도교육청 소속 초등교사

네이버 카페 〈아공 연구소〉 설립대표

〈역서〉

언어 교과 개념 기반 교육과정 설계하기(공역, 학지사, 2025)

이메일 thearoma7@naver.com

김희정(Heejung Kim)

대구교육대학교 교육대학원 교육학 국제교육(IB) 석사 수료

개념 기반 교육과정과 수업(CBCI) 공인 트레이너

현 경상남도교육청 소속 초등교사

네이버 카페 〈아공 연구소〉 공동대표

〈역서〉

언어 교과 개념 기반 교육과정 설계하기(공역, 학지사, 2025)

이메일 godandkhj@gmail.com

박진아(Jina Park)

대구교육대학교 교육대학원 교육학 국제교육(IB) 석사 졸업 및 IBEC 취득
개념 기반 교육과정과 수업(CBCI) 공인 트레이너
현 경상남도교육청 소속 초등교사
네이버 카페 〈아공 연구소〉 리더교사

〈역서〉
언어 교과 개념 기반 교육과정 설계하기(공역, 학지사, 2025)

이메일 msjinadream@gmail.com

박화정(Hwajung Park)

인하대학교 교육대학원 교육학 혁신교육 석사 졸업 및 IBEC 취득
개념 기반 교육과정과 수업(CBCI) 공인 트레이너
현 인천광역시 소속 중등교사(영어과 수석교사)
네이버 카페 〈아공 연구소〉 리더교사

〈저서〉
수업의 변화를 이끄는 힘, IB 개념기반 탐구(공저, 학지사, 2025)

이메일 yosucindy@gmail.com

최정애(Jeongae Choi)

인하대학교 교육대학원 교육학 혁신교육 석사 과정 및 IBEC 과정
개념 기반 교육과정과 수업(CBCI) 공인 트레이너
현 인천광역시 소속 중등교사(영어과)
네이버 카페 〈아공 연구소〉 리더교사

이메일 chicchok123@gmail.com

IB 및 국가 교육과정 실천을 위한

개념 기반 문해력 수업

Concept-Based Literacy Lessons:
Designing Learning to Ignite Understanding and Transfer, Grades 4-10

2026년 1월 25일 1판 1쇄 인쇄
2026년 1월 30일 1판 1쇄 발행

지은이 • Lois A. Lanning · Tiffanee Brown
옮긴이 • 김규대 · 김희정 · 박진아 · 박화정 · 최정애
펴낸이 • 김진환
펴낸곳 • (주) 학지사
04031 서울특별시 마포구 양화로 15길 20 마인드월드빌딩
대표전화 • 02)330-5114 팩스 • 02)324-2345
등록번호 • 제313-2006-000265호

홈페이지 • http://www.hakjisa.co.kr
인스타그램 • https://www.instagram.com/hakjisabook

ISBN 978-89-997-3616-2 93370

정가 19,000원

역자와의 협약으로 인지는 생략합니다.
파본은 구입처에서 교환해 드립니다.